INSTITUTE OF LATIN AMERICAN STUDIES
ILAS CASS
CHINESE ACADEMY OF SOCIAL SCIENCES

中国社会科学院
拉丁美洲研究所
INSTITUTO DE AMERICA LATINA
ACADEMIA DE CHINA DE CIENCIAS SOCIALES

Introduction of Latin America and the Caribbean

拉丁美洲和加勒比概论

谢文泽　著

中国社会科学出版社

图书在版编目（CIP）数据

拉丁美洲和加勒比概论 / 谢文泽著 . —北京：中国社会科学出版社，
2023. 3
ISBN 978 - 7 - 5227 - 1567 - 4

Ⅰ.①拉…　Ⅱ.①谢…　Ⅲ.①拉丁美洲—概况②加勒比海—沿岸国—
概况　Ⅳ.①K973②K918.58

中国国家版本馆 CIP 数据核字（2023）第 038810 号

出 版 人	赵剑英
责任编辑	侯聪睿
责任校对	芦 苇
责任印制	王 超

出　　版	中国社会科学出版社
社　　址	北京鼓楼西大街甲 158 号
邮　　编	100720
网　　址	http：//www．csspw．cn
发 行 部	010 - 84083685
门 市 部	010 - 84029450
经　　销	新华书店及其他书店

印　　刷	北京君升印刷有限公司
装　　订	廊坊市广阳区广增装订厂
版　　次	2023 年 3 月第 1 版
印　　次	2023 年 3 月第 1 次印刷

开　　本	710 × 1000　1/16
印　　张	14
字　　数	223 千字
定　　价	78.00 元

拉丁美洲和加勒比地区作为一个整体，拥有巨大发展潜力和良好发展前景，是推进世界多极化、国际关系民主化、构建国际政治经济新秩序的一支重要力量。党的十八大以来，中国与拉丁美洲和加勒比国家建立了平等互利、共同发展的全面合作伙伴关系。中国与拉丁美洲和加勒比国家在意识形态、政治体制、经济体制、宗教信仰等方面存在明显差异，但在联合国、多边主义、拉共体国家团结、地区一体化、国家主权、经济发展、民生繁荣、可持续发展、传统和非传统安全等诸多领域，双方拥有共同利益、共同主张、共同追求。构建携手共进、携手发展的中拉命运共同体是中国深化中拉关系的目标，中国有基础、有条件、有能力实现这一目标。

随着中拉关系的迅猛发展，国内对拉丁美洲和加勒比地区的关注度不断提高。与此同时，国内对"专业+语言+拉美知识+中国知识"的"四位一体"人才需求日益增多。关于拉美知识，本书从中国视角概略观察、认识拉丁美洲和加勒比地区，归纳和概括关于该地区的分析框架。本书正文内容分为10章。作为"中国视角"的体现，本书每一章都包含中拉关系或中国与拉丁美洲和加勒比国家双边关系的内容。第一章为概述，初步归纳了"1+2+3+4+5+6"框架，即1个整体，2组国家（拉美国家和加勒比国家），3个次地理区域（中美洲地区、加勒比地区、南美洲），4个发展阶段（土著人古代农业文明和土地共有制形成时期、殖民统治和大地产制形成时期、考迪罗主政和初级产品出口繁荣时期、民众主义和发展转型时期），5个方面（自然环境、经济、政治、社会、国际关系），6条重要线索（土地共有制、大地产制、考迪罗主义、民众主义、结构主义、新自由主义）。拉丁美洲和加勒比经济委员会是联合国的下属机构之一，该委员会在拉丁美洲和加勒比地区有 33 个成员国和 14 个联系成员，这 14 个联系成员是分属于英国、法国、荷兰、美国的政治实体。因此，本书将拉丁美洲和加勒比地区看作一个整体，该地区包括 33 个国家和 14 个政治实体。33 个国家的多样性、多元化程度较高，且国情差异较大。根据语言、文化、原宗主国等方面的差异，33 个国家分为拉美国家和加勒比国家，合称"拉丁美洲和加勒比国家"。

第二章至第五章从时间维度简要回顾与分析 4 个发展阶段。哥伦布抵达加勒比海中的古巴岛时，误认为到达了印度附近，将土著人称为"印度人"，中文译为"印第安人"。在拉丁美洲和加勒比地区，人们普遍使用"土著人"这一表述，因此，本书也使用这一表述。拉丁美洲和加勒比地区的土著人主体源于亚洲，独自分区发展，创造了灿烂辉煌的古代农业文明，为人类农业文明的发展作出了重要贡献。土著人村社集体土地、部落或族群领地等土地共有制不仅是土著人古代农业文明的重要基础，而且延续至今。教权、王权、地权、财权"四权统一"是西班牙、葡萄牙崛起并率先进行殖民扩张的重要原因，在殖民统治时期的西属、葡属美洲殖民地，王权逐渐弱化，以大地产制为重要基础的教权、地权、财权逐渐强化，4 种权力的强弱变化是导致殖民地独立的重要政治、经济因素。在第三个发展阶段，围绕"由谁来领导、依靠哪些力量、建设什么样的国家"等几个基本问题，考迪罗与大地产主结成同盟，主要执行土地私有化、废除奴隶制、自由市场、自由贸易、加入金本位多边金融体系等政策。在第四个发展阶段，围绕"国家属于谁、政府为谁服务、国家与世界是什么关系"等基本问题，民众主义强调民众的国家主体地位，主张政府干预市场和国家福利化，威权主义、自由主义强调地产主、资本的重要性，主张自由市场、自由贸易。受拉美结构主义的影响，20 世纪 30 年代至 80 年代初，主要拉美国家陆续实施了内向型的进口替代工业化。受债务危机、新自由主义思潮等因素的影响，拉丁美洲和加勒比地区于 20 世纪 80 年代转向外向型的出口导向发展道路。尽管经历了转型和曲折，民众主义日益成为拉丁美洲和加勒比地区国家治理的重要组成部分。

第六章至第九章从空间维度简要介绍和评价 3 个次地理区域。在内容安排方面，主要有 5 方面的考虑。第一，与四个发展阶段大体相对应，重新审视主要拉美国家的发展阶段。例如，墨西哥的发展进程划分为 3 个历史阶段，即 1821—1929 年为考迪罗主政与资产阶级崛起阶段，1929—2000年革命制度党连续执政阶段，2000 年以来为左、右翼政党轮流执政阶段；巴西的发展进程也划分为 3 个阶段，即 1822—1889 年为巴西帝国时期，1889—1985 年军人主导巴西政局阶段，1985 年以来为民众主义、自由主义交替主导巴西政局阶段；阿根廷的发展进程划分为 2 个历史阶段，19 世纪20 年代至 1945 年为考迪罗主义主导政局阶段，1945 年以来为庇隆主义、威权主义、自由主义交替执政阶段，等等。第二，主要介绍经济、自然环境、社会、政治、国际关系等 5 方面的内容。对于主要拉美国家，5 个方面的内容尽量均有所涉及，同时突出不同国家的各自特点。对于中美洲、加勒比地区的中小型国家，主要介绍共性程度较高的一些内容和特点。第三，墨西哥位于中美洲地区，但该国是拉丁美洲和加勒比地区主要大国之一，因此，第六章将"墨西哥"单独作为一节。第四，古巴是位于加勒比海的拉美国家，因此，第七章将"古巴"单独作为一节。第五，将南美洲分为安第斯国家和南方共同市场国家两组，第八章、第九章分别简要介绍两组国家。第十章以"开放的地区主义"为题，重点介绍拉美结构主义理论、依附论，以及"中心—外围"论如何日益成为拉丁美洲和加勒比地区的一种世界观。该章简要介绍了拉丁美洲和加勒比地区的主要一体化进程和组织、机制，以及该地区与美国、欧盟、中国、亚太地区的主要合作方案。

目 录

　　"拉丁美洲和加勒比地区"是指美国以南的美洲地区，地区总面积约为2042.9万平方千米，2021年地区总人口约为65974万人。① 赤道穿越南美大陆北部，拉丁美洲和加勒比地区的绝大部分地域位于南、北回归线之间。

第一节　基本内容

　　本书的基本内容可以概括为"1＋2＋3＋4＋5＋6"，即一个地缘政治概念、两组国家、三个次地理区域、四个发展阶段、五个发展方面、六条重要线索，其具体内涵如下。

一　地缘政治概念

　　在较大程度上，"拉丁美洲和加勒比地区"是一个地缘政治概念，联合国拉丁美洲和加勒比经济委员会、拉丁美洲和加勒比国家共同体是体现这一概念的重要多边组织或地区组织。

　　拉丁美洲和加勒比经济委员会是联合国所属的区域组织之一，成立于

---

① CEPALSTAT，" Estadísticas e Indicadores/Ambientales/Condiciones físicas/ Información geológica y geográfica"，"Demográficos y sociales / Demográficos / Población Población total"，https：// statistics. cepal. org/portal/cepalstat/dashboard. html？ theme ＝3＆lang ＝es.

　　根据阿根廷国防部国家地理研究所的统计数据，阿根廷在南极洲拥有96.5万平方千米的领土。参见 Instituto Geográfico Nacional，"Geografía/Información geográfica/División Política，Superficie y Población"，https：//www. ign. gob. ar/NuestrasActividades/Geografia/DatosArgentina/DivisionPolitica。

　　在联合国拉丁美洲和加勒比经济委员会的统计数据中，拉丁美洲和加勒比地区的地域范围不包括南极洲。本书采用拉丁美洲和加勒比经济委员会的统计数据。

1948 年，总部设立于智利首都——圣地亚哥。1948—1984 年该委员会的名称是"拉丁美洲经济委员会"。随着英国、荷兰在拉丁美洲和加勒比地区的部分殖民地陆续独立并成为拉丁美洲经济委员会的成员国，该委员会自 1984 年起改用现名。截至 2021 年，该委员会在拉丁美洲和加勒比地区有 33 个成员国、14 个联系成员。① 33 个拉丁美洲和加勒比地区的成员国被称作"拉丁美洲和加勒比国家"，14 个联系成员则是分属于英国、法国、荷兰、美国的政治实体，这些政治实体通常被称作"未独立地区"。对于这些未独立地区，本书采用"政治实体"这一表述。

拉丁美洲和加勒比国家共同体（以下简称"拉共体"）成立于 2011 年，其成员为 33 个拉丁美洲和加勒比国家，基本宗旨为"对内加强团结，对外一个声音"，即尊重成员国的多样性，加强成员国的团结，推进地区政治、经济、社会、文化一体化进程；推进现有区域和次区域一体化组织在经贸、生产、社会、文化等领域的对话与合作，制定地区发展的统一议程；在涉及拉共体的重大问题上，协调并表明成员国共同立场，对外发出"拉共体声音"。

二 两组国家："拉丁美洲国家"和"加勒比国家"

拉丁美洲国家意指"拉丁语系的美洲国家"，包括 18 个西班牙语（包括主要使用西班牙语的）国家、1 个葡萄牙语国家（巴西），合计 19 个国家。17 个拉丁美洲国家位于美洲大陆，2 个（古巴、多米尼加）位于加勒比海。西班牙语国家曾经是西班牙的殖民地，巴西曾经是葡萄牙的殖民地，西班牙和葡萄牙均位于欧洲西南部的伊比利亚半岛，因此，拉丁美洲国家也常被称作"伊比利亚美洲国家"。根据拉丁美洲和加勒比经济委员会的统计数据，19 国国土面积合计约为 1995.2 万平方千米，约占拉丁美

---

① 截至 2021 年，拉丁美洲和加勒比经济委员会有 46 个成员国、14 个联系成员。在 46 个成员国中，除 33 个拉丁美洲和加勒比国家，还包括 8 个欧洲国家（法国、德国、葡萄牙、西班牙、意大利、英国、荷兰、挪威）、2 个北美国家（美国、加拿大）、3 个亚洲国家（韩国、日本、土耳其）。14 个联系成员为：（英属）安圭拉、（英属）蒙特塞拉特、（英属）百慕大、（英属）维尔京群岛、（英属）开曼群岛、（英属）特克斯和凯科斯群岛、（荷属）阿鲁巴、（荷属）圣马丁、（荷属）库腊索、（法属）马提尼克、（法属）瓜德罗普、（法属）圭亚那、（美属）波多黎各、（美属）维尔京群岛。

洲和加勒比地区领土总面积的 97.7%；2021 年 19 国人口合计约为 63616 万人，约占地区总人口的 96.4%。① 在本书中，"拉丁美洲国家"简称为"拉美国家"，这些国家所处的区域简称为"拉美地区"。

加勒比国家包括 12 个英语国家、1 个法语国家（海地）和 1 个主要使用荷兰语的国家（苏里南）。9 个加勒比国家位于加勒比海及周边地区，1 个（伯利兹）位于中美洲，2 个（圭亚那、苏里南）位于南美洲。14 国国土面积合计约为 46.3 万平方千米，约占拉丁美洲和加勒比地区领土总面积的 2.3%；2021 年 14 国人口合计约为 1902 万人，约占地区总人口的 2.9%。②

三　三个次地理区域：中美洲、加勒比地区、南美洲

从地理位置角度来看，中美洲有 8 个国家，即墨西哥、危地马拉、伯利兹、萨尔瓦多、洪都拉斯、尼加拉瓜、哥斯达黎加、巴拿马。这 8 个国家的领土面积合计约为 248.7 万平方千米，2021 年人口合计约为 18172 万人。③ 从语言、地缘政治等角度来看，伯利兹属于加勒比国家，而位于加勒比海的多米尼加则被看作中美洲国家。进入 21 世纪以来，多米尼加积极参加中美洲一体化进程。2005 年美国与多米尼加以及尼加拉瓜、洪都拉斯、萨尔瓦多、危地马拉、哥斯达黎加 5 国签订了《美国—多米尼加—中美洲自由贸易协定》，该协定于 2006 年生效。

加勒比地区在较大程度上是一个地缘政治概念。加勒比海、加勒比海地区、加勒比国家、加勒比地区等表述既相关，又不同。加勒比海是被中美洲、南美洲、小安的列斯群岛、大安的列斯群岛所围拢的一片海域，地处连通太平洋与大西洋、南美洲与北美洲的海上交通运输"十字"要冲，地理位置较为重要，因此，加勒比海被看作美洲的"地中海"。加勒比海地区的海域范围不仅包括加勒比海，还包括大安的列斯群岛以北的巴哈马群岛海域，换言之，加勒比海地区主要是指西印度群岛所涉及的海域。加勒比国家在一定程度上是一个语言、文化概念，即拉丁美洲和加勒比地区

---

① 根据 CEPALSTAT 统计数据计算。
② 根据 CEPALSTAT 统计数据计算。
③ 根据 CEPALSTAT 统计数据计算。

的非拉丁语系国家。加勒比地区则有狭义和广义之分，狭义加勒比地区仅指 14 个加勒比国家，而广义加勒比地区则包括 14 个加勒比国家和 11 个拉美国家（10 个加勒比海沿岸国家和加勒比海中的古巴），因此，广义加勒比地区被称作"大加勒比地区"。本书中的"加勒比地区"主要采用狭义概念。

南美洲（亦称"南美地区"）有 12 个国家，其中，圭亚那、苏里南 2 国属于加勒比国家，其他 10 个国家属于拉美国家。南美洲的 10 个拉美国家可分为 2 组，即 6 个安第斯国家、4 个南方共同市场（以下简称"南共市"）国家。6 个安第斯国家又可分为 3 个上安第斯国家（委内瑞拉、哥伦比亚、厄瓜多尔）和 3 个下安第斯国家（秘鲁、玻利维亚、智利）。4 个南共市国家为巴西、阿根廷、巴拉圭、乌拉圭。

四　四个发展阶段

借鉴国内外学术界关于拉丁美洲和加勒比地区的历史分期，本书将该地区的发展进程分为 4 个阶段，即土著人古代农业文明和土地共有制阶段（1500 年以前）、殖民统治与大地产制形成阶段（1500—1820 年）、考迪罗主政与初级产品出口繁荣阶段（1820—1929 年）、民众主义与发展转型阶段（1930 年以来）。

公元 1492 年，即明朝（1368—1644 年）弘治①五年（1492 年），意大利航海家克里斯托弗·哥伦布（1452—1506 年）② 首次有目的、有计划、有组织地率领一支小型航海船队，在天主教会和西班牙国王的支持、资助下，从位于亚欧大陆西南端的伊比利亚半岛出发，向西横越大西洋，抵达古巴岛。哥伦布固执地认为，古巴岛是印度的一个半岛，将岛上的原住民称作"印度人"，中文译作"印第安人"。在拉丁美洲和加勒比地区，原住民基本上被称为"土著人"（本书后文采用"土著人"这一表述）。在哥伦布到达拉丁美洲和加勒比地区之前，这一地区的土著人以土地共有制为主要基础，形成了玛雅、阿兹特克、印加三大农业文明。

---

① 弘治（朱祐樘，1470—1505 年）是明朝第九位皇帝，1487—1505 年在位。

② 克里斯托弗·哥伦布，西班牙语：Cristóbal Colón；意大利语：Cristoforo Colombo。

教权、王权、地权、财权相统一是殖民扩张和殖民统治的重要基础。罗马教皇支持西班牙国王、葡萄牙国王开拓殖民地，并为两个王国划分全球殖民范围。新发现和占领的殖民地，其土地和原住民分别属于西、葡两国王室，两国国王尊奉天主教为国教，协助天主教会在殖民地传播，要求原住民信奉天主教，在殖民地为教会征收什一税。国王将殖民地的土地、原住民授予或委托给殖民者（主要是殖民官员）统治或管理，王室拥有税收权、贸易权，殖民者在较大程度上拥有地权、财权。殖民统治时期，王权在殖民地逐渐弱化，土生白人的教权、地权、财权逐渐强化，教会、私人大地产的形成是典型表现之一。

19世纪初叶，绝大部分拉美国家宣布独立。1820—1929年考迪罗主导拉美地区政坛，19世纪中后期至1913年前后（第一次世界大战爆发之前），拉丁美洲和加勒比地区经历了初级产品出口繁荣。20世纪初叶，民众主义在乌拉圭、阿根廷、智利等国家崛起并进行了早期执政尝试。本书选择1820年和1929年作为拉丁美洲和加勒比地区第三个发展阶段的时间节点，主要基于3个方面的考虑。第一，1820年前后绝大部分拉美国家宣布或实现独立。第二，1929年爆发的世界经济大危机改变了巴西、墨西哥、阿根廷等主要拉美国家的发展模式。第三，国外的世界经济史学者对1820—1929年世界各国（地区）经济估算或测算数据较为丰富。

1930年以来，民众主义和发展转型是拉丁美洲和加勒比地区的两个显著特点。在经济、政治、社会、外交等方面，民众主义在拉美地区的影响持续加深。在政治方面，经历了民众主义、威权主义、民主化等转型。在经济方面，经历了市场保护与进口替代、市场开放与出口导向等发展模式转型。在社会方面，完成了由农村社会向城市社会的转型，绝大部分人口由农村流向城市。在外交方面，自20世纪50年代以来，探索和推进拉丁美洲和加勒比地区一体化进程，主张"开放的地区主义"，支持和坚持多边主义。

如图1.1所示，在第一个发展阶段，尤其是在公元0—1500年，拉丁美洲和加勒比地区的年均国内生产总值（GDP）增长率仅为0.1%。在第二个发展阶段（1500—1820年），该地区的年均GDP增长率约为0.2%。在第三个发展阶段，1820—1870年为独立初期，地区年均GDP增长率约为 1.4%；1870—1929 年为初级产品出口繁荣时期，地区年均 GDP 增长率约为 3.4%。在第四个发展阶段，1930—1980 年为进口替代工业化时期，地区年均 GDP 增长率高达 5.0%。1980 年以来，拉丁美洲和加勒比地区转向市场开放和出口导向经济发展模式，1981—2020 年地区年均 GDP 增长率约为 2.4%。1870—1980 年是拉丁美洲和加勒比地区经济增长较快的历史时期，在此期间，考迪罗主义、民众主义、威权主义交替主导地区政坛。

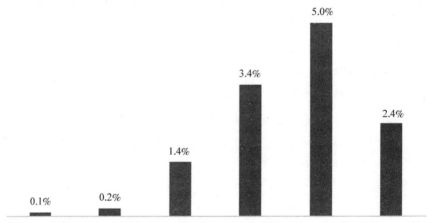

图 1.1　公元 0—2020 年拉丁美洲和加勒比地区年均 GDP 增长率

资料来源：

1. 公元 0—1500 年、1500—1820 年、1820—1930 年、1930—1980 年年均 GDP 增长率：［英］安格斯·麦迪逊：《世界经济千年史》，伍晓鹰等译，北京大学出版社 2003 年版。根据有关估算数据计算。

2. 1980—2020 年：根据世界银行 "World Development Indicators" 数据库有关数据计算，按 2010 年美元不变价格计。

五　五个发展方面：经济、自然环境、社会、政治、国际

根据世界银行 2021—2022 年的国民收入水平标准，拉丁美洲和加勒比地区有 17 个经济体属于高收入经济体，除智利、乌拉圭位于南美洲外，其

他15个经济体均位于加勒比海及附近地区（如英属百慕大群岛）。① 联合国贸易与发展会议（UNCTAD）在其《2019年初级产品与发展年度报告》中，将17个拉丁美洲和加勒比国家列入初级产品依赖型发展中经济体名单，其中包括11个拉美国家、6个加勒比国家。② 该组织的《2021年初级产品与发展年度报告》使用了"初级产品依赖陷阱"这一表述③，认为高度依赖初级产品出口是这些拉丁美洲和加勒比国家发展缓慢的重要经济原因之一。

绝大部分高收入经济体集中在加勒比海地区，智利、乌拉圭、特立尼达和多巴哥等少部分国家跨入高收入经济体行列，这些现象意味着，自然环境是影响经济增长与发展的不可忽视的重要因素之一。经济增长与发展需要适当的社会、政治、自然条件和国际环境，这些条件和环境的诸多因素共同影响着各个国家甚至整个地区的发展。

六　六条重要线索

在诸多影响因素中，有6个因素对拉丁美洲和加勒比地区的历史、现实、未来影响较大，即土著人土地共有制、大地产制、考迪罗主义、民众主义、结构主义、新自由主义，本书将这6个因素作为观察和分析拉丁美洲和加勒比地区的6条重要线索。

土著人土地共有制主要包括村社（社区）集体所有制、世居领地、居

---

① World Bank, "New World Bank country classifications by income level：2021 - 2022", https：//blogs. worldbank. org/opendata/new-world-bank-country-classifications-income-level-2021 - 2022. 拉丁美洲和加勒比地区的17个高收入经济体包括2个拉美国家（智利、乌拉圭），5个加勒比国家（安提瓜和巴布达、巴巴多斯、巴哈马、圣基茨和尼维斯、特立尼达和多巴哥），10个政治实体（英属维尔京群岛、英属开曼群岛、英属特克斯和凯科斯群岛、英属百慕大、荷属阿鲁巴、荷属库腊索、荷属圣马丁、美属波多黎各、美属维尔京群岛、法属圣马丁）。

② United Nations Conference on Trade and Development（UNCTAD），*Commodities and Development Report 2019：Commodity Dependence，Climate Change and the Paris Agreement*，New York，United States of America，2019，p. 71，Annex A："Commodity - dependent developing countries（CDDCs）". 拉丁美洲和加勒比地区的17个初级产品依赖型发展中经济体包括11个拉美国家（阿根廷、玻利维亚、巴西、智利、哥伦比亚、厄瓜多尔、危地马拉、巴拉圭、秘鲁、乌拉圭、委内瑞拉），6个加勒比国家（伯利兹、圭亚那、牙买加、圣卢西亚、苏里南、特立尼达和多巴哥）。

③ United Nations Conference on Trade and Development（UNCTAD），*Commodities and Development Report 2021：Escaping from the Commodity Dependence Trap through Technology and Innovation*，New York，United States of America，2021.

留领地，前二者是土著人的传统土地制度，居留领地主要形成于殖民统治时期。大地产制形成于殖民统治时期，在 19 世纪得到巩固和扩展，大部分拉丁美洲和加勒比国家保留和延续了大地产制。考迪罗主义和民众主义在较大程度上属于国家治理范畴，前者形成于殖民统治晚期，19 世纪 20 年代至 20 世纪 20 年代长期影响甚至主导大部分拉美国家政局；自 20 世纪 30 年代以来，民众主义逐渐成为拉丁美洲和加勒比地区国家治理政策的重要组成部分。结构主义形成于 20 世纪 40 年代末期，是拉丁美洲和加勒比地区的主要本土发展理论之一。新自由主义于 20 世纪 70 年代初在智利进行尝试，20 世纪 80 年代以来对拉丁美洲和加勒比地区的发展具有较大影响。

围绕农民与土地、劳动与资本、政府与市场、国家与世界 4 对关系，土著人土地共有制、大地产制主要涉及农民与土地的关系。考迪罗主义主要维护大地产主的利益，倾向于自由市场、自由贸易。民众主义倾向于农民、劳动、政府和国家，认为农民、劳动者是国家的主体，主张国家福利化。结构主义注重 4 对关系的调和，认为拉丁美洲和加勒比国家与世界的关系是"中心—外围"关系，主张政府干预和市场保护，强调国家福利化。自由主义倾向于土地、资本、市场和世界，主张自由市场、自由贸易。

第二节　两点基本认识

一　经济社会发展水平较高

海地和绝大部分拉美国家于 19 世纪初叶陆续独立。经过 2 个世纪的探索与发展，拉丁美洲和加勒比地区的经济、社会发展水平居于发展中国家（地区）前列。以人均 GDP 和城市化水平为例，2021 年拉丁美洲和加勒比地区的人均 GDP 约为 8328 美元，远高于南亚（2150 美元）和撒哈拉以南非洲（1633 美元）的水平，略低于东亚地区（9772 美元）。[①] 2021 年拉丁

---

① World Bank, "World Development Indicators", https：//databank. worldbank. org/source/world-development-indicators#.

美洲和加勒比地区的城市化率约为 81.4%，远高于非洲（43.9%）、亚洲（51.7%），也高于欧洲（75.1%），接近北美地区（82.8%）的水平。[①]

二　充满活力与希望

拉丁美洲和加勒比地区是"充满活力与希望的热土"[②]。19 世纪初至 20 世纪 20 年代，在一个多世纪的时间里，围绕"由谁来领导、依靠哪些力量、建设什么样的国家"等基本问题，拉美国家进行了国家建设与发展探索。20 世纪 30 年代以来，"围绕国家属于谁，政府为谁服务，国家与世界是什么关系"等基本问题，拉丁美洲和加勒比国家进行了多样化的尝试与探索，积累了丰富的经验与教训。拉丁美洲和加勒比国家普遍主张和奉行"开放的地区主义"，在加强地区团结和推进地区一体化的基础上，开展多边主义合作，支持全球化和世界多极化进程。

在数千年的农业文明中，拉丁美洲和加勒比地区为农业文明的发展作出了重要贡献。在数百年的工业文明中，拉丁美洲和加勒比地区虽然经历了第一次、第二次工业革命，并进行了长期的工业化探索，但拉丁美洲和加勒比国家仍属于发展中国家。人类正在迈向数字文明时代，拉丁美洲和加勒比经济委员会、拉丁美洲和加勒比各国高度重视数字化进程，并努力抓住数字化进程带来的机遇。

第三节　中拉全面合作

中国将拉丁美洲和加勒比地区看作一个整体，《中国对拉美和加勒比政策文件》指出，"拉美和加勒比作为一个整体，拥有巨大发展潜力和良好发展前景，是国际格局中不断崛起的一支重要力量"。拉丁美洲和加

[①]　Department of Economic and Social Affairs, United Nations, "World Urbanization Prospects 2018-Annual Percentage of Population at Mid-Year Residing in Urban Areas", https://population. un. org/wup/DataQuery/.

[②]　中华人民共和国外交部，《中国对拉美和加勒比政策文件》，2016 年 11 月 24 日，https://www. mfa. gov. cn/web/ziliao_ 674904/tytj_ 674911/201611/t20161124_ 7948492. shtml。

勒比地区是中国的全面合作伙伴。2014 年 7 月，在巴西利亚举行了中国—拉美和加勒比国家领导人会晤，中国国家主席习近平与出席会晤的拉共体国家元首、政府首脑或特别代表联合发表了《中国—拉美和加勒比国家领导人巴西利亚会晤联合声明》，共同宣布中拉建立平等互利、共同发展的全面合作伙伴关系，正式成立中国—拉共体论坛（以下简称"中拉论坛"）。

中拉论坛是深化中拉全面合作伙伴关系的重要平台之一，2015 年 1 月、2018 年 2 月、2021 年 12 月中拉论坛成功举办 3 届部长会议。[①] "在尊重、平等、多元、包容和遵守《宣布拉美和加勒比为和平区的公告》的基础上，巩固中拉论坛作为中拉整体合作与团结的主要平台地位，携手加强和扩大中拉论坛框架下各领域务实合作，持续深化平等、互利、创新、开放、惠民的新时代中拉关系。"[②] 中方致力于构建"政治上真诚互信、经贸上合作共赢、人文上互学互鉴、国际事务中密切协作、整体合作和双边关系相互促进的中拉关系'五位一体'新格局，推动中拉全面合作伙伴关系再上新台阶，成为携手发展的命运共同体"。[③]

一 政治互信

平等相待、真诚相助是政治互信的重要内容，是中拉关系发展的根本前提。中国坚持和平共处五项原则，尊重每个拉丁美洲和加勒比国家自主选择发展道路的权利，理解和支持拉丁美洲和加勒比国家的主权、领土完整、稳定发展等核心利益和重大关切。

绝大多数拉丁美洲和加勒比国家恪守一个中国原则，支持中国统一大业。中方愿在一个中国原则基础上同全部拉丁美洲和加勒比国家建立和发展国家关系。截至 2021 年，中国与 25 个拉丁美洲和加勒比国家建立（或恢复）外交关系，8 个未建交国在全面合作伙伴关系框架内不断拓展、深

---

① 受全球性新冠疫情的影响，中拉论坛第三届部长会议采用视频会议方式举办。

② 中华人民共和国外交部，《中国—拉共体论坛第三届部长会议宣言》，2021 年 12 月 7 日，https：//www.mfa.gov.cn/web/wjbxw_ 673019/202112/t20211207_ 10463450. shtml。

③ 中华人民共和国外交部，《中国对拉美和加勒比政策文件》，2016 年 11 月 24 日，https://www.mfa.gov.cn/web/ziliao_ 674904/tytj_ 674911/201611/t20161124_ 7948492. shtml。

化与中国的交流与合作。①

二　共同发展

共同发展是经济务实合作和高质量基础设施合作的重要内容，是中拉关系发展的内生动力。以共建"一带一路"为引领，以贸易、投资、金融合作为三大基本机制，以粮食安全、科技创新、工业和信息技术、航空航天、能源资源、旅游、海关与税务、基础设施等为重点领域，推动中拉经贸合作提质升级。

截至 2021 年，中国在拉丁美洲和加勒比地区的直接投资存量约为6937 亿美元，虽然 97.6% 左右集中在开曼群岛（2295 亿美元）和英属维尔京（4475 亿美元），但其他部分广泛分布在巴西、委内瑞拉、阿根廷、秘鲁、智利、墨西哥、牙买加等 26 个拉丁美洲和加勒比国家。② 2022 年中拉商品贸易总额约为 4858 亿美元，中国与巴西（1715 亿美元）、墨西哥（950 亿美元）、智利（670 亿美元）、秘鲁（376 亿美元）、哥伦比亚（226亿美元）、阿根廷（214 亿美元）、巴拿马（139 亿美元）、厄瓜多尔（131亿美元）、乌拉圭（74 亿美元）等国家的双边商品贸易总额较多。③ 截至2023 年 1 月，中国与 21 个拉丁美洲和加勒比国家签订共建"一带一路"双边合作文件。④ 巴西是亚洲基础设施投资银行（以下简称"亚投行"）的创始成员国，阿根廷、智利、厄瓜多尔、秘鲁、乌拉圭 5 国是成员国，

① 25 个建交国包括 16 个拉美国家（阿根廷、巴西、秘鲁、玻利维亚、厄瓜多尔、哥伦比亚、委内瑞拉、乌拉圭、智利、巴拿马、多米尼加、哥斯达黎加、古巴、墨西哥、尼加拉瓜、萨尔瓦多），9 个加勒比国家（安提瓜和巴布达、巴巴多斯、巴哈马、多米尼克、格林纳达、特立尼达和多巴哥、牙买加、圭亚那、苏里南）。8 个未建交国包括 3 个拉美国家（洪都拉斯、危地马拉、巴拉圭），5 个加勒比国家（伯利兹、海地、圣基茨和尼维斯、圣卢西亚、圣文森特和格林纳丁斯）。

② Wind 资讯数据。

③ 中华人民共和国海关总署，"2022 年统计月报——2022 年 12 月进出口商品国别（地区）总值表（美元值）"，http://www.customs.gov.cn/customs/302249/zfxxgk/2799825/302274/302277/302276/4127455/index.html。

④ 拉丁美洲和加勒比地区的 21 个"一带一路"共建国为：阿根廷、秘鲁、玻利维亚、厄瓜多尔、委内瑞拉、乌拉圭、智利、巴拿马、多米尼加、哥斯达黎加、古巴、尼加拉瓜、萨尔瓦多、安提瓜和巴布达、巴巴多斯、多米尼克、格林纳达、特立尼达和多巴哥、牙买加、圭亚那、苏里南。

玻利维亚、委内瑞拉 2 国是准成员国。

三　互学互鉴

社会人文交流与合作是互学互鉴的重要内容，主要领域包括治国理政经验交流，公共卫生，可持续发展和减贫脱贫，文化、艺术、体育，高校、智库、青年，新闻媒体，地方和民间交往等。中拉减贫与发展论坛、中拉武术交流论坛、中拉智库论坛、中拉高级别学术论坛、中拉青年发展论坛、中拉地方政府合作论坛、中拉民间友好论坛等是中拉社会人文交流的重要平台和机制。

四　密切协作

"中国和拉共体成员国是维护国际和平安全，促进和保护人权，支持多边主义，促进可持续、包容、韧性发展、消除贫困和缓解不平等的重要力量。我们愿在多边和国际场合就共同关心的问题加强沟通协调，携手应对全球性挑战。"① 国际政治事务、全球经济治理、落实 2030 年可持续发展议程、应对气候变化、网络安全等是中拉密切协作的重要领域，中拉双方共同认为：第一，世界多极化、经济全球化、国际关系民主化的大方向没有改变，应推动国际社会基于国际法和多边主义，构建相互尊重、公平正义、合作共赢的新型国际关系；第二，坚持以《联合国宪章》宗旨和原则指导各国在国际事务中的行为，维护以联合国为核心的多边主义；第三，加强在世界贸易组织框架下的合作与对话，共同维护以规则为基础、透明、非歧视、开放、包容的多边贸易体制，以均衡和互利的方式推动全球贸易可持续发展，反对单边主义和保护主义；第四，根据各国不同国情，按照公平、共同但有区别的责任和各自能力原则，以及《巴黎协定》"国家自主决定贡献"的制度安排，全面、有效和持续实施《联合国气候变化框架公约》《京都议定书》和《巴黎协定》；第五，加强对话合作，实施并最终制定网络空间准则和规则，维护网络空间和平安全。

---

① 中华人民共和国外交部，《中国—拉共体论坛第三届部长会议宣言》，2021 年 12 月 7 日，https：//www.mfa.gov.cn/web/ziliao_ 674904/1179_ 674909/202112/t20211207_ 10463450.shtml。

五 整体和双边相互促进

中拉双方强调，拉共体作为对话和政治协调机制，在促进拉丁美洲和加勒比地区经济社会发展等方面具有重要作用。中方支持拉美和加勒比地区一体化进程，支持拉美和加勒比地区在国际舞台发声。与此同时，中国持续深化与拉丁美洲和加勒比国家的双边关系，探索、拓展与拉丁美洲和加勒比地区次区域组织的合作。

第二章
土著人古代农业文明与土地共有制

1492 年哥伦布抵达拉丁美洲和加勒比地区时，位于亚欧大陆东端、农业文明较为发达的明朝约有 5300 万人口。[①] 当时，拉丁美洲和加勒比地区的土著人口约有 5000 万人[②]，主要集中在墨西哥和中美洲、安第斯两大农业生产区域，形成了玛雅、阿兹特克、印加 3 个发展程度较高的农业文明。

第一节　主体起源与分区发展

基于大量考古发掘和人类学研究成果，关于拉丁美洲和加勒比地区土著人的人种，人们逐渐形成一种共识，即绝大部分土著人属于蒙古利亚人种。

一　主体源于亚洲

广阔的太平洋和大西洋将美洲大陆与亚欧大陆、非洲大陆隔离开来，但美洲大陆西北角与亚欧大陆东北角隔着白令海峡相望。在距今 5 万—1 万年前，北半球经历了较长时间的冰川期。在冰川时期，海面下降，白令海峡成为连接亚欧大陆和美洲大陆的"大陆桥"，即"白令大陆桥"。在 4

---

① 1491 年（弘治四年），明朝的人口约为 5328 万。参见梁方仲编著《中国历代户口、田地、田赋统计》，上海人民出版社 1985 年版，第 203 页。

② 关于 1492 年前后拉丁美洲和加勒比地区的人口数量，国外学者的估计数差距较大，介于 1200 万人—1.2 亿人之间。William M. Denevan, "The Pristine Myth: The Landscape of the Americas in 1492", *Annals of the Association of American Geographers*, Sep., 1992, Vol. 82, No. 3, pp. 369 – 385; "Estimating the Aboriginal Population of Latin America in 1492: Methodological Synthesis", *Conference of Latin Americanist Geographers*, 1976, Vol. 5, pp. 125 – 132. 本书采用"5000 万人"这一估计值。

万年左右的时间里，一部分东北亚蒙古人族群，在追逐猎物的偶然机会中，陆陆续续通过白令大陆桥，走到美洲大陆，成为美洲大陆的土著人。在当今的加拿大和美国，土著人主要沿着两条路线缓慢迁移和扩散。一条是落基山脉西侧路线，沿太平洋沿岸地带南下。另一条是落基山脉以东路线，从落基山脉北部进入加拿大腹地、美国中部和大西洋沿岸地区。

　　距今 3.5 万—1.0 万年前，土著人以狩猎为生。在这一时期，同冰川覆盖的北半球中高纬度地区相比，拉丁美洲和加勒比地区气候温和，草木茂盛，动物繁多，这为土著人狩猎、繁衍和扩散提供了良好的自然条件和自然环境。在墨西哥和中美洲，土著人主要沿着 3 条路线向南扩散，即东线（大西洋沿海路线）、中线（中部高原和山地路线）、西线（太平洋沿岸路线）。东线和中线的土著人在 3.2 万年前到达墨西哥高原，2.6 万年前到达中美洲。西线的土著人在 3.0 万年前到达墨西哥西南部沿海地带，2.3 万年前到达中美洲。在南美大陆，土著人于 2.5 万年前到达哥伦比亚北部山区和沿海地带。此后，南美大陆的土著人也主要沿着 3 条路线进行扩散，即安第斯山脉路线、太平洋沿海路线、大西洋沿海路线，其中前两条是主要扩散路线。沿着安第斯山脉路线，土著人在 1.4 万年前到达厄瓜多尔的基多地区，1.2 万年前到达玻利维亚高原，1.1 万年前到达阿根廷西部的山区和草原，1.0 万年前到达阿根廷南部的巴塔戈尼亚高原、火地岛等地区。沿着太平洋沿海路线，土著人在 1.3 万年前到达秘鲁北部，1.1 万年前到达智利北部，1.0 万年前到达智利南部。沿着大西洋沿岸路线，土著人在 1.2 万年前抵达亚马孙河入海口附近，1.1 万年前到达巴西高原东部。[①] 在阿根廷南部、智利南部、巴西亚马孙雨林等地区，人们已经发现并确认了 1.0 万年前土著人使用过的石器等工具以及他们的生活遗迹。

二　独自分区发展

　　距今 1.0 万年前后，冰川期逐渐消退和结束，白令大陆桥因被海水淹没而消失，美洲大陆和亚欧大陆隔绝开来。气候变化使拉丁美洲和加勒比

---

① Mario Pichardo, "Review of Horses in Paleoindian Sites of the Americas", *Anthropologischer Anzeiger*, März 2004, Jahrg. 62, H. 1, pp. 11 – 35.

地区的生态环境发生巨变，如气候变暖、雨量减少、森林和草地面积急剧缩小。一方面，气候变化使绝大部分可供狩猎的大型动物逐渐灭绝，这迫使土著人改变以往单纯依靠狩猎的生存方式；另一方面，拉丁美洲和加勒比地区地域辽阔，自然、地理、生态环境复杂多样，动物和植物资源较为丰富，这为土著人探索和适应新的生活方式创造了天然条件。

大安的列斯群岛、小安的列斯群岛是加勒比海的主要岛屿链。公元前8000年以前（距今约1.0万年以前），由于海面仍处于较低水平，这些岛屿链中的部分岛屿与美洲大陆之间的距离较近，甚至间或会有陆路相通，美国佛罗里达半岛、墨西哥尤卡坦半岛、委内瑞拉东北部的土著人，分别从北、西、南3个方向向古巴岛、海地岛、特立尼达岛等加勒比海诸岛扩散。此后，随着海面上升，这些岛屿与大陆完全隔离，加勒比海诸岛上的土著人缓慢发展。古巴岛是加勒比海第一大岛，公元前8000年以前土著人已抵达该岛。尤卡坦半岛的土著人可能较早到达古巴岛。① 当哥伦布首次到达古巴岛时，在该岛上约有10万—30万土著人，主要分为3个部族，按照经济社会发展水平由低到高，依次为瓜纳哈塔贝伊人、西波涅人和泰诺人。泰诺人按照氏族聚居，形成多个村社，每个村社各自拥有自己的领地。在领地内，土地和生产工具归村社成员共同所有，村社成员共同劳动，产品在村社氏族之间进行平均分配。

南美低地是指安第斯山脉以东的南美大陆区域，北起委内瑞拉奥里诺科草原，南至阿根廷南部的火地岛。这个区域河流众多，或草原沼泽，或雨林茂密，或高原山区，或沙漠戈壁，或冰川峡谷，自然条件较为恶劣。众多土著人族群星散于南美低地区域，各自缓慢发展。截至公元1500年前后，在委内瑞拉的奥里诺科河三角州、圭亚那高原、亚马孙雨林地区生活着瓜希罗人等土著人部落，他们主要以捕鱼、狩猎和采集为生，无固定领地和居所，分成小的氏族或部落，按照猎物或采集物的丰沛程度进行迁移。在巴西北部和东北部生活着图皮人，他们以渔猎、采集和农业为生，过着半定居的生活。一般情况下，一个部落是一个村社，茅屋组成的住房

---

① Samuel M. Wilson, Harry B. Iceland, Thomas R. Hester, "Preceramic Connections between Yucatan and the Caribbean", *Latin American Antiquity*, Dec., 1998, Vol. 9, No. 4, pp. 342–352.

群用栅栏围绕起来。村社中的男人负责打猎、捕鱼、采集野生果实，女人负责耕种，主要种植木薯、玉米、菜豆、花生、甘薯、棉花等作物。当地力枯竭而不适合继续耕种时，整个村社就会搬迁到一个较远的地方。在巴西高原、巴西中南部、乌拉圭、阿根廷东北部，生活着瓜拉尼人，他们以村落为基本单位，每个村落拥有各自的领地。一个村落由几十个家庭聚居而成，每个家庭拥有一座茅草屋，村落四周用木头围栏保护起来。一般情况下，村落首领实行世袭制，巫师负责宗教活动，较为强壮的成年男性担任战士，村落首领、巫师、战士共同议事和决策。在各自领地内，村落中的男人负责狩猎和采集，女人负责耕种和制作器具，主要种植玉米、豆类、甘薯、花生、南瓜、木薯等作物。在大查科、科尔多瓦丘陵、潘帕斯草原、巴塔哥尼亚高原的广大地区，生活着许多流动性的、分散的狩猎部落和采集部落，每个部落仅有数个家庭，每个家庭拥有一个兽皮帐篷，部落成员仅有数十人至百余人，部落事务由成年男性集体决定。

三 形成两大农业文明区

墨西哥和中美洲地区、安第斯地区是两大农业文明区。公元前7150年前后墨西哥高原上的土著人开始种植玉米，公元前6750年至公元前5050年，玉米种植在墨西哥和中美洲地区缓慢推广，公元前4750年推广至秘鲁北部，公元前2050年推广至秘鲁南部。[①] 在这一推广进程中，两个区域的土著人培育了700多个玉米品种，玉米成为两个区域土著人文明——"玉米文明"的主要基础。除玉米外，这两个区域的土著人还培育和种植土豆、南瓜、木薯、甘薯、辣椒、西红柿以及豆类等作物。

（一）墨西哥和中美洲地区

公元前2000年至公元300年为前古典期，公元300—950年为古典期，公元950—1521年为后古典期。在前古典期，较早兴起和较有影响的文化是奥尔梅克文化。公元前1500年前后，奥尔梅克文化兴起于墨西哥中部高原以东的墨西哥湾沿岸地带，公元前1200年前后进入繁盛期，主要城邦有

① Amber M. Van Derwarker（etc），"New World Paleoethnobotany in the New Millennium（2000 – 2013）"，*Journal of Archaeological Research*，June 2016，Vol. 24，No. 2，pp. 125 – 177.

圣洛伦索（公元前 1200—前 900 年）、拉文塔（公元前 1100—前 300 年）、特雷斯·萨波特斯（公元前 400—前 100 年）等。奥尔梅克人建造了金字塔和神庙，创造了历法和文字，创立了以崇拜美洲豹、羽蛇神为主要内容的多神信仰体系。奥尔梅克文化是墨西哥和中美洲土著人文明的共同源头，被称作这一地区的"母文化"。

在古典时期，在当今中美洲的危地马拉、伯利兹、萨尔瓦多、洪都拉斯等地，兴起了众多的玛雅城邦，例如位于危地马拉的蒂卡尔城邦。在墨西哥中部高原，兴起了特奥蒂瓦坎城邦。特奥蒂瓦坎城邦位于当今墨西哥城东北 50 千米处，公元前 200 年前后兴起，公元 300—600 年是其鼎盛时期，公元 750 年前后突然消亡，12 世纪阿兹特克人发现了规模庞大的金字塔、宫殿、庙宇建筑群废墟，将其命名为"特奥蒂瓦坎"，意为"众神之城"，4 千米长的亡灵大道纵贯南北，大道北端有月亮金字塔，大道中部东侧有太阳金字塔，美洲豹神庙、羽蛇神以及宫殿、庙宇、住宅等分布于大道两侧。遗址中的绘画和壁画表明，特奥蒂瓦坎是一个神权国家，社会等级分明。

在后古典期，中美洲的玛雅人向北迁移至尤卡坦半岛，在半岛北部陆续兴起了奇琴伊查、乌斯马尔、玛雅潘等城邦。在当今墨西哥城西北 64 千米处的图拉城，从北方进入墨西哥中部高原的托尔特克人于公元 9 世纪崛起，公元 10 世纪进入繁荣期。在政治方面，祭司集团和武士集团是图拉城邦的两大统治力量。在文化方面，图拉城邦深受特奥蒂瓦坎的影响，武士和象征战争的美洲豹、鹰、蛇成为雕饰的主题。在经济方面，图拉城是纺织、制陶、黑曜石加工的重要中心，其贸易联系远达墨西哥东南部尤卡坦半岛的奇琴伊察等玛雅城邦。1168 年图拉城邦灭亡，托尔特克人衰落，代之而起的是阿兹特克人。

（二）安第斯地区

公元前 1500 年至公元前 300 年为形成时期，公元前 300 年至公元 800 年为城邦时期，公元 800—1463 年为列国时期，1463—1532 年为印加帝国时期。在形成时期，公元前 1500—前 1000 年，早期陶器在秘鲁北部广泛流行，陶器造型简单，圆形，薄胎，主要纹饰有刷制纹、刻划纹、贝壳压印纹、附加堆纹等。查文·德·万塔尔遗址位于秘鲁北部高地，简称

"查文文化"。查文文化兴起于公元前 1000 年，公元前 400—前 200 年为繁盛期，为安第斯山脉中部地区的一个以神权为中心的早期城邦，崇拜美洲豹，其陶器、铜锡合金、纺织物、金银饰品的传播范围较大，影响深远。

在城邦时期，秘鲁北部的沿海城邦——莫奇卡是当时南美地区影响最大的城邦（公元前 200—800 年）。公元 100—750 年是莫奇卡城邦的繁盛期，祭司和武士是两大统治集团，城邦控制了兰帕雅基河谷与尼培纳河谷之间、长约 400 千米的狭长地带。利用安第斯山脉的雪山融水，修筑灌溉系统，发展农业生产，太阳塔（长 345 米、宽 160 米、高 45 米）和月亮塔（长 290 米、宽 210 米、高 32 米）分别是莫奇卡城邦的行政中心和祭祀中心。公元 750 年前后，干旱和沙漠化迫使莫奇卡向北迁移，莫奇卡城邦衰落。秘鲁中南部沿海地带的瓦里城邦（兴盛于公元 500—750 年）较早使用石头和灰泥建造城市，擅长制作带有人物和宗教仪式场景的彩绘陶器。秘鲁南部的沿海城邦纳斯卡（公元前 400—700 年）擅长配制矿物染料，颜色多达 100 余种。反映宗教信仰和绘画艺术的"纳斯卡地画"包括两类图形：一类是数量较多的几何图形，如梯形、圆形、正方形、菱形等；另一类是 40 余幅动植物图形，如猴子、虎鲸、鸟类、鱼类、蜘蛛、植物和简单的人物形象等。[1] 在秘鲁南部高原的的的喀喀湖畔，蒂瓦纳库城邦（兴盛于公元 300—800 年）以其大型石雕而著名，这些石雕刻画了拟人化的天体、美洲豹、鸟、鱼、几何图形等图案，"太阳门"是城邦遗址的标志性建筑物。为了扩大耕地面积，增加农业产量，蒂瓦纳库依着山势，自下而上修建了层层梯田，梯田面积约 1.6 万英亩（约合 6400 公顷）。[2] 蒂瓦纳库城邦的崛起标志着安第斯中部地区的文化中心由沿海转移至高原地区。

在列国时期，蒂瓦纳库城邦于公元 9 世纪开始向外扩张，控制和影响的范围包括秘鲁南部、玻利维亚中部、智利北部和阿根廷西北部，建立了蒂瓦纳库王国，该王国于 13 世纪衰落。蒂瓦纳库王国衰落后，在秘鲁北部

---

[1]　Malpass, Michael A., *Ancient People of the Andes*, Cornell University Press, 2016, p. 133.

[2]　［美］克里斯蒂娜·胡恩菲尔特：《秘鲁史》，左晓园译，东方出版中心 2011 年版，第 8 页。

的皮乌拉地区崛起了奇穆王国。奇穆王国以昌昌为首府，14、15 世纪处于鼎盛时期。为了征集大量劳动力，修建昌昌城、金字塔、水库、灌溉系统等大型工程，奇穆王国采用了征募制度——"米达"制。1463 年以库斯科为都城的印加人开始了帝国的统一进程，安第斯地区进入了短暂的印加帝国时期。

第二节　三大古代农业文明

玛雅、阿兹特克、印加是拉丁美洲和加勒比地区的三大土著人古代农业文明，前两个分布在墨西哥和中美洲地区，第三个分布在安第斯地区。

一　玛雅文明

"玛雅"一词源于墨西哥尤卡坦半岛北部公元 12—15 世纪中期的玛雅潘城邦。1502 年哥伦布在洪都拉斯首次听到"玛雅"这一地名。1562 年天主教尤卡坦教区的迭哥·德·兰达主教下令焚烧土著人的文字文献，摧毁土著人的石刻和石碑，这使得后人难以准确了解和研究玛雅文明。1839 年美国人约翰·斯蒂芬斯在洪都拉斯的热带丛林中发现了玛雅遗址。自此以后，随着世人对玛雅的了解不断增多，逐渐形成了"玛雅人""玛雅文明"等概念。从空间角度看，自北向南，玛雅文明主要分布在墨西哥中南部、东南部以及中美洲的危地马拉、伯利兹、洪都拉斯、萨尔瓦多等地区。这些地区可合称为玛雅文明区，区域面积超过 30 万平方千米。从时间角度看，当西班牙人于 16 世纪前半期在这些地区建立殖民统治和教会体系时，玛雅文明已经延续和传承了 3000 年之久。玛雅文明有 3 个显著特点。

第一，不断延续。玛雅文明的主要源头是奥尔梅克文化。公元前 1000 年前后，玛雅文明开始形成。公元前 1000 年至公元 3 世纪为玛雅文明的形成时期，公元 4—9 世纪为兴盛时期，公元 10—16 世纪前半期为衰落时期。在形成时期，位于玛雅文明区南部的危地马拉是主要文明中心，例如，在危地马拉南部、靠近太平洋沿岸的高地，发现了公元前 7 世纪的灌溉系统；在危地马拉中部，发现了公元 1—3 世纪的大型城邦遗址。在兴盛时期，玛雅文明的中心由南向北迁移至危地马拉北部、以佩腾地区为中心的低地地区，例如，公元 292 年在佩腾伊查湖以北崛起的蒂卡尔城邦存续了 800 年左右，其势力范围包括佩腾地区和伯利兹。在衰落时期，玛雅文明的中心再次向北迁移，主要集中在墨西哥的尤卡坦半岛，在该半岛北部形成了奇琴伊查、玛雅潘等城邦。公元 12—15 世纪中叶，玛雅潘是玛雅文明区势力较为强大的城邦。

第二，城邦自治。在 3000 年左右的时间里，玛雅文明区没有形成统一的帝国或王国，而是先后出现了 100 多个城邦。公元 250—900 年，在危地马拉北部和伯利兹的狭小平原地区，先后出现了 40 个城邦[1]。玛雅城邦大小、强弱不一，城邦首领是神灵的代表，能够与神灵和祖先沟通，主要掌控神权和军权，实行家族世袭制。每个城邦各有自己的领地，互不统属，但是，较小的城邦可能会向较大的城邦缴纳贡赋，以换取和平或保护。势力较大的城邦之间时常发生冲突，甚至战争。在玛雅文明的兴盛时期，公元 6 世纪，蒂卡尔城邦曾经被其附近的卡拉穆尔城邦和卡拉科尔城邦联合打败。卡拉穆尔城邦的领地范围一度达到 8000 平方千米，成为其周边中小城邦的"霸主"。蒂卡尔城邦的领地范围相对较小，直到公元 8 世纪，其领地面积约为 120 平方千米。[2] 在衰退时期，尤其是在 12 世纪至 15 世纪中叶，尤卡坦北部的奇琴伊查、乌斯马尔、玛雅潘等大型城邦之间战争不断。12 世纪末、13 世纪初，玛雅潘城邦先后战胜奇琴伊查、乌斯马尔等城邦，俘获青壮年人口，抢夺食物财物，用以扩建玛雅潘。1244 年奇琴伊查人占领玛雅潘后，奇琴伊查人和玛雅潘混居在一起，合称"玛雅人"。在其全盛时期，玛雅潘城的城内居民约有 1.2 万—2.1 万人，城墙周长 9 千米，墙高 1.5 米—2.5 米，城墙宽处可达 3 米，拥有 12 座城门。玛雅潘的影响范围涵盖尤卡坦半岛北部，西部边缘地带与阿兹特克人接壤，阿兹特克人通过贸易换取玛雅潘附近出产的蓝色颜料。在玛雅潘的影响范围

---

[1] Christine Honders, *Ancient Maya culture*, New York, PowerKids Press, 2017, p. 7.

[2] 林被甸、董经胜：《拉丁美洲史》，人民出版社 2010 年版，第 7 页。

内，主要有 16 个部族，其中科科姆斯、休斯是两个较大部族的首领，二者共同居于玛雅潘城的最高地位。[①] 除玛雅潘城外，尤卡坦半岛北部还分布着其他部族的城邦，每个城邦各自拥有自己的首领和领地。1441—1450 年玛雅潘城被科科姆斯和休斯的冲突以及城外的居民起义完全摧毁，但休斯的族人继续在玛雅潘生活至 1500 年前后。

第三，文化认同。信仰、建筑和文字不仅是玛雅文明的传承主线，也是维系玛雅诸城邦"形散神聚"的共同文化。玛雅人认为万物有灵、万物皆神，但他们所崇拜和信仰的主要神灵有太阳神、雨神、羽蛇神、玉米神、月亮神、战神、死神等，这些神灵的形象大多为人身兽形或半人半兽。玛雅城邦众多，虽然每个城邦的建筑风格各异，但城邦中心的基本形式和功能却基本相同，例如，以金字塔为中心的祭祀广场是每个城邦的核心功能区，广场周围建有宫殿、庙宇、竞技场以及众多的石碑、石柱、祭坛等建筑物。在玛雅语中，"金字塔"的含义是"山"，祭祀广场是玛雅人与诸神灵进行交流的圣地，因此，玛雅人将其认为的所有神灵精细地雕刻在广场四周的建筑物上。玛雅文明是拉丁美洲和加勒比地区唯一拥有文字的土著人文明。公元前 400 年前后，玛雅文字初步成型，至公元初年形成了较为完善的文字系统。玛雅文字书写为方块图形，图形的一部分是意符；另一部分是音符。用树皮或动物皮制作的玛雅书籍被西班牙殖民者焚烧殆尽，现存仅有 4 本。除书籍外，玛雅文字也普遍绘制在陶器或雕刻在宫殿、庙宇、石碑、石柱等建筑物上，对于这些现存的文字，有关学者已能解读 90% 左右。数学和天文学是玛雅人的两项重要成就。在数学方面，玛雅人实行二十进制，并能够使用"0"。贝壳形状的符号"〇"表示"0"，一个黑点"●"表示"1"，一截线段"—"表示"5"。使用这 3 个数字符号，玛雅人可以进行大量的数学计算。根据农业生产和宗教仪式的需要，基于二十进制，玛雅人的主要历法分太阳历和礼仪历。针对农业生产周期，太阳历将 20 天作为一个月，一年分为 18 个月（如播种月、收割月、烧荒月等），外加 5 个禁忌日，合计 365 天。礼仪历将一年分为 20 个

---

① Susan Milbrath and Carlos Peraza Lope, "Revisiting Mayapan: Mexico's last Maya capital", *Ancient Mesoamerica*, Spring 2003, Vol. 14, No. 1. pp. 1–46.

神灵周，每周 13 天，合计 260 天。除太阳历和礼仪历外，玛雅人还有"长数历"，该历以 20 天为一个月，每月 18 天，一年 360 天。以太阳历为基准，每 52 年太阳历年与礼仪历年重合一次，每约 5125 年太阳历年与长数历年重合一次。

对于玛雅人的政治和社会结构，人们所知甚少，但学术界倾向于认为，在每一个玛雅城邦，城邦首领及其家庭成员居于顶端，其下是协助首领处理祭祀、军事、贡赋、劳役等重要事务的贵族集团。一般情况下，首领和贵族集团居住在金字塔广场周围。① 祭司熟悉历法和文字，由他们主持祭祀仪式，确定农耕时节，享有很高的社会地位。根据社会分工，主要从事建筑、书写、绘画、音乐、制陶、雕刻、玉器、贸易等非农生产的家庭居住在城市中。城市之外，主要从事农业生产的家庭聚居为村社，在城邦领地范围内，每个村社拥有一片土地。村社成员农忙时节务农，农闲时节向城市运送贡赋和提供劳役或服务。玉米是玛雅人的主粮，村社以烧荒轮种为基本方式，种植玉米。由于生产力水平低下，玉米产量有限，较为狭窄、贫瘠的危地马拉、萨尔瓦多、洪都拉斯等中美洲地区难以供养快速膨胀的人口和城市，这可能是导致玛雅人逐步向较为宽阔的北方迁移且最终衰落的重要原因之一。

二　阿兹特克文明

"阿兹特克"一词源于"阿兹特克人"。1517 年西班牙殖民者侵入墨西哥时，阿兹特克人是墨西哥高原诸多土著人族群的合称，其中心城市特诺奇蒂特兰是当时墨西哥和中美洲地区的第一大城市，城区面积约 13.5 平方千米，城区居民约有 21 万人。② 特诺奇蒂特兰控制了东起墨西哥湾、西至太平洋沿岸的墨西哥中部地区，其影响范围包括墨西哥全境

---

① Laura Caso Barrera, Mario Aliphat F., "Organización política de los itzaes desde el posclásico hasta 1702", *Historia Mexicana*, Vol. 51, No. 4, Apr. – Jun., 2002, pp. 713 – 748; Péter Bíró and Eduardo Pérez de Heredia, "La Organización Política y el Paisaje de Chichén Itzá, Yucatán, México, en el Período Clásico Terminal (830 – 930 dC)", *Latin American Antiquity*, June 2018, Vol. 29, No. 2, pp. 207 – 221.

② Michael E. Smith (etc), "The Size of the Aztec City of Yautepec: Urban Survey in Central Mexico", *Ancient Mesoamerica*, Spring 1994, Vol. 5, No. 1, pp. 1 – 11.

和中美洲北部。18世纪以来，人们逐渐用"阿兹特克"来指代以墨西哥谷地为核心区的土著人文明。同玛雅文明相比，阿兹特克文明有以下三个显著特点。

第一，阿兹特克人"后来居上"。墨西哥谷地位于墨西哥高原，其范围包括墨西哥城的大部分地区，以及墨西哥州、伊达尔戈州、特拉斯卡拉州、普埃布拉州的部分地区，南北长约100千米，东西宽约60千米，地域面积约6000平方千米，平均海拔约2000米。阿兹特克人原为墨西哥西北部的一个渔猎部落，自称其发源地为"阿兹特兰"。1218年，仅有7个氏族的阿兹特克部落跟随其他部落迁移至墨西哥谷地。截至当时，墨西哥谷地已经遍布多个土著人族群，仅在特斯科科湖周围，就有库尔瓦坎、特斯科科、特拉科潘等大中型城邦。经过2000余年的传承、延续和发展，这些已有的土著人族群普遍讲纳瓦语，其文明程度远高于初来乍到的阿兹特克人。城邦、族群、村社之间为了争夺土地和水源等生存空间，经常发生激烈的冲突甚至战争。阿兹特克人为了生存，依附于库尔瓦坎。1325年阿兹特克人同库尔瓦坎人发生冲突，"阿兹特克7氏族"之一的特诺奇氏族逃入特斯科科湖西岸附近的一个岛上，开始营造特诺奇蒂特兰。此后，其他阿兹特克氏族成员陆续迁至特诺奇蒂特兰，使该地由一个部落村社逐渐发展为一个城邦，其位置大体位于当今墨西哥城的中心城区。15世纪初叶，特斯科科湖周围存在着数十个大小不一的城邦，如查普尔特佩克、科约阿坎、霍奇米尔科、伊斯塔帕拉帕等。在这些城邦中，特诺奇蒂特兰和特拉科潘位于特斯科科湖西岸且相邻；特斯科科城邦位于特斯科科湖东岸，与特诺奇蒂特兰隔湖相望。1428年特诺奇蒂特兰与特斯科科、特拉科潘结成"三城联盟"，三方约定按照2∶2∶1的比例分配所有战利品。[①] 通过不断征伐，"三城联盟"建立了以特诺奇蒂特兰为中心，以特诺奇蒂特兰—特斯科科为轴线，以特诺奇蒂特兰、特斯科科、特拉科潘3个城邦为基本面，以墨西哥谷地为腹地的城邦联盟体。特诺奇人被称为"住在特诺奇蒂特兰的阿兹特克人"，特诺奇蒂特兰、特斯科科、特拉科潘3个城邦的族群合

---

① ［美］乔治·C.瓦伦特：《阿兹特克文明》，朱伦、徐世澄译，译林出版社2013年版，第98页。

称"墨西卡人"，其他加入"三城联盟"的城邦和部落合称"阿兹特克人"。

第二，阿兹特克"三城联盟"初具帝国形态。1430—1434 年特诺奇蒂特兰城邦取得特斯科科湖以西、以南区域的控制权，特斯科科城邦取得特斯科科湖以东区域的控制权。① 特诺奇蒂特兰被称作"西朝"，特斯科科被称作"东朝"。1428—1440 年在位的特诺奇蒂特兰首领（伊特斯科亚特尔）下令焚毁反映信仰的绘画、记录历史的手抄本等文献书籍，重新建造庙宇，创建宗教等级制度；建立行政系统，设立各级官衔；扩建都城，在北、西、南 3 个方向构筑连通湖岸的堤坝和道路；等等。1440—1516 年阿兹特克"三城联盟"的管辖区包括墨西哥谷地及周边相邻高地（如托卢卡、库埃纳瓦卡、莫雷洛斯、普埃布拉等），在管辖区内建立了统一的宗教、军事、行政、经济体系。在管辖区的外围，通过军事征伐，建立了征服区，地域范围东至韦拉克鲁斯、西至格雷罗、南至瓦哈卡、北至伊达尔戈。管辖区和征服区内约有 500 个城邦，人口约 600 万。② 城邦的差异较大，例如，在莫雷洛斯地区，库埃纳瓦卡城（现为莫雷洛斯州府）规模较大，约有 3.6 万人，卡皮尔科城则仅有 100 人左右。③ 每个城邦需向"三城联盟"进献贡赋。阿兹特克人建立了较为完善的市场体系，几乎每个城市和村社都设有交易市场，这些市场不仅用于货物交换，还用于宣传政令，颂扬首领。阿兹特克商人还远涉墨西哥北部的荒漠、墨西哥东南部的尤卡坦半岛以及中美洲的危地马拉等地，在进行货物交易的同时，还搜集民事、军事等情报。④ 贡赋体系、市场体系、贸易网络是特诺奇蒂特兰和阿兹特克"三城联盟"生存与发展的重要物质保障。

---

① Christopher P. Garraty, "Aztec Teotihuacan: Political Processes at a Postclassic and Early Colonial City - State in the Basin of Mexico", *Latin American Antiquity*, Dec., 2006, Vol. 17, No. 4, pp. 363 - 387.

② Christine Honders, *Ancient Aztec Government*, Rosen Publishing Group, 2016, p. 4.

③ Michael E. Smith (etc), "The Size of the Aztec City of Yautepec: Urban Survey in Central Mexico", *Ancient Mesoamerica*, Spring 1994, Vol. 5, No. 1, pp. 1 - 11.

④ Leah D. Minc, "Style and Substance: Evidence for Regionalism within the Aztec Market System", *Latin American Antiquity*, June 2009, Vol. 20, No. 2, pp. 343 - 374.

第三，阿兹特克村社制度基本形成。早期的阿兹特克基层政治、经济、宗教、军事组织是以血缘关系为基础的氏族，称作"卡尔普里"。氏族首领往往由年长者担任，氏族土地由氏族成员共同所有，分配给成员家庭耕种和使用。各个氏族都建有神庙和学校，各有自己的保护神。氏族中的成年男子均是战士，一旦需要，氏族武士负责率领本氏族战士随军参战或提供战争保障服务。阿兹特克的军事征伐改变了氏族格局，主要有两个方面。一方面，不同氏族聚居在一起，形成了村社；另一方面，阿兹特克征服其他城邦和部落后，常常将一部分土地和原有居民分配给阿兹特克将士或贵族，从而形成新的村社。由此，村社逐渐成为阿兹特克的基层组织。村社是基本生产单位，而且自治程度较高，实行村社议事会制和土地共有制。议事会成员由村社成员推选，村社土地划分为家庭份地、公用土地和贡赋土地3部分。家庭份地分配给村社成员家庭耕作，只有使用权，连续三年不耕种，村社有权收回。家庭份地由长子继承，次子结婚后可以获得新的份地。村社公用土地供村社家庭打猎、捕鱼、砍柴、放牧等。贡赋土地的产出用于缴纳贡税，由村社成员共同耕种。随着村社制度的基本确立，逐渐形成了基于村社的、水平方向的地缘关系，例如，过去强调属于哪个氏族，现在则强调属于哪个村社。数个村社形成一个集镇，数个集镇形成一个城邦，这些城邦分别被"三城联盟"所"领有"，例如，特斯科科城邦主要领有特斯科科湖以东的城邦，特诺奇蒂特兰主要领有该湖以西、以南的城邦。在阿兹特克"三城联盟"的管辖区，绝大多数集镇和各个城邦的祭司、军事、行政等首领基本出自贵族阶层，这是基于血缘关系的自上而下的纵向统属。

强调血缘关系的贵族阶层主要包括城邦首领和高层祭司、军事将领和行政官僚，约占人口的0.5%。强调地缘关系、以村社成员为主体的平民阶层约占80%。位于贵族阶层和平民阶层之间的中间阶层约占12%—18%，如武士、低级行政官员、商人等。[①] 祭司被认为是神的代言人，通晓天文、数学和传说，能够书写图画文字，还能占卜、驱灾和

---

① Frederic Hicks, "The Middle Class in Ancient Central Mexico", *Journal of Anthropological Research*, Autumn, 1999, Vol. 55, No. 3, pp. 409 – 427.

治病。在对外征伐的过程中，武士、行政官员、商人可以依照其功绩，从"三城联盟"那里得到赏赐的占领土地，原有居民为其耕种，这些土地可以继承，不可以买卖，若无继承人，则由城邦收回。处于社会最底层的是家庭奴仆，主要从事家务劳动，在生产活动中不占重要地位。农业是阿兹特克人的经济支柱，玉米是主粮，"玔糕"（玉米面饼）是主要日常食物。农业的发展促进了劳动分工，手工业者逐渐脱离农业生产，专门从事金、银、铜、宝石、皮革、纺织、羽毛、陶器等工艺品的生产和制作。手工业者组织了行会，各行会有自己的保护神。阿兹特克人建立了多神崇拜体系，居于顶端的是"众神之首"（特洛克·纳瓦克），其下是"众神之父和众神之母"（夫妻神）、"命运之神"（双头神），再其后是诸多神灵，较为重要的有太阳神、雨神、玉米神、羽蛇神等。阿兹特克人注重活人祭神，尤其是将战俘作为贡献给诸神的祭品。对外征伐是战俘的主要来源，1486—1488 年特诺奇蒂特兰和特斯科科联合征伐瓦哈卡北部的城邦与部落，将抓获的 2 万余俘虏全部杀死献祭。当不能通过征伐抓获俘虏时，阿兹特克城邦之间就进行以抓获俘虏为目的的"鲜花战争"。在数学方面，阿兹特克人采用 20 进制，一个小黑点或一根手指头表示"1"，一面小旗子表示"20"，一个可可豆口袋表示"100"，一个棉花口袋、或一个仙人果蜜罐、或一束头发表示 400，露出两根手指头的棉布披巾表示"402"，等等。阿兹特克历法分为"太阳历"和"圣年历"。太阳历主农事，一年 18 个月，每月 20 天，另加 5 个"凶日"，共 365 天。圣年历主祭祀，一年 13 个月，每月 20 天，共 260 天。与玛雅人一样，两种历法也是每 52 年重合一次，代表一个循环周期。

无论是在"三城联盟"的管辖区，还是在其征服区，基于神权的文化认同和政治认同程度均较低，例如，城邦、集镇、村社、氏族甚至手工业行会都保留了各自的神庙和保护神，且享有较高程度的自治。以抓获俘虏、征收贡赋为主要目的的征伐战争或"鲜花战争"激化了"三城联盟"与其他城邦的矛盾，例如，普埃布拉附近的特拉斯卡拉城邦较为仇视特诺奇蒂特兰。基于村社的地缘关系影响力上升，基于氏族的贵族血缘关系影响力下降，使得贵族阶层与平民阶层之间的矛盾不断积累。特诺奇蒂特兰和特斯科科围绕最高统治权的斗争日益白热化。1516 年特诺奇蒂特兰的首领没有与特斯科科城邦协商，就直接指定了自己的继承人，这导致了两个城邦之间的联盟关系完全破裂。1519 年西班牙殖民军在韦拉克鲁斯登陆后，由东往西，向特诺奇蒂特兰进军。位于韦拉克鲁斯和特诺奇蒂特兰之间的城邦、集镇、村社实行自治，他们被迫向"三城联盟"缴纳贡赋，且经常受到征伐，因此，他们中的一部分成为西班牙殖民军的同盟，如特拉斯卡拉城邦，绝大部分则对西班牙殖民军持漠然或观望态度。当特诺奇蒂特兰抗击西班牙殖民军时，特斯科科湖南侧的索齐米尔科人趁火打劫。1521 年西班牙殖民军占领并彻底摧毁了特诺奇蒂特兰，阿兹特克"三城联盟"灭亡。

三　印加文明

"印加"一词源于克丘亚人对部落首领的尊称，意为"太阳之子"。公元 12 世纪至公元 1438 年，在秘鲁南部高原，印加人由部落发展成为城邦，即库斯科城邦。1438—1532 年经过数代人的扩张和征服，印加人建立了以库斯科为都城，以秘鲁为腹地，北起哥伦比亚、厄瓜多尔交界地带，南至智利中部，包括玻利维亚西部和阿根廷西北部，长达 4300 千米，疆域面积达到 100 万平方千米的庞大帝国。[①]

1532 年西班牙殖民者到达库斯科时，印加人创造了当时西半球发展程度最高的文明。同玛雅文明、阿兹特克文明相比，印加文明有以下三个显著特点。

第一，高度中央集权。1463 年印加国王帕查库蒂·尤潘基（1438—1471 年在位）联合其他克丘亚部落，彻底击败来自邻近地区的其他城邦和部落的入侵，这一胜利开启了印加人的帝国之路。对内，帕查库蒂·尤潘基加强集权统治。统一宗教信仰，将帕查卡马克（"大地之母"）树立为印加人的主神，大地上的所有生命均是主神的恩赐；印加国王是"印地（太阳神）的化身"，将太阳神庙确定为印加神庙；在库斯科建造万神殿，把被印加人征服的地区的神祇供奉在万神殿。将克丘亚语确定

---

① Charles Stanish, "Regional Research on the Inca", *Journal of Archaeological Research*, September 2001, Vol. 9, No. 3, pp. 213 – 241.

为官方语言，但允许被征服的部落保留自己的语言。扩建库斯科城，将其建成宗教、军事、政治、经济和文化中心。对外，进行军事征服。继帕查库蒂·尤潘基之后，图帕克·尤潘基（1471—1493 年）向北吞并奇穆，占领了基多，向南征服了纳斯卡地区，穿过阿塔卡马沙漠，到达今天的智利中部。瓦伊纳·卡帕克（1493—1525 年）时期，印加帝国达到了它的极盛期。印加帝国的皇帝被称为"萨帕印加"，集宗教、军事、立法、行政权力于一身，以"太阳神化身"的名义，主持各种重大宗教仪式；掌握军事大权，统领全国军队；他的话就是法律，谁也不得违抗；各级官吏，皆由他任命。

第二，统一行政管理。印加帝国的克丘亚语名称为"塔万廷苏约"，意思是"四块连为一体的土地"，一个"苏约"相当于一个大行政区。最高行政机构是皇帝和四位苏约长官组成的"最高理事院"。以首都库斯科为中心，东方和东北方向是安第苏约，为安第斯山脉的主脉山区地带。西北方向是钦查苏约，为秘鲁、厄瓜多尔沿海至安第斯山之间的区域。西南方向是贡蒂苏约，为库斯科至海岸的狭长地区。东南方向是科利亚苏约，包括秘鲁南部、玻利维亚西南部、阿根廷西北部的山脉和高原，直到智利中部。苏约之下设省，印加帝国约有 80 个行省，但各个苏约的行省数量有所不同。钦查苏约人口较多，地域面积较大，因此，其行省数量最多。贡蒂苏约地域狭小，其行省数量最少。行省之下设县，每个行省有 2—3 个县，每个县有 2 万—3 万户居民。中低级行政官员包括县以下设置的万户官、五千户官、千户官、五百户官、百户官、五十户官、十户官等。[①] 为了便于管理帝国事务，印加皇帝征用大量人力，修建了通达全境的交通路网，总里程约 3 万千米。两条主干道分别沿安第斯山高地和沿海低地，贯通南北。两条主干道之间是网状支线，形成四通八达的道路网。这些道路和路网不允许普通民众使用，只供公务人员、信使、军队使用。在路网之内，遍布大小不一的仓库，例如，仅在利马以东、位于安第斯山脉的亚敦·圩阿夏地区就有 2700 处仓库，库容量合计约 17.1 万立方米。学者估计，印加帝国全境的仓库库容总量在

---

① Terence N. D'Altroy, *The Incas*, John Wiley & Sons, Incorporated, 2014, pp. 353 – 354.

100 万—200 万立方米之间。① 这些仓库主要用于储备粮食、军需物资,军需物资主要包括武器、棍棒、长矛、弓、箭、盾牌、棉护甲、衣服等。沿着道路,每隔 20 千米左右,设置一个驿站,多数驿站常年驻有年轻力壮的信使,少部分无人驻守的驿站也常年备有食物和水,信使在各个驿站之间以接力方式跑步传递政令和信息。普通政令和信息每日可传递100 千米左右,重要政令和信息每日可传递 250 千米左右。沿着安第斯山高地干道,都城库斯科和北部主要城市基多的距离约 1800 千米,库斯科发往基多的重要政令可在 7 天左右的时间内送达。②

第三,推行"艾柳"社区。"艾柳"是安第斯地区的传统氏族聚居单位。例如,位于的的喀喀湖东北部的玻利维亚土著库亚瓦人,较大程度地保留了传统"艾柳"社区制度。在玻利维亚、秘鲁边境地带,有 3 个库亚瓦人社区,被称作"卡塔艾柳"。"山顶卡塔"居住在海拔 4200 米以上的位置,主要养殖羊驼、绵羊等牲畜。"山坡卡塔"居住在海拔 3500—4200米的位置,利用梯田种植土豆、玉米、大麦等粮食作物。"谷地卡塔"居住在海拔 3200—3500 米的高原谷地,种植玉米、小麦和蔬菜。3 个社区通过物资交换、通婚、宗教信仰联系在一起。山顶卡塔提供肉,山坡卡塔提供土豆,谷地卡塔提供玉米和蔬菜,彼此根据各自的需要进行物物交换。同一个卡塔内部的婚姻较少,大多是卡塔之间相互通婚,男子婚后继续留居在其卡塔中,女子嫁入男方家中后仍可继续使用其母亲所在的卡塔土地。这些居民相信,每个卡塔都是大山身体的一部分,因此,他们是一个整体。山顶是大山的头部,草场、羊毛象征着头发,湖泊象征着眼睛。山坡是大山的躯体,梯田象征着躯干,土豆、玉米、大麦象征着内脏。谷地是大山的腿和脚,溪流是大山的血液和乳汁,养育着溪水边的玉米、蔬菜和果园。公元 800 年至 15 世纪中期,库亚瓦人曾经发展成为一个城邦。15 世纪中期,印加人征服了库亚瓦人,大部分青壮年人员被迁移至库斯科,主要负责垃圾清运。印加皇帝从库斯科向库亚瓦人派遣官员,宣布库

---

① David Jenkins, "A Network Analysis of Inka Roads, Administrative Centers, and Storage Facilities", *Ethnohistory*, Volume 48, Number 4, Fall 2001, pp. 655 – 687.

② Paul Beynon-Davies, "Informatics and the Inca", *International Journal of Information Management*, No. 27, 2007, pp. 306 – 318.

亚瓦人的全部土地均属印加皇帝所有，并重组库亚瓦人社区，为每个社区勘定土地范围，将范围内的土地划分为印加田、太阳田、酋长田、社区田。印加田、太阳田、酋长田由社区成员集体耕种，印加田的产出缴纳给印加皇帝，太阳田的产出缴纳给太阳神庙，酋长田的产出则归社区的酋长家庭所有。社区田名义上属于皇帝，实际上为全体社区成员共同所有，以家庭为单位，根据家庭成员的农业生产能力和徭役承担能力，相应地向其分配社区田。分配给家庭的社区田可以继承，不可以买卖，其产出归社区家庭所有。① 印加帝国将艾柳社区作为基本生产单位和基层组织，小社区有数十户家庭，大社区有数百户家庭。艾柳社区的居民按家庭实行编组管理，每10户设一个10户官，5个10户官之上设一个50户官，2个50户官之上设一个百户官。以艾柳社区为基础，印加帝国在全境范围内推行米达制。"米达"的意思是"轮流"，根据规定，每个社区以10户为单元，按比例抽调20—50岁的成年男子轮流参加一定期限的徭役（数周或几个月），如修建庙宇、筑路、修渠、开矿、参军等。利用米达制，印加帝国每年可组织数十万甚至上百万的劳动力。

印加人没有文字，但有一种被称为"基普"的结绳记事法。在一条较粗的横绳上，结接着许多条细绳，细绳的长短、颜色有所不同。细绳上编织着节结，节结的间距、大小、样式也有所不同。传递基普的信使需要接受系统的训练，才能正确编织基普，准确记录和读出基普上的信息。印加历法分为太阳历和太阴历。太阳历以冬至（12月22日或23日）为岁首，一年365天，分为12个月。太阴历将月亮的一个圆缺周期定为一个月，每12个月为一年（354天）。印加帝国将太阳神确定为主神，但允许各部族甚至艾柳社区保留各自的信仰、保护神和神庙。在将克丘亚语确定为官方语言的同时，允许其他部族继续使用自己的语言。虽然建立了集权制，统一了行政体系，但皇帝对地方主要进行间接统治，尤其是艾柳社区处于较高程度的自治状态。印加帝国的社会结构主要包括平民和贵族两大阶层。艾柳社区的普通成员是平民阶层，按照不同的自然环境、擅长的技能等，可

---

① Joseph W. Bastien, "Land Litigations in an Andean Ayllu from 1592 until 1972", *Ethnohistory*, Spring, 1979, Vol. 26, No. 2, pp. 101 – 131.

分为农民、牧民、渔民、匠人等。贵族阶层主要包括皇族成员和最初的 12 个印加艾柳社区成员、大祭司和高级祭司、高级军事将领、中高级官吏以及甘愿臣服的城邦或部落首领等，职位世袭，特权代代相承。据估计，贵族和各级官吏约占总人口的 13%。[①] 1525 年印加皇帝瓦伊纳去世，他的两个儿子——瓦斯卡尔和阿塔瓦尔帕争夺王位，爆发内战，严重破坏了帝国的政治、经济和军事力量。1532 年阿塔瓦尔帕取得了王位。同年，西班牙殖民者入侵印加，1533 年杀害阿塔瓦尔帕，占领库斯科，印加帝国灭亡。

第三节 土地共有制

当哥伦布和西班牙、葡萄牙的殖民者陆续抵达拉丁美洲和加勒比地区时，阿兹特克人和印加人分别形成了村社制度和艾柳社区制度，村社（或社区）成员共同拥有村社（或社区）土地是这两种制度的显著特点之一。玛雅人、图皮人等其他土著人的发展程度虽然低于阿兹特克人和印加人，但也形成了共同占有和使用"世居领地"的传统。16 世纪初叶至 19 世纪初叶，殖民统治者为迁移和圈置土著人，为土著人划定了一些居留领地。共同占有和使用是世居领地、居留领地的重要特点之一。5 个世纪以来，土著人的集体土地、世居领地、居留领地一直遭受侵蚀和压缩，土著人为保护其土地而进行了不懈的斗争，"斗争的核心是他们对土地、领地和资源的权利"[②]。

一 土著人口规模

进入 21 世纪以来，拉丁美洲和加勒比地区的土著人口数量出现大幅度增长，2000 年约为 3000 万，2010 年增至 4480 万人。[③] 2018 年 17 个拉丁

---

① Amy Hayes, *Ancient Inca Government*, Rosen Publishing Group, 2016, New York, p. 15.

② United Nations Department of Economic and Social Affairs, *State of the World's Indigenous Peoples (5th Volume)*: *Rights to Lands*, *Territories and Resources*, United Nations, New York, 2021, p. VII.

③ Fabiana Del Popolo ed., *Los pueblos indígenas en América (Abya Yala)*: *desafíos para la igualdad en la diversidad*, Libros de la CEPAL, N° 151 (LC/PUB. 2017/26), Santiago, Comisión Económica para América Latina y el Caribe (CEPAL), 2017, pp. 134, 135.

美洲国家约有 5818 万土著人（见表 2.1）。拉丁美洲国家逐步将土著人纳入官方统计，认同自己是土著的人数有所增加，这是土著人口大幅度增长的重要原因之一。

表 2.1　　　　　17 个拉美国家土著人口普查数据、估计值和族群数量

国家 （普查年份）	普查数据（万人）		土著人口 比重（%）	2018 年估计值 （万人）	族群数量 （2014 年，个）
	总人口	土著人口			
阿根廷（2010 年）	4011.7	95.5	2.4	105.6	32
玻利维亚（2012 年）	1006.0	417.7	41.5	471.4	39
巴西（2010 年）	19075.6	89.7	0.5	98.5	305
智利（2017 年）	1757.4	217.6	12.4	231.9	9
哥伦比亚（2018 年）	4330.9	190.6	4.4	218.5	102
哥斯达黎加（2011 年）	430.2	10.4	2.4	12.1	8
厄瓜多尔（2010 年）	1448.3	101.8	7.0	120.1	34
萨尔瓦多（2007 年）	574.4	1.3	0.2	1.5	3
危地马拉（2018 年）	1490.1	649.1	43.6	751.3	24
洪都拉斯（2013 年）	830.4	64.6	7.8	74.6	7
墨西哥（2015 年）	11953.1	2569.5	21.5	2712.7	78
尼加拉瓜（2005 年）	514.2	32.2	6.3	40.5	9
巴拿马（2010 年）	340.6	41.8	12.3	51.2	8
巴拉圭（2012 年）	643.5	11.7	1.8	12.7	24
秘鲁（2017 年）	2938.2	762.8	26.0	830.4	85
乌拉圭（2011 年）	325.2	7.6	2.4	8.1	2
委内瑞拉（2011 年）	2722.8	72.5	2.7	76.9	57
合计	54392.6	5336.4	9.8	5818.0	826

资料来源：Comisión Económica para América Latina y el Caribe（CEPAL）/Fondo para el Desarrollo de los Pueblos Indígenas de América Latina y el Caribe（FILAC），"Los pueblos indígenas de América Latina – Abya Yala y la Agenda 2030 para el Desarrollo Sostenible：tensiones y desafíos desde una perspectiva territorial"，*Documentos de Proyectos*（LC/TS. 2020/47），Santiago，2020，p. 153.

Fabiana DelPopolo（ed.），*Los pueblos indígenas en América*（*Abya Yala*）：*desafíos para la igualdad en la diversidad*，Libros de la CEPAL，N° 151（LC/PUB. 2017/26），Santiago，Comisión Económica para América Latina y el Caribe（CEPAL），2017，p. 140.

在表 2.1 的 17 个拉丁美洲国家中，墨西哥的土著人口数量最多，约为 2569.5 万人。土著人口在 100 万—830 万之间的有秘鲁、危地马拉、玻利维亚、智利、哥伦比亚、厄瓜多尔、阿根廷 7 国。在 40 万—100 万之间的有巴西、委内瑞拉、洪都拉斯、巴拿马、尼加拉瓜 5 国。13 万人以下的有巴拉圭、哥斯达黎加、乌拉圭、萨尔瓦多 4 国。从土著人口占总人口的比重来看，危地马拉的这一比重最高，约为 43.6%；其次是玻利维亚，约为 41.5%。秘鲁、墨西哥、智利、巴拿马介于 10%—30% 之间，洪都拉斯、厄瓜多尔、尼加拉瓜、哥伦比亚、委内瑞拉、阿根廷、哥斯达黎加、乌拉圭、巴拉圭、巴西、萨尔瓦多在 10% 以下。

土著人分为大小不等的部落和族群，可合称为"部族"。截至 2014 年拉丁美洲和加勒比地区确认的土著人部族有 855 个，其中，17 个拉丁美洲国家有 826 个，如表 2.1 所示，有 29 个分布在伯利兹（3 个）、圭亚那（9 个）、苏里南（11 个）等加勒比国家和法属圭亚那（6 个）。[①] 墨西哥的人口普查只涉及"是否是土著人"，不涉及土著人的部族。阿根廷、玻利维亚、巴西、智利、哥伦比亚、哥斯达黎加、厄瓜多尔、尼加拉瓜、巴拿马、巴拉圭、秘鲁等 11 个拉美国家的人口普查包括土著人的部族，其中秘鲁只涉及亚马孙雨林中的土著人。在这 11 个拉美国家中，人口较多的土著人部族有克丘亚人（秘鲁和玻利维亚）、马普切人（智利和阿根廷）、艾马拉人（玻利维亚）、基奇瓦人（厄瓜多尔）、瓦尤乌人和塞努人（哥伦比亚）、恩加贝人（巴拿马）、蒂库纳人（巴西）、瓜拉尼人（巴西和巴拉圭）等。

在乌拉圭、阿根廷、智利、委内瑞拉、墨西哥、秘鲁等国家，土著人的城市化率在 50% 以上，乌拉圭甚至高达 90% 以上。巴拉圭、厄瓜多尔、洪都拉斯、巴拿马、巴西、尼加拉瓜、哥斯达黎加、玻利维亚、哥伦比亚、危地马拉等国家在 50% 以下，巴拉圭在 10% 以下。土著人口的迁移和城市化虽然在一定程度上改变了土著人口的空间分布，但仍然延续了传统的区域聚居格局，绝大部分土著人口分布在墨西哥和中美洲、安第斯、亚

---

① Fabiana Del Popolo ed. , *Los pueblos indígenas en América*（Abya Yala）: *desafíos para la igualdad en la diversidad*, Libros de la CEPAL, N° 151（LC/PUB. 2017/26）, Santiago, Comisión Económica para América Latina y el Caribe（CEPAL）, 2017, p. 138.

马孙三大区域。

二　土地主张与诉求

进入 21 世纪以来，拉丁美洲和加勒比地区的土著人对其集体土地、世居领地、居留领地提出了确权主张和诉求，即"土地确权"。玻利维亚、巴西、哥伦比亚、哥斯达黎加、厄瓜多尔、洪都拉斯、尼加拉瓜、巴拿马等 8 个国家土著人的土地确权涉及 200 万平方千米土地，约占 8 国土地面积之和的 18%。

玻利维亚土著人要求确权的土地约 36.6 万平方千米，占该国土地面积的 34%。截至 2016 年，玻利维亚政府完成了 2.6 万平方千米土地的确权，核发了 14.5 万份土地证书，26 万户土著家庭受益。巴西约有 1024 块土著土地，可分为集体土地、居留领地、世居领地，其中 400 块土地已完成确权，129 块可以进行勘界和确权，两项合计约 110.5 万平方千米，占巴西土地面积的 13%；其他 495 块土地较难进行勘界和确权。在哥伦比亚，土著人要求对 36 万平方千米的土地进行确权，约占该国土地面积的 32%。在哥斯达黎加，土著人的确权土地有 0.35 万平方千米，约占该国土地面积的 7%。在厄瓜多尔，土著人对 6.3 万平方千米的土地提出确权主张和诉求，约占该国土地面积的 25%。截至 2014 年，厄瓜多尔政府完成了 3.7 万平方千米土地的确权。洪都拉斯的土著人对 2 万平方千米的土地提出确权主张和诉求，约占该国土地面积的 17.8%。尼加拉瓜 50% 的土地（约 6.4 万平方千米）为土著人土地或领地。巴拿马有 5 个土著人自治县，其中有 620 个土著人社区，土著人社区土地面积约 1.5 万平方千米，约占该国土地面积的 20%。[①]

三　土地权利确认

2007 年 9 月签订的《联合国土著人民权利宣言》第 26 条指出，"土著

---

① Fabiana Del Popolo ed.，*Los pueblos indígenas en América*（*Abya Yala*）：*desafíos para la igualdad en la diversidad*，Libros de la CEPAL，N° 151（LC/PUB. 2017/26），Santiago，Comisión Económica para América Latinay el Caribe（CEPAL），2017，pp. 176，177，178，180，182，183，184.

人民对他们传统上拥有、占有或以其他方式使用或获得的土地、领土和资源拥有权利"。宣言中的土著人"领土",其含义不同于国家主权"领土",为了避免歧义,本书代之以"领地"。对于拉丁美洲和加勒比地区的土著人而言,对传统集体土地以及世居领地、居留领地进行确权和保护是确认土地权利的重要内容。

对于传统集体土地,在表 2.1 的 17 个拉美国家中,有 13 个国家承认土著人传统的土地集体所有制,即阿根廷、玻利维亚、巴西、哥伦比亚、厄瓜多尔、危地马拉、洪都拉斯、墨西哥、尼加拉瓜、巴拿马、巴拉圭、秘鲁、委内瑞拉。这 13 个国家在各自的宪法中确认土著人村社(或社区)土地的集体所有权,土著村社(或社区)拥有自由使用和处置集体土地的权利。在这 13 个国家中,有 9 个国家禁止出售或侵占集体土地。例如,在阿根廷,村社集体土地不得转让、出租或抵押;在玻利维亚、哥伦比亚、厄瓜多尔、巴拉圭、秘鲁、委内瑞拉 6 国,村社(或社区)集体土地不可分割、不可剥夺、不可侵占、不可征税;在巴西,土著人村社土地的集体所有权永久有效,集体所有权不可分割,集体土地不可侵占;在巴拿马,禁止私人占用土著人社区的土地。

对于土著人领地,7 个拉美国家承认土著人世居领地和居留领地,即阿根廷、玻利维亚、巴西、厄瓜多尔、危地马拉、尼加拉瓜、委内瑞拉。例如,巴西的宪法承认,土著人有权占有和使用其世居领地,这些领地具有原始性质,在国家成立之前就已经存在。在亚马孙雨林、墨西哥和中美洲热带雨林,土著人的世居领地和居留领地较多。亚马孙雨林是全球第一大热带雨林,面积约为 780 万平方千米,涉及南美 9 个国家和地区,即巴西、委内瑞拉、哥伦比亚、厄瓜多尔、秘鲁、玻利维亚、苏里南、圭亚那 8 国和法属圭亚那。欧洲殖民者到来之前,仅在巴西部分的亚马孙雨林,就有 1000 个左右的土著人部族,土著人口约 200 万—400 万。截至 2017 年,整个亚马孙雨林已确认的土著人部族约有 385 个,总人数约 150 万人,这些土著人在亚马孙雨林的世居领地、居留领地约为 236 万平方千米,约占亚马孙雨林的 30%。已被确认的世居领地约有 187 万平方千米,尚未确认的约有 41 万平方千米。已被确认的居留领地约有 4 万平方千米,尚未确认的约有 4 万平方千米。墨西哥和中美洲的热带雨林约有 86 万平方千米，其中 51% 左右为土著人的村社集体土地、世居领地或居留领地。此外，在智利、阿根廷南部的安第斯山脉地区，约有 8.4 万平方千米的温带森林，土著人部族之一的马普切人将该地区视为其居留领地，但智利、阿根廷两国政府分别将各自境内的森林确定为国家保护区域和国有土地，为此，马普切人一直与两国政府进行斗争、谈判和磋商。①

对于领地内的自然资源，有 8 个国家承认土著人有权拥有、使用和保护其领地内的自然资源，即阿根廷、玻利维亚、巴西、哥伦比亚、厄瓜多尔、墨西哥、尼加拉瓜和委内瑞拉。阿根廷宪法规定，土著人有权参与其领地内自然资源的开发和管理。玻利维亚规定，土著人有权分享其领地内自然资源的开发收益，在不损害第三方合法权利的情况下，土著人有权独家使用、开发其领地内可再生自然资源。巴西规定，对于土著人领地内的土壤、河流、湖泊等地表资源，土著人享有专有使用权，未经国会授权，不得开发领地内的水力资源和矿产资源。哥伦比亚宪法规定，土著领地委员会的职能之一是确保领地内的自然资源受到保护。厄瓜多尔宪法承认土著人有权使用、管理和保护其领地内的可再生自然资源，保护其领地内的生物多样性和自然环境；对于"自愿隔离"的土著人，在其领地内，禁止所有采掘活动。墨西哥规定，土著人有权优先使用和享有其村社或领地内的自然资源，但油气资源、矿产资源、水电资源除外。在尼加拉瓜，特别是对于大西洋沿岸的土著人社区，在政府授权开采自然资源之前，需事先征得当地土著人自治委员会的同意和批准。委内瑞拉宪法规定，对于土著人栖息地的自然资源，其开发和使用需事先征得土著人的同意，不得损害土著人文化、社会和经济的完整性，土著人有权分享开发和使用的收益。

---

① Comisión Económica para América Latina y el Caribe（CEPAL）/Fondo para el Desarrollo de los Pueblos Indígenas de América Latina y el Caribe（FILAC），"Los pueblos indígenas de América Latina – Abya Yala y la Agenda 2030 para el Desarrollo Sostenible：tensiones y desafíos desde una perspectiva territorial"，*Documentos de Proyectos*（LC/TS.2020/47），Santiago，2020，pp. 99 – 114.

第四节　古代土著人与中国关系的讨论

关于拉丁美洲和加勒比地区古代土著人与中国关系的讨论主要有两个猜想：一是殷人东渡猜想；二是法显东渡猜想。公元前 1046 年前后，周武王姬发率军讨伐商王帝辛（纣），最终灭亡了商朝，建立了周朝。英国传教士麦都思（1796—1857 年）在 19 世纪 40 年代（1846 年前后）翻译《尚书》时，提出了"殷人东渡"假说。他猜想，周武王伐灭殷纣王后，部分殷商后人渡海逃亡，途中遇到暴风，被吹到美洲。房仲甫、范毓周、韶华、叶雨蒙等国内学者支持这一猜想。[①] 东晋高僧法显（334—420 年）在其《佛国记》中记载，公元 411 年 8 月，在法显回国途中遭遇暴风，继续航行一百多天才看见大陆，船停在一个叫耶波提的国家。法国学者认为，耶波提是美洲的某地，连云山[②]等国内学者支持这一猜想。

本书不支持上述假说，而是支持罗荣渠[③]等学者的观点，即拉丁美洲和加勒比地区的古代土著人独自发展。根据国外近几十年来的考古发现和研究成果，本书进一步认为，拉丁美洲和加勒比地区的古代土著人主体源于亚洲，独自分区发展，为人类农业文明的发展作出重大贡献，为墨西哥、秘鲁等文明古国奠定了历史基础。英国传教士、法国学者之所以提出上述假说，其主要用意之一是否定西班牙、葡萄牙最早发现美洲，为英、法两国在拉丁美洲和加勒比地区打破西、葡两国垄断殖民权，开展殖民活动寻找历史依据。

---

① 房仲甫：《殷人航渡美洲再探》，《世界历史》1983 年第 3 期；韶华等：《中华祖先拓荒美洲》，黑龙江人民出版社 1992 年版；叶雨蒙：《谁比哥仑布先到达美洲》，昆仑出版社 2003 年版；范毓周：《殷人东渡美洲新证》，《寻根》2011 年第 2 期。

② 连云山：《谁先到达美洲——纪念东晋法显大师到美洲 1580 年兼纪念哥伦布到达美洲 500 年》，中国社会科学出版社 1992 年版。

③ 罗荣渠：《扶桑国猜想与美洲的发现——兼论文化传播问题》，《历史研究》1983 年第 2 期。

第三章
殖民统治与大地产制

在亚欧大陆西南角的伊比利亚半岛，从 15 世纪初开始，葡萄牙王国在世界各地开辟海上贸易航线，拓展殖民地，这些活动被葡萄牙历史学家称作"集体的了不起的史诗"①。1492 年信奉天主教的费迪南二世②终结了穆斯林在西班牙地区的统治，建立了西班牙王国，这为随即展开的对拉丁美洲和加勒比地区的征服与殖民统治创造了前提条件。1492—1820 年前后，西班牙和葡萄牙是拉丁美洲和加勒比地区的主要殖民宗主国，英国、法国、荷兰 3 个西欧国家也陆续参与了在这一地区的殖民活动。

第一节　西班牙、葡萄牙的崛起和大航海

一　伊比利亚半岛的崛起

葡萄牙、西班牙是伊比利亚半岛上的两个王国。公元 8 世纪初叶至 15 世纪，基督教徒与信奉伊斯兰教的穆斯林争夺伊比利亚半岛统治权，基督教徒将这一争夺过程称为"光复运动"。在"光复运动"中，葡萄牙率先立国，1140 年，葡萄牙首领阿丰索·恩里格斯（1139—1185 年）宣布称王，即葡萄牙国王。3 个半世纪后，1492 年卡斯蒂利亚王国和阿拉贡王国合并为西班牙王国。葡萄牙、西班牙形成了类似的教权、王权、地权相统一的王国体制，建立了相似的市政自治行政体系，出现了相似的社会结构变化，以开拓海上贸易为主要目标的商业资本在两国逐渐兴起。

---

① ［葡］J. H. 萨拉依瓦：《葡萄牙简史》，李均报、王全礼译，中国展望出版社 1988 年版。
② 费迪南二世（Fernando II el Católico），1452—1516 年，1479—1516 年在位。

  葡萄牙较早形成了教权、王权、地权相统一的王国体制。1143年葡萄牙的首位国王——阿丰索·恩里格斯致信天主教罗马教皇，向后者表明：他和他的继承人将是罗马教皇的"纳贡者"，只要教皇维护他的权力不受其他教会或者政治权力的侵犯，他将永远是"教皇的信徒和卫士"。天主教会所属的修道院派出骑士团，协助阿丰索·恩里格斯与穆斯林作战，"收复和占领"被伊斯兰教徒占领的土地。阿丰索·恩里格斯将一部分"收复和占领"的土地馈赠给修道院，使教会成为地主，教会经营土地的方式是把大片土地租赁给农场主或种植园主。阿丰索·恩里格斯还将一部分土地赏赐给追随他作战的贵族和将士，这部分土地名义上属于葡萄牙国王，实际上被贵族和将士所拥有，实行长子继承制，许多贵族和将士逐渐转变为庄园主或种植园主。西班牙王国的先辈们在"光复运动"过程中也采取了类似的做法，形成了与葡萄牙王国相似的王国体制。教权、王权、地权相统一的王国体制开启了大地产制的形成之路。

  市政自治是葡萄牙、西班牙的基本行政体系。12世纪中期，葡萄牙国王阿丰索·恩里格斯确立了葡萄牙市政自治体系。1474年西班牙王国的缔造者之一，卡斯蒂利亚女王——伊莎贝拉确立了以城镇自治为基础的城镇行政制度。在葡萄牙王国，市政委员会是市政的最高管理机构，他们主要向国王提供军事力量，因此，市政组织是王室权威的根本基础。在市政自治体系内，有两类行政区域：一类是领主区，具有领地性质，领主统辖区内一切事务，平民处于附庸地位，存在一定数量的农奴和奴隶；另一类是自治区，平民享有自治权利，社会生活比较自由。一般情况下，自治区是由领主区转变而来的，原有领主在作战中死去后，区内平民自发地组织起来，通过选举，成立一个治理机构，即自治委员会，负责区内行政管理事务。但是，领主区与自治区争夺市政主导权的矛盾和斗争较为激烈。13—14世纪追求海上贸易利益的商业资本势力在伊比利亚半岛崛起。在城市，新兴商业资本、手工业者是城市平民的主体，他们与传统贵族之间的矛盾和利益冲突较为尖锐。在农村，地主与农民之间的"农地矛盾"和暴力冲突日益激烈。

  王室的权威是平衡上述矛盾和冲突的主要力量。王室选择与新兴商业资本结盟。1415年葡萄牙国王率领远征军占领了北非的重要城市——休达，这一件事是葡萄牙海上扩张的起点，也是葡萄王室、传统贵族与新兴商业资本正式结盟的重要标志。占领休达的计划是由葡萄牙王室的财政总监若奥·阿丰索提出的，他与葡萄牙的大型贸易商来往密切。葡萄牙国王支持占领休达的计划，认为占领休达对葡萄牙的商人和贵族都有好处。若奥二世（1455—1495 年，1481—1495 年在位）引导葡萄牙走上海上扩张之路，其主要目标有三个。第一，支持和鼓励新兴商业资本崛起，打压保守的传统贵族和地主势力。第二，通过开辟海上贸易航线，增加王室的财政收入，提高王室平衡国内各派政治势力的能力。第三，通过分享贸易和殖民利益，缓和社会矛盾，稳定社会。例如，鼓励各阶层人士参与海上贸易和海外殖民，缓和新兴商业资本与传统贵族之间、农民与土地之间的矛盾。"向外扩张运动，其目的是扩大必需资源，使这个国家拥有充足的经济，这是社会安宁的条件。"①

二　"四权"统一的大航海

"四权"是指教权、王权、地权、财权。大航海和全球殖民属于国家行为，"四权"统一是实施这些国家行为的基本宗教、政治、经济和社会前提。

哥伦布在其《航海日志》中指出，"陛下是真正的天主教徒，是神圣基督教的捍卫者……陛下……派我，克里斯托弗·哥伦布去印度……，……带回如何能使他们皈依我们神圣宗教的经验。……。陛下……擢升我为贵族，任命我为海军上将和我所发现的所有岛屿和陆地的终生总督，钦定我的长子继承我的遗产和爵位并可世代相传，成为世袭"②。这一段表述以及其他相关的大量文献表明，哥伦布的航海目标是寻找黄金、白银等财富。当时，重商主义在伊比利亚半岛较为盛行，重商主义将黄金、白银看作财富的唯一象征。为了取得天主教会的支持，哥伦布将传播天主教作为航海的首要目标。为了取得王室的支持，哥伦布与西班牙国王达成了合作

①　［葡］J. H. 萨拉依瓦：《葡萄牙简史》，李均报、王全礼译，中国展望出版社 1988 年版，第 122 页。

②　［德］保罗·维尔纳·朗格：《哥伦布传》，张连瀛、李树柏译，新华出版社 1986 年版，第 74 页。

协议，国王向哥伦布提供必要的经济、军事和政治支持，如提供船只和物资，委派军队随船远航，任命哥伦布为海军上将和新发现土地的世袭总督和总管；对于新发现土地上的金、银、香料和其他的一切财富，哥伦布及其后代享有其中的 10%。[①] 作为回报，哥伦布新发现和占领的土地为西班牙国王所有。天主教会派遣传教士随同哥伦布出海，在新发现的土地上建立教堂，传播天主教，使原有土著居民信奉天主教。

西班牙、葡萄牙王室支持和参与大航海。公元 15 世纪是一个大航海的世纪。1405—1433 年，在明朝皇帝的支持下，明朝郑和船队自亚欧大陆东端出发，向南、向西，在西太平洋、印度洋进行了 7 次远航，其间，曾抵达非洲东部的肯尼亚。1492—1504 年哥伦布自亚欧大陆西端出发，向西穿越大西洋，进行了 4 次远航。在西班牙王室的支持下，1492 年 8 月—1493 年 3 月哥伦布完成了第一次航海，到达了巴哈马群岛、古巴、多米尼加、海地。哥伦布认为到达了印度，将当地土著人称作"印第安人"。1493 年 9 月—1496 年 6 月完成了第二次航海，主要在古巴、海地等加勒比海地区探险和建立殖民居点。1498 年 5 月—1500 年 11 月完成了第三次远航，到达了委内瑞拉的奥里诺科河口，把古巴岛、海地岛的土地分配给跟随哥伦布而来的移民，强制土著人为其耕作，这一做法开启了"大授地制"，即新大陆的土地及土著被授予西班牙征服者。1502 年 5 月—1504 年 11 月完成了第四次航行，到达了巴拿马、洪都拉斯等地，在洪都拉斯听到了"玛雅"这一地名。

哥伦布掀起了西班牙的航海热。阿伦索·德·奥维达（1466—1515 年）参加了哥伦布的第二次航海（1493—1496 年）。1499 年阿伦索·德·奥维达率领一支船队，远航至南美洲，阿美利加·维斯普西（1454—1512 年）是随行人员之一，他认为哥伦布发现的陆地是一片新大陆，他的名字成为这片大陆的名称，即"亚美利加洲"（简称"美洲"）。随同阿伦索·德·奥维达远航的还有埃尔南·科尔蒂斯（1485—1547 年）和弗朗西斯科·皮萨罗（1471 年或 1476—1541 年），前者后来成为墨西哥的征服者，后者成为秘鲁的征服者。1519 年 8 月至 1522

---

① ［西班牙］索蒂略斯：《哥伦布》，李德恩译，海洋出版社 1984 年版，第 35 页。

年 9 月，葡萄牙航海家斐迪南·麦哲伦（1480—1521 年），在西班牙王室的支持和资助下，绕过南美洲南端，进行了环球航行。1521 年 3 月麦哲伦到达菲律宾，4 月死于菲律宾的部落冲突中。葡萄牙也积极参与大航海，在葡萄牙王室的支持下，1497—1498 年达伽马（1469—1524 年）绕过非洲大陆南端的好望角，抵达了印度西部，占领果阿，将其作为葡萄牙的殖民地。1500 年 4 月葡萄牙航海家佩德罗·阿尔瓦雷斯·卡布拉尔（1467—1520 年）到达巴西。

罗马教廷支持全球殖民。为了划分殖民范围，1493 年 5 月，教皇亚历山大六世（1431—1503 年，1492—1503 年在位）颁布训谕，在亚速尔群岛和佛得角群岛以西 100 里格（约 550 公里），自北极至南极，画一条经线，经线以东属于葡萄牙王室的殖民范围，经线以西属于西班牙王室的殖民范围。教皇子午线大体位于大西洋中部，按照教皇子午线的划分，西班牙的殖民范围包括美洲和太平洋，葡萄牙的殖民范围包括亚洲、非洲。葡萄牙国王若昂二世（1455—1495 年，1481—1495 在位）对教皇子午线的划分不满，要求重新划分殖民范围。1494 年西、葡两国签订了《托尔德西亚斯条约》，在教皇子午线以西 270 里格（约 1485 公里）处，画一条连接南北两极的虚线，即托尔德西亚斯线，西班牙拥有虚线以西 180 度以内的一切发现，葡萄牙拥有虚线以东 180 度以内的一切发现。根据托尔德西亚斯线，巴西被划入葡萄牙的殖民范围。这种由教皇作保来划分西、葡两国殖民范围的做法，开启了近代殖民列强瓜分世界、划分势力范围的先河。在美洲地区，西班牙的殖民地被称作"西属美洲"，葡萄牙的殖民地被称作"葡属美洲"。

作为对教皇的回报，西班牙和葡萄牙两国王室承诺，将维护天主教的正统地位，确保天主教在新发现的土地上传播，使新发现土地上的原住民皈依天主教。但是，西班牙王室与罗马教廷之间围绕新殖民地的教会管辖权进行了激烈斗争，16 世纪初双方达成共识，西班牙王室负责建造教堂和征收教会什一税，向教廷推荐神职人员，罗马教廷根据王室的推荐任命神职人员。1511 年海地岛的两个教区以及波多黎各教区的主教被重新任命，正式确立了西班牙国王对其拉丁美洲和加勒比殖民地的教会管辖权。在西属美洲的新西班牙总督区，1518—1538 年陆续设立了古巴（1518 年）、尤卡坦（1518 年，墨西哥）、普埃布拉（1525 年，墨西哥）、佛罗里达（1527 年，美国）、墨西哥城（1530 年）、洪都拉斯（1531 年）、尼加拉瓜（1531 年）、科洛（1531 年，委内瑞拉）、危地马拉（1534 年）、瓦哈卡（1535 年，墨西哥）、米却肯（1536 年，墨西哥）、恰帕斯（1538 年，墨西哥）等主教区。在西属美洲的秘鲁总督区，1513—1539 年陆续在巴拿马、哥伦比亚、秘鲁设立了 7 个主教区。① 主教区的设立进程与西班牙的军事征服和构建殖民统治体系进程相伴而行。

新兴商业资本参与殖民扩张。15 世纪末，西班牙、葡萄牙两国的王室是大航海的主要资助者和支持者。随着航海热的兴起，新兴的商业资本逐渐成为大航海的主要资助者，不仅有西、葡两国的商业资本，还有意大利的热那亚商人、威尼斯商人等。西、葡两国王室提供军事和政治支持，教会提供宗教支持。参照哥伦布与西班牙国王的协议，这些商人不仅可以获得殖民地的财富，而且还能分得一片土地，成为这片土地的领主和贵族。

当西班牙、葡萄牙完成大航海并开始在拉丁美洲和加勒比地区建立殖民统治时，英国、法国等其他西欧国家尚未崛起。16—17 世纪的英国历史可以用两个主题词来描述：一是民族国家；二是重商主义，这两个词规范着英国约两个世纪的发展进程。② 1688 年光荣革命后，英国政局趋于稳固和稳定。国王、内阁大臣、议员组成的"商人政府"无意间推动了工业革命。法国开始建立殖民地的时间比其他大国晚得多，因为水手、商人等先行者既缺乏资金，也没有国家的支持。③ 英、法两国的例子进一步表明，西班牙、葡萄牙开展大航海和拓展殖民地是典型的国家行为。

---

① M. Kathleen Walsh, "The Origins of Ecclesiastical Jurisdiction in New Spain（1492－1545）", *Records of the American Catholic Historical Society of Philadelphia*, Vol. 42, No. 2, 1931, pp. 101－154.

② 姜守明等：《英国通史·第3卷 铸造国家 16—17 世纪英国》，江苏人民出版社 2016 年版，"前言"，第 12 页。

③ Alice Teichova, Herbert Matis（edited）, *Nation, State and the Economy in History*, Cambridge University Press, 2003, pp. 2, 12, 38.

第二节 殖民统治与经济社会发展

1492—1810 年前后，西班牙王国统治着拉丁美洲和加勒比地区的绝大部分区域，葡萄牙统治着巴西。英国在中美洲拥有英属洪都拉斯（现为伯利兹），在南美洲拥有英属圭亚那（现为圭亚那），在加勒比海拥有诸多岛屿。法国在南美洲拥有法属圭亚那，在加勒比海拥有海地岛西半部以及其他部分岛屿。荷兰在南美洲拥有荷属圭亚那（现为苏里南），在加勒比海拥有部分岛屿。

一 西属美洲殖民地的政治统治

1492—1810 年前后，西班牙在拉丁美洲和加勒比地区的殖民统治可以分为 3 个历史阶段，即 1492—1542 年的军事征服阶段、1542—1718 年的行政区划确立和巩固阶段、1718—1810 年为行政区划改革与调整阶段。

1492—1542 年，西班牙在加勒比海、墨西哥、中美洲和南美洲实施有组织的军事征服，摧毁土著人原有的政治、社会组织，对其进行殖民化、天主教化。其主要目标是抢夺黄金，屠杀土著人，建立殖民地。殖民征服的主要措施为在沿海或交通便利之地建立殖民城市或据点，然后，依托这些城市和据点向周围地区扩展。在此期间，主要有 3 个殖民中心。一是古巴岛。以古巴岛为中心，向加勒比海四周拓展，尤其是向佛罗里达半岛、密西西比河流域、尤卡坦半岛、委内瑞拉沿海地带拓展。二是墨西哥城。1519—1521 年西班牙殖民者埃尔南·科尔蒂斯率领少量军队，占领并摧毁了阿兹特克人的都城——特诺奇蒂特兰，在特诺奇蒂特兰的废墟上建设墨西哥城。1521—1542 年，以墨西哥城为中心，在向南的方向，西班牙殖民者先后征服危地马拉、洪都拉斯、尤卡坦半岛等地；在向北的方向，占据了包括当今美国西南部大部分地区的土地。三是巴拿马城。1519 年西班牙殖民者建立巴拿马城。以巴拿马城为中心，西班牙殖民者沿太平洋沿岸向南拓展。1531 年 1 月西班牙殖民者弗朗西斯科·皮萨罗从巴拿马城出发，沿太平洋海岸南下，1533 年 11 月占领印加帝国都城——库斯科，1535 年

1 月建立利马城（现为秘鲁首都）。西班牙殖民者于 1536 年建立布宜诺斯艾利斯殖民据点（后放弃，1580 年正式建立布宜诺斯艾利斯城，现为阿根廷首都）；1538 年在打败奇布查人后，西班牙殖民者建立了圣菲·德·波哥大城（现为哥伦比亚首都）；1541 年建立圣地亚哥城（现为智利首都）。在军事征服阶段，绝大部分地区，尤其是内陆的高原、雨林等地区仍为土著人所据有，深入内陆地区的征服活动遭到分散居住的土著人的抵抗。

为了便于管理西属美洲殖民地，西班牙王室于 1503 年和 1524 年先后成立了贸易署、西印度事务委员会。西印度事务委员会是管理美洲殖民地事务的最高权力机构，贸易署是其下属部门。西印度事务委员会隶属于国王，负责管辖美洲殖民地的立法、司法、财政、商业、军事、宗教等事务，向国王推荐殖民地高级官员，批准殖民地的主要开支，听取美洲检审庭和贸易署的上诉。贸易署主要负责装备船队，招募移民，颁发前往美洲殖民地的旅行许可证，登记白银和各种商品，征收关税，审理有关美洲殖民地的贸易纠纷案件等。

在西属美洲，1542—1718 年西班牙王室在其美洲殖民地建立了总督区、行省/都督辖区、市镇 3 级行政体制。总督区的最高行政长官为总督，行省/都督辖区的最高行政长官分别为省长或都督。市镇是基层行政单位，分为西班牙人市镇和土著人市镇，实行自治。1535 年西班牙国王设立新西班牙总督区，首府设在墨西哥城，负责管辖新西班牙（墨西哥）、中美洲、加勒比海诸岛、委内瑞拉沿海地带。1542 年设立秘鲁总督区，首府设在利马，负责管辖除委内瑞拉沿海地带之外的整个西属南美洲。为了监督和协助总督、省长、都督、市长/镇长等各级官员履行职责，西班牙王室建立了检审庭制度。继 1511 年在海地岛设立圣多明各检审庭之后，陆续设立了墨西哥、巴拿马、利马、危地马拉、瓜达拉哈拉、新格拉纳达、拉普拉塔、基多、智利、布宜诺斯艾利斯等 10 个检审庭。检审庭一般由一名庭长和若干名法官组成，无任期限制，负责管辖数个行省或都督辖区的司法事务。

1718—1810 年西班牙王室对西属美洲殖民地的行政区划进行了调整。1718 年设立新格拉纳达总督区，以波哥大为首府，其辖区大体相当于当今的巴拿马、哥伦比亚、委内瑞拉和厄瓜多尔。1776 年设立拉普拉塔总督区，以布宜诺斯艾利斯为首府，其辖区包括当今的阿根廷、乌拉圭、巴拉圭以及玻利维亚东部地区。1786 年和 1787 年，先后增设加拉加斯检审庭和库斯科检审庭。截至 1810 年，西属美洲殖民地的行政区划分为 4 个总督区、35 个行省、5 个都督区。司法管辖区分为 13 个检审庭。新西班牙总督区的辖区包括美国西南部大部分地区、墨西哥、中美洲以及加勒比海的古巴、波多黎各等岛屿和海地岛东半部。秘鲁总督区的辖区包括秘鲁、智利大部和玻利维亚西部地区。在 5 个都督辖区中，新西班牙总督区有 3 个，即危地马拉、古巴、波多黎各；新格拉纳达总督区有 1 个，即委内瑞拉；秘鲁总督区有 1 个，即智利。18 世纪 70 年代，西班牙在新西班牙总督区、拉普拉塔总督区推行"郡制"，例如，中美洲的危地马拉都督辖区划分为恰帕斯、危地马拉、科马亚瓜（洪都拉斯）、萨尔瓦多、尼加拉瓜、哥斯达黎加 6 个郡。这些行政区域的划分奠定了拉丁美洲和加勒比国家独立后的基本疆域版图和国家边界。

王权逐渐弱化。王权弱化主要表现为王室对市镇的控制力逐渐减弱。在殖民统治初期，西班牙国王任命重要市镇的市政议员，费利佩二世（1527—1598 年，1556—1598 年在位，1580—1598 年同时担任葡萄牙国王）将这些议员职位进行拍卖，出价最高者可以获得这些职位。对于大部分市镇，其市政议员由选举产生。在整个殖民统治期，市政议会由大地产主、矿业主、商人等土生白人所垄断，尽管国王任命的总督、省长或都督、检审庭法官等行政和司法长官经常干涉市政会，但这些土生白人的自治能力不断增强。王权弱化主要有两大影响。第一，王室集权与地方自治之间存在矛盾和冲突，市镇自治势力不断加强，要求分享王室的权力。第二，土生白人与宗主国之间的政治矛盾不断尖锐。土生白人，即克里奥尔人，主要是指父母为西班牙人、出生于殖民地的白种人，拥有大量财富，但被排斥于统治阶层之外。土生白人通过不断提高自治地位以实现政治诉求，直至主张和要求独立。

二　西属美洲殖民地的经济社会发展

1500—1820 年包括西属美洲殖民地在内的拉丁美洲和加勒比地区经济增长缓慢，人口大幅度减少。在此期间，按 1990 年国际元计，地区国内生

产总值（GDP）年均增长率仅为 0.3%；地区总人口由 5000 万左右减至
2400 万左右。① 土地、劳动力、金银是影响甚至决定殖民地经济社会发展
的主要因素。

从 16 世纪中期起，矿业和农业成为西属殖民地的支柱产业。黄金和白
银的开采是主要矿业产业，形成了 3 个矿业中心，即墨西哥、秘鲁和哥伦
比亚。以墨西哥为中心的矿业生产区主要出产白银，同时出产少量黄金。
以秘鲁为中心的矿业生产区主要出产白银，位于上秘鲁的波多西银矿（今
属于玻利维亚）是规模最大的银矿。以哥伦比亚为中心的矿业生产区主要
出产黄金、绿宝石等。1500—1800 年从美洲运送至欧洲的黄金约有 2708
吨，白银约有 72825 吨。② 这些黄金和白银，绝大部分产自秘鲁和墨西哥。
秘鲁、哥伦比亚的矿业生产区人口相对较多，其劳动制度主要采用米达
制，强迫土著人提供劳役。墨西哥的矿业生产区人口相对较少，主要采用
雇佣制，通过支付工资来招募劳动力。

由于深受重商主义的影响，西班牙王室的殖民统治有两大核心目标，
一是获取殖民地的黄金和白银；二是垄断殖民地与世界市场（其他国家）
的贸易联系。因此，在贸易制度方面，王室拥有贸易垄断权，殖民地只能
与宗主国进行贸易。西班牙商人通过向王室缴纳特许权费，获取殖民地与
宗主国之间的贸易权。西班牙主要向殖民地输送商品和人口（征服者、管
理者、移民等），主要从殖民地输入黄金和白银。18 世纪初，西班牙被迫
向法国、英国局部开放西属美洲殖民地市场，允许少量法国商船向殖民地
运送商品，允许英国商船向殖民地运送商品和黑人奴隶。1778 年西班牙国
王颁布自由贸易法令，允许大部分殖民地（墨西哥和委内瑞拉除外）与西
班牙开展自由贸易。1789 年西班牙王室关闭西印度事务委员会的下属机构
——贸易署，包括墨西哥、委内瑞拉在内，西班牙与其所有殖民地之间实
行自由贸易。但是，这种自由贸易只是西班牙殖民体系内部的自由贸易，

---

① ［英］安格斯·麦迪逊：《世界经济千年史》，伍晓鹰等译，北京大学出版社 2003 年版。
GDP 年均增长率根据第 238 页数据计算。1820 年的人口数据，在第 233 页的 4 个估计数据中，最
大估计数为 2398 万。

② ［英］安格斯·麦迪逊：《世界经济千年史》，伍晓鹰等译，北京大学出版社 2003 年版，
第 55 页。

殖民地与体系之外的贸易仍属于王室专营，殖民地与世界市场之间的联系被王室垄断。在产业政策方面，西班牙限制其至禁止殖民地发展与宗主国有竞争关系的产业。墨西哥、厄瓜多尔、秘鲁等地的纺织业有一定程度的发展，但受到西班牙的严格限制。殖民地的手工业规模较大，如土著人的传统手工业、欧洲移民带来的手工业等，银器、铁器、建筑材料、木器、食品、饰品等手工作坊数量较多。殖民地的造船业较为发达，其生产能力和生产规模居于世界前列，瓜亚基尔、巴拿马、哈瓦那等地的造船厂能够加工制造多种规格和排水量的船只，所使用的木材、木料等原材料和部分配件，绝大部分是本地生产或加工的。

在三个多世纪的殖民统治时期，一方面，西属美洲殖民地的人口大幅度减少，尤其是土著人口因屠杀、传染病、过度劳役等原因急剧减少，例如，1519—1630 年墨西哥中部的土著人口由 2500 万人左右减至 75 万人，1531—1570 年秘鲁的土著人口由 1000 万人减至 130 万人。[①] 加勒比海诸岛屿上的土著人则几乎灭绝。另一方面，随着白人（主要是西班牙殖民者和移民）、黑人（主要是奴隶）不断进入殖民地，殖民地的社会结构发生了显著变化。19 世纪初，西属美洲殖民地约有 1700 万人口，其中，土著人约 750 万人，约占总人口的 45%；梅斯蒂索人约有 500 万人，约占总人口的 30%；黑人（包括奴隶和自由人）约 77.6 万人，约占总人口的 5%；白人约 350 万人，约占总人口的 20%。[②] 西班牙禁止其他欧洲国家的移民进入西属美洲殖民地，以防止其他欧洲国家垂涎西属殖民地的丰富资源。西班牙严格限制本国人向其美洲殖民地移民，只有虔诚的天主教徒、拥有一定数量家产、没有犯罪记录的自由人才有资格申请前往殖民地。因此，在殖民统治期间，前往殖民地的西班牙人平均每年只有数百人，其中大部分为官吏、军官和士兵、传教士等，且随行的女性很少。在西属美洲殖民地，这些来自西班牙的白人被称作"半岛白人"。一些半岛白人与土著人通婚，其后代被称作梅斯蒂索人。白人与黑人通婚的后代被称作"穆拉托人"，土著人与黑人通婚的后代被称作"桑博人"。

---

① 林被甸、董经胜：《拉丁美洲史》，人民出版社 2010 年版，第 113 页。

② ［美］赫顿·韦伯斯特：《拉丁美洲史》，夏晓敏译，华文出版社 2019 年版，第 135、140、142、145 页。

西属美洲殖民地的社会构成可以划分为四大阶层。由高到低，第一阶层为半岛白人。半岛白人的数量较少，但垄断着教会、行政、司法、军事的高级职位，居于统治地位。第二阶层为克里奥尔人，不仅有西班牙人血统的纯正克里奥尔人，也包括西班牙人血统较多、肤色偏白的混血克里奥尔人。纯正克里奥尔人的数量也有限，但大多是庄园主、种植园主、牧场主、矿业主和大型贸易商，拥有大量财富，主导着殖民地的经济基础，但政治地位较低，主要担任中低级职位。在殖民统治时期，在西属殖民地的754 个总督、将军、地方长官中，只有 18 个是纯正克里奥尔人。① 克里奥尔人中的绝大多数是混血克里奥尔人，虽然也属于第二阶层，但其经济、政治、社会地位仅略高于第三阶层。第三阶层主要包括梅斯蒂索人、穆拉托人、桑博人等混血种人。第四阶层主要包括土著人和黑人。以 19 世纪初的委内瑞拉为例，当时委内瑞拉约有 79.4 万人口，其中半岛白人约有1500 人，约占总人口的 0.2%；纯正克里奥尔人约有 2500 人，约占总人口的 0.3%；混血克里奥尔人约有 20 万人，约占总人口的 25.2%；混血种人约有 40 万人，约占总人口的 50.4%；黑人（包括奴隶和自由人）约有 7万人，约占总人口的 8.8%；土著人约有 12 万人，约占总人口的 15.1%。这意味着，在委内瑞拉，0.5% 的半岛白人和纯正克里奥尔人统治着99.5% 的人口。②

在西属美洲殖民地，影响较大的社会关系有两类：一类是以家庭为基础的血缘关系；另一类是以居住地为基础的地缘关系。在血缘关系方面，以"南美解放者"西蒙·玻利瓦尔（1783—1830 年）为例，其先祖于1593 年到达委内瑞拉，历经十几代人的积累和发展，至西蒙·玻利瓦尔出生时，已形成一个庞大的家族，拥有种植园、铜矿、牧场、庄园等财产，包括家族成员、家仆、奴隶在内，家族人数多达数千人。玻利瓦尔家族不仅同委内瑞拉的一些权贵、大地主、大资产者有亲属关系，而且同西班牙甚至欧洲的权贵也有亲属关系。地缘关系拥有较高程度的政治属性，在市镇自治体制下，同一个居住地的居民往往拥有类似甚至相同的政治诉求。

① ［美］赫顿·韦伯斯特：《拉丁美洲史》，夏晓敏译，华文出版社 2019 年版，第 145 页。
② John Lynch, *Simón Bolívar: A Life*, Yale University Press, 2006. 根据第 10 页表中数据计算。

城市、庄园和种植园、土著人聚居区是西属美洲殖民地的三个社会中心。城市格局和城市体系基本形成，在政治、经济、社会生活方面居主导地位。

三　葡属巴西的统治与发展

1534—1822 年，当今的巴西是葡萄牙的殖民地。虽然葡萄牙殖民者于 1500 年抵达巴西，但葡萄牙王室对巴西的殖民统治始于 16 世纪 30 年代初。葡萄牙王室强调中央集权，不断削弱贵族和教会的权力，管理殖民地的权力高度集中于国王手中。1534 年葡萄牙国王若昂三世（1502—1557 年）颁布都督辖区令，把巴西划分为 15 块领地，授予 12 位领主。1549 年，葡萄牙国王设立巴西总督府，任命总督、财政总管、最高法官各 1 位，后两者协助总督管理巴西事务。1549—1621 年葡萄牙在巴西实行单一总督制，巴西为一个总督区，总督府设于萨尔瓦多城。

1621 年以后，巴西总督区被划分为两个总督区，一个是马拉尼昂总督区，总督府位于圣路易斯，主要包括马拉尼昂、亚马孙、帕拉等州；另一个仍被称作巴西总督区，总督府位于萨尔瓦多城，负责管理除马拉尼昂总督区之外的殖民地。总督区下设都督辖区，17 世纪末，巴西总督区和马拉尼昂总督区各有 6 个都督辖区。1737 年马拉尼昂总督区的首府从圣路易斯迁往贝伦。1763 年巴西总督区的首府从萨尔瓦多迁往里约热内卢。虽然巴西被划分为两个总督区，但葡萄牙始终将巴西看作一整块殖民地，例如，1646 年葡萄牙国王把巴西的地位提升为公国，此后，葡萄牙王位的继承人一般被称为"巴西王子"；1815 年在巴西避难的葡萄牙国王将巴西的地位进一步提升为"巴西王国"。

名义上，葡萄牙国王在巴西实行总督制，但实际上，总督、都督都直接对国王负责。总督和都督的主要职责是为国王征收赋税，推行国王的法令，防止和抵抗其他国家的军事入侵。葡萄牙在巴西实行市政自治，地方政府中最重要的机构是市议会，市议会的职责包括选派地方法官、处理市政与地方行政、制定地方法律法规等。市议会议员、司法官、检察官是重要的市镇官员，在殖民统治早期，这些官员通过选举产生。自 17 世纪末开始，这些重要的市镇官员均由葡萄牙国王任命，土生白人与王室委派官员的矛盾和斗争不断加剧。在葡萄牙及其殖民地，天主教会的地位和影响力相对较低，主要为葡萄牙国王的集权提供支持和服务，维护基于社会阶层的社会秩序。例如，在巴西利亚大教堂，其壁画强调葡萄牙用刀剑和《圣经》给巴西带来秩序和进步。

1500—1600 年巴西的人口由 100 万人左右减至 80 万人左右，1820 年增至 450 万人左右。[①] 1820 年前后，巴西的白人约有 150 万人，约占总人口的 33.3%；混血种人约有 30 万人，约占总人口的 6.7%；土著人约有 50 万人，约占总人口的 11.1%；黑人约有 220 万人，约占总人口的 48.9%。[②] 与西属美洲殖民地类似，自上而下，巴西社会也可划分为葡萄牙殖民者、土生白人、混血种人、土著人和黑人等阶层。与西属美洲殖民地所不同的是，葡萄牙允许本国人和其他欧洲国家的人向巴西移民，因此，巴西的土生白人数量较多。在混血种人中，白人与土著人的混血被称作马梅卢科人，白人与黑人的混血被称作帕尔多人，土著人与黑人的混血被称作桑博人。

在经济发展方面，1500—1700 年巴西 GDP 的年均增长率仅为 0.2% 左右。[③] 1500—1530 年葡萄牙殖民者主要在亚马孙河入海口附近经营巴西木贸易，"巴西"这一名称就取自"巴西木"。1521 年葡萄牙殖民者开始在巴西东北部种植甘蔗，1530—1690 年葡属巴西经历了蔗糖繁荣，《鲁滨孙漂流记》[④] 在一定程度上反映了这一时期的史实，当小说中的主人公（鲁滨孙）返回巴西时，在奴隶的照管下，他的甘蔗种植园为他积累了巨额财富。1700—1820 年巴西 GDP 的年均增长率约为 1.4%。[⑤] 1695 年、1729 年在米纳斯吉拉斯州先后发现金矿和金刚石矿，1695—1790 年葡属巴西经历

---

① ［英］安格斯·麦迪逊：《世界经济千年史》，伍晓鹰等译，北京大学出版社 2003 年版，第 232 页。

② ［英］安格斯·麦迪逊：《世界经济千年史》，伍晓鹰等译，北京大学出版社 2003 年版，第 248 页。人口比重根据表 B–16 中的数据计算。

③ Alexander V. Avakov, *Two Thousand Years of Economic Statistics*：*Population*，*GDP at PPP*，*and GDP Per Capita*，*Years 1 to 2012*，*Volume 2*：*by Country*, Algora Publishing, New York, 2015。根据第 272 页数据计算。

④ ［英］丹尼尔·笛福：《鲁滨孙漂流记》，郭建中译，译林出版社 2020 年版。

⑤ Alexander V. Avakov, *Two Thousand Years of Economic Statistics*：*Population*，*GDP at PPP*，*and GDP Per Capita*，*Years 1 to 2012*，*Volume 2*：*by Country*, Algora Publishing, New York, 2015。根据第 272 页数据计算。

了矿业繁荣。1727 年葡属巴西的一个外交使团从法属圭亚那秘密购买和带回 1000 多颗咖啡种子和 5 株咖啡树苗[1]，咖啡种植在葡属巴西加速发展起来，1760 年前后葡属巴西进入咖啡繁荣阶段。在整个殖民地时期，葡萄牙王室垄断着巴西的对外贸易，尤其是盐、饮料、红木、造船木材、鲸鱼等产品的贸易。但是，由于葡萄牙国力弱小，葡萄牙王室的垄断程度明显低于西班牙王室，英国、法国等其他欧洲国家的商品较早打入巴西市场。

四　殖民统治时期的国际关系

16 世纪初叶，欧洲宗教与国际关系格局的变化在西属美洲殖民地和葡属巴西也有所反映。法国、荷兰、英国陆续崛起，一方面，这 3 个国家属于新教阵营；另一方面，它们陆续开展海外贸易和殖民扩张。作为新教阵营中的新兴大国，这 3 个国家对于罗马教廷的殖民范围划分非常不满；与此同时，它们对于西班牙、葡萄牙来自其美洲殖民地的黄金、白银、贸易利润，极为垂涎。针对西、葡两国在美洲的殖民地，法、荷、英 3 国以海盗、走私、局部占领等方式，向西、葡两国发起挑战甚至攻击。

法国率先向西属、葡属美洲殖民地发起攻击。针对西属美洲殖民地的加勒比海地区，1523—1691 年法国主要利用海盗抢劫西班牙的船队、殖民据点和城镇，在此期间，陆续占领了瓜德罗普、马提尼克等岛屿以及海地岛西半部。1691 年法国在海地岛设立圣多明各总督府，使海地岛西半部以及法国占领的其他加勒比海岛屿正式成为法属殖民地，发展种植业，开展国际贸易。1697 年西班牙与法国签订《立兹维克条约》，西班牙正式承认法属殖民地。针对葡属巴西，1555—1560 年法国的海军舰队一度攻占巴西东南部的里约热内卢（当时被称作瓜纳巴拉湾），这是巴西首次遭到外国的军事入侵。1612 年法国军队进入巴西东北部的马拉尼昂，并试图建立殖民点，但被葡萄牙殖民者赶走，这是巴西第二次遭到外国的军事入侵。1624 年法国在葡属巴西的圭亚那地区抢占了一片区域并进行殖民统治，这一片区域被称作法属圭亚那。

---

[1] 许嘉璐主编：《世界史画卷·第 4 卷》（第 2 版），海南国际新闻出版中心 1998 年版，第 577 页。

荷兰于 1568—1648 年以战争手段摆脱了西班牙王室的宗教、政治和经济统治，实现了独立。1600—1624 年荷兰与葡属巴西之间主要是贸易关系。1624—1654 年荷兰陆续攻占和抢掠了萨尔瓦多、伯南布哥、累西腓等沿海城镇，这是巴西第三次遭到外国的军事入侵。1661 年，荷兰与葡萄牙签订条约，同意放弃对葡属巴西的领土要求。在西属美洲殖民地，荷兰主要采取了两项措施。一是抢占殖民地。在南美地区，1551 年荷兰人在苏里南河口附近建立了第一个移民点，1602 年开始定居，1630—1802 年苏里南地区在荷兰和英国之间几易其手。根据 1802 年的《亚眠条约》，英国把苏里南归还给荷兰，称为"荷属圭亚那"。根据 1815 年的《维也纳条约》，荷兰正式成为苏里南的宗主国。在加勒比海地区，17 世纪 30 年代荷兰占领了阿鲁巴、库拉索、博内尔、圣马丁、萨巴、圣尤斯特歇斯等岛屿，1648 年西班牙被迫承认荷兰对这些领土的占领。二是劫掠。17 世纪 20、30 年代，荷兰的船队沿着海岸抢劫了古巴、波多黎各、圣多明各、新格拉纳达的加勒比海沿岸、特立尼达，并袭击智利和秘鲁海岸。

英国商人于 1527 年抵达加勒比海，其主要目的是开辟英国与西属美洲殖民地之间的走私贸易通道。在伊丽莎白女王（1533—1603 年，1558—1603 年在位）的秘密参与和支持下，1562 年英国海盗兼商人约翰·霍金斯（1532—1595 年）开辟了非洲、美洲与英国之间的"三角贸易"，即在非洲捕获黑人奴隶，将其贩卖至美洲殖民地，换取殖民地的金银和兽皮、生姜、蔗糖、烟草、珠宝等产品，再将这些产品运回英国。1570 年以后，英国走上了"海盗＋殖民"的道路，在抢劫金银等财货的同时，抢占殖民地。1607—1776 年英国在北美的大西洋沿岸建立了 13 个殖民地。在加勒比海地区，1625—1655 年陆续占领了圣克里斯托弗岛的一部分以及巴巴多斯、圣尼维斯、安提瓜、蒙特塞拉特、巴哈马群岛、牙买加等岛屿或群岛。1793—1797 年英国殖民者又陆续占领了多巴哥、圣卢西亚、特立尼达。在中美洲，1638 年英国殖民者进入伯利兹，1862 年英国正式宣布伯利兹为其殖民地（英属洪都拉斯）。在南美洲，1781 年英国侵占了荷兰在圭亚那的部分殖民地，英、法、荷 3 国几经争夺，这部分殖民地于 1814 年成为英国殖民地，1831 年起称为英属圭亚那。

第三节　殖民统治时期的土地制度

在委托监护制的基础上，形成了教会、私人、土著人三种主要土地制度，私人庄园和种植园集政治、经济、社会、军事功能于一体，具有广泛和深远的影响。

一　三种主要土地制度

西属美洲殖民地的教会土地是西班牙王室与天主教会的重要结盟基础。在欧洲，罗马教廷的"神权至上"被打破。自1517年马丁·路德提出《九十五条论纲》，至1648年欧洲列强签订《威斯特伐利亚和约》，欧洲经历了宗教改革运动和宗教战争（1618—1848年，史称"三十年战争"），形成了大主教阵营和新教阵营，西班牙、葡萄牙属于天主教阵营，但"国家主权至上""国家主权在王"思想不断增强。在西属美洲殖民地，西班牙王室与天主教会结成同盟，使天主教会成为维系王室与殖民地政治、经济、社会关系的重要纽带。西班牙王室替教会征收什一税，向教会馈赠大量土地，天主教会接受信徒的遗产和捐赠的土地，因此，拥有大量财富，成为西属美洲殖民地最大的土地所有者和主要放贷机构，其政治、经济、社会地位不断提高。在墨西哥、哥伦比亚、厄瓜多尔、秘鲁等地区，约有一半的土地属于教会。大主教、主教等高级教士成为殖民地的贵族和重要政治人物，是王权和等级社会的重要支持力量与维护势力。教会垄断了教育和文化艺术，创办大学，发行报纸，具有广泛的社会影响。

西属美洲殖民地的私人土地，尤其是私人庄园和种植园，是西班牙王室强化殖民统治的产物。按照约定，西属美洲殖民地的土地全部属于西班牙王室，这些土地上的土著人是西班牙国王的子民。但是，这一约定与航海者、探险者和殖民者追求私人财富和土地利益的诉求相冲突。1499年哥伦布在其第三次到达加勒比海时，部分随从人员发动叛乱。为了平息叛乱，哥伦布把古巴岛、海地岛的部分土地及土地上的土著人私自分配给随从人员，这一做法虽然违反了他与西班牙国王的协议，但受到其他殖民者的认可和推崇。经过斗争与妥协，西班牙国王实行委托监护制和授地制。委托监护制是指将土地和土著人委托给殖民者进行监管，主要监护人包括军官、士兵、殖民官员等，例如，西班牙国王授予墨西哥的征服者科尔蒂斯 23 份监护地和 11.5 万土著人，授予秘鲁征服者皮萨罗 2 万户土著人。对于普通士兵和官员，监护地一般是一个土著人村社或小部落。① 被监护的土地和土著人属于国王，监护人负责监管其土地上的土著人，让他们提供劳役，缴纳贡税，接受教化，皈依天主教。1530 年墨西哥谷地有 30 个委托监护地，受监护的土著人约有 18 万人。② 1550 年西属美洲殖民地有 1385 个监护人。③ 授地制是指西班牙国王授权西属美洲殖民地的市政议会向殖民者和移民分配家庭份地，以城镇为中心，份地一般包括三部分，即城镇中心的住宅用地，城镇周边的果园、菜园等用地，远离城镇的农田、牧场、山林等土地，这些份地属于王室所有，家庭只拥有使用权，西班牙王室规定了骑兵份地、步兵份地的面积上限，并规定了使用 4 代人的期限。经过近百年和数代人的积累与发展，许多监护人和拥有份地的家庭已经成为庄园主或种植园主。为了增加王室收入，缓解财政危机，1591 年西班牙国王颁布法令，规定土地持有者向王室缴纳一笔费用后可获得土地所有权。自此，一方面，委托监护地、份地迅速转变为私人土地；另一方面，通过庄园主或种植园吞并、购买土地，大庄园和大种植园迅速崛起。1720 年西班牙国王正式废除委托监护制。

在葡属巴西，为了鼓励甘蔗种植业和蔗糖业的发展，16 世纪 20 年代葡萄牙国王授予殖民者和欧洲移民大量土地，这一做法开启了巴西种植园经济。1534 年颁布的都督辖区令可称作"领主制"，其主要内容可分为地域划分、领主权利与义务两部分。关于地域划分，15 块领地宽度不等，按纬度线平行地向内地延伸，直至托尔德西亚斯线。关于领主的权利与义务，每块领地不得变更或重新划分，但可以世袭；每位领主须承认王室对

① McAlister, Lyle N., *Spain and Portugal in the New World*, *1492 – 1700*, University of Minnesota Press, 1980, p. 160.

② Mónica Blanco, María Eugenia Romero Sotelo, *Historia Económica de México Ser.*: *La Colonia*, Universidad Nacional Autónoma de México, 2004, p. 20.

③ M. M. Lacas, "The Encomienda in Latin – American History: A Reappraisal", *The Americas*, Vol. 8, No. 3, Jan., 1952, pp. 259 – 287.

巴西木贸易的垄断权，每块领地 1/5 的矿产收入属于王室；在其各自的领地内，每位领主拥有分配土地，建立城镇，组织司法和行政机构，以及征税、通商、奴役土著人等权力；每位领主自筹资金，自建军队，自招移民，进行垦殖。都督辖区令颁布后不久，葡萄牙国王废除了 15 块领地，但领主的权利和义务被后来的总督、都督和市镇议会继承了下来。

土著人的集体土地或共有土地主要分布在土著人聚居区以及高原山地、热带雨林、丛林沼泽、沙漠戈壁等殖民统治薄弱地带。土著人聚居区保留了其集体土地所有制传统。在殖民统治薄弱地带，大部分土著人延续了其土地共有制传统，居住区域成为其世居领地。部分土著人被驱离原住地，进入殖民者划定的土著人保留地，也有少部分土著人为躲避殖民者而进入新领地，这些保留地和新领地成为土著人的居留领地。

一　大地产制

顾名思义，大地产制是指大规模占有土地的私人土地所有制，庄园和种植园是其重要形式。庄园以满足殖民地的农牧产品需求为主，重点发展内需型农牧业。种植园以满足国际市场需求，尤其是欧洲市场需求为主，重点发展外向型农业。从所有者的角度，可以分为教会庄园或种植园、私人庄园或种植园。按照地理分布，庄园主要分布在墨西哥高原和南美洲的安第斯地区，种植园主要分布在墨西哥和中美洲的沿海低地、南美洲的安第斯山脉以东地区、加勒比海地区。

16 世纪中后期，西属美洲殖民地的城市迅速增长，1570 年西属美洲殖民地的城市数量增至 192 个。[①] 墨西哥城、利马等中心城市以及波多西等矿业中心的人口数量大幅度增长，1570—1628 年墨西哥城的人口数量由 8 万人左右[②]增至 16.5 万人左右[③]，1533 年至 17 世纪中期利马的人口由 70

---

① McAlister, Lyle N. , *Spain and Portugal in the New World*, *1492 – 1700*, University of Minnesota Press, 1980, p. 121.

② Sandra Kuntz Ficker eds. , *Historia Económica General de México*, El Colegio de Mexico, Secretaría de Economía, México, 2010, p. 147.

③ Richard Boyer, "La ciudad de México en 1628: La visión de Juan Gómez de Trasmonte", *Historia Mexicana*, Vol. 29, No. 3, Jan. – Mar. , 1980, pp. 447 – 471.

人①增至 5.2 万人，17 世纪中期波多西的人口达到 16 万人②，等等。城市和矿业中心的发展刺激了农牧产品需求的迅猛增长，农牧产品价格成倍上涨，以满足内需为主的庄园快速兴起，北起墨西哥，南至阿根廷，诸多生产农牧产品的庄园逐渐成为主要农业生产单位。庄园的占地规模较大，大型庄园可达数千甚至上万公顷。无论是教会庄园，还是私人庄园，按照其主要产业，可以分为农业庄园、畜牧庄园、综合型庄园。③ 农业庄园以种植玉米、小麦等粮食作物为主，畜牧庄园以生产肉、蛋、奶等畜禽产品为主。综合型庄园一般由矿业主发展起来，其主要目的是解决矿业中心的农牧产品短缺问题，规模较大的综合型庄园不仅有农业和畜牧业，还有矿产品加工业、手工业等。

大型种植园是在葡属巴西率先发展起来的。1534 年葡萄牙国王将巴西东部的伯南布哥地区赐封给葡萄牙殖民官亚尔特·柯埃洛，柯埃洛利用当地的土著人开辟甘蔗种植园，建立制糖作坊，开启了大种植园经济模式，单一性、外向化、专业化是这一经济模式的典型特征。一般情况下，一个种植园主要生产一种或少数几种热带农产品，如蓝靛、水果、蔗糖、香蕉、橡胶、咖啡、可可等。④ 这些农产品主要销往国际市场，尤其是欧洲市场或美国市场。在销售之前，种植园需对产品进行预处理，甚至一定程度的加工，因此，其专业化程度相对较高。甘蔗种植园、咖啡种植园的分布较为广泛，规模较大，影响较为深远。16 世纪 30 年代至 17 世纪初叶，甘蔗种植园主要分布在葡属巴西，1583—1629 年巴西蔗糖厂由 115 座增至 346 座，年蔗糖产量由 7453 吨增至 2.2 万多吨。⑤ 17 世纪中期以后，古巴、海地以及墨西哥沿海低地的甘蔗种植园发展起来，例如，1760—1846 年古

---

① Hildegardo Córdova Aguilar, "La Ciudad de Lima: su Evolución y Desarrollo Metropolitano", *Revista Geográfica*, No. 110, Julio – Diciembre, 1989, pp. 231 – 265.

② Fernanda Gil Lozano eds., *Historia latinoamericana 1700 – 2020*, Editorial Maipue, Argentina, 2020, p. 33.

③ Joaquin Garcia Lazo, "Las Haciendas Mexicanas", *Artes de México*, No. 79/80, 1966, pp. 17 – 21.

④ George L. Beckford, "Análisis económico de la utilización y desarrollo de los recursos agrícolas en las economías de plantación", *Desarrollo Económico*, Vol. 9, No. 35, Oct. – Dec., 1969, pp. 349 – 385.

⑤ Christopher Ebert, *Between Empires: Brazilian Sugar in the Early Atlantic Economy, 1550 – 1630*, Koninklijke Brill NV, LEIDEN, The Netherlands, 2008, p. 152.

巴的甘蔗种植园由 478 个增至 1442 个，1760—1860 年古巴蔗糖年产量由 6000 吨增至 47.3 万吨。[①] 18 世纪中后期，咖啡种植园遍布墨西哥沿海低地、中美洲、哥伦比亚、委内瑞拉、巴西以及加勒比海的古巴、海地、牙买加等岛屿，巴西以其广袤的国土和较大规模的种植园面积，长期居于咖啡产量和出口量的榜首。

土地和劳动力是庄园或种植园的两大决定因素。相对于土地而言，殖民地的劳动力较为稀缺。导致劳动力稀缺的主要因素之一是土著人口的急剧减少。1521—1568 年墨西哥中部的土著人口由 2520 万人减至 265 万人，1524—1580 年危地马拉圣地亚哥·阿蒂特兰高地的土著人口由 4.8 万人减至 4020 人，1520—1570 年秘鲁低地的土著人口由 330 万人减至 129 万人，等等。[②] 在西属美洲殖民地，教会庄园和私人庄园获取劳动力的主要制度有劳役摊派制、债役雇农制。劳役摊派制是委托监护制的产物，即在其监护地，监护人有权征调一部分土著人劳动力为其劳作。16 世纪中期，随着私人庄园的兴起和扩展，殖民官员和私人庄园主推行劳役摊派制，即殖民官员以村社、社区等土著人聚居区为单位，每年抽调一定数量的土著人劳动力，就近指派到附近的庄园劳作一定期限，庄园主支付一定数量的货币工资。16 世纪晚期至 17 世纪 30 年代，私人庄园对劳动力的需求大幅度增长，劳役摊派制难以满足其需求，债役雇农制逐渐成为私人庄园的主要劳动制度。由于西班牙王室将土著人的纳税制度由实物税改变为货币税，私人庄园主以提前支付工资、代缴税款等方式，将土著人雇工转变为以劳动偿还债务的债役雇农。除此之外，私人庄园主还采用佃农制、分成制等方式，设法将劳动力束缚在庄园中，前一种方式通过向农民提供小块耕地来换取劳动，作为报偿，小块耕地上的产出归农民所有；后一种方式通过提供土地来分配收获物，庄园主提供土地，农民提供劳动力，双方按一定比例分配产品。

---

① Rémy Herrera, "De los ciclos de no especialización a la era del azúcar: Elementos de historia de cuba en un largo período（1492 - 1898）- Parte 1", *International Journal of Cuban Studies*, Vol. 13, No. 2, Winter 2021, pp. 182 – 212.

② McAlister, Lyle N., *Spain and Portugal in the New World*, *1492 – 1700*, University of Minnesota Press, 1980, p. 144.

种植园的主要劳动制度是奴隶制。在 16 世纪末以前，西属美洲殖民地和葡属巴西的种植园主要使用土著人作为种植园的奴隶。在加勒比海地区，由于土著人消亡殆尽，古巴、海地等岛屿上的种植园使用一定数量的黑人奴隶。1519—1600 年运抵西属美洲殖民地的黑人奴隶约有 15.2 万人，运抵葡属巴西的约有 5 万人。17 世纪以后，随着甘蔗、可可、咖啡等种植园快速扩展，运抵拉丁美洲和加勒比地区的黑人奴隶数量大幅度增加。1867 年黑人奴隶贸易终止，1601—1867 年运抵拉丁美洲和加勒比地区的黑人奴隶数量累计达 900 万人左右，其中约有 390 万黑人奴隶在巴西，约占黑人奴隶累计数量的 43.4%；约有 264 万黑人奴隶在英属殖民地，约占累计数量的 29.4%。① 种植园大量引入黑人奴隶不同程度地改变了拉丁美洲和加勒比地区的人种构成，1570—1825 年黑人在西属美洲殖民地的人口比重由 2.5% 提高至 22.5%，在巴西由 3.5% 提高至 55.6%。② 法属海地的黑人奴隶数量较多，1789 年海地约有 46.5 万黑人奴隶，约占当时海地人口总数的 90%。西属古巴的黑人奴隶数量较多，1840 年古巴约有 43.6 万黑人奴隶，约占当时古巴人口总数的 60%。③

除经济功能外，庄园和种植园还具有政治、宗教、军事等功能。绝大多数庄园主和种植园主属于克里奥尔人，在拉丁美洲和加勒比地区的殖民统治体系中，长期垄断各类中级和下级官职，影响甚至主导着殖民地的政治生态。教会与私人庄园或种植园之间存在一定程度的竞争关系，尤其是在获取劳动力方面。一方面，为了增加教徒数量，教会反对将土著人奴隶化和过度劳役土著人，以免导致土著人口消亡殆尽；另一方面，劳役摊派

① David Eltis, "The Volume and Structure of the Transatlantic Slave Trade: A Reassessment", *The William and Mary Quarterly*, Vol. 58, No. 1, Jan., 2001, pp. 17 – 46. 根据 Table III 中的数据计算。也有学者估计，1525—1867 年运抵拉丁美洲和加勒比地区的黑人奴隶多达 1032 万人，其中约有 484 万人在葡属巴西，230 万人在英属殖民地，151 万人在西属殖民地，112 万人在法属殖民地，等等。Alex Borucki, David Eltis, David Wheat, "Atlantic History and the Slave Trade to Spanish America", *The American Historical Review*, Vol. 120, No. 2, April 2015, pp. 433 – 461. 根据 Table 1 中的数据计算。

② David M. De Ferranti, Guillermo E. Perry, Francisco Ferreira, Michale Walton, *Inequality in Latin America and the Caribbean: Breaking with History?* World Bank Publications, Washington D. C., 2004, p. 111.

③ Rémy Herrera, "De los ciclos de no especialización a la era del azúcar: Elementos de historia de cuba en un largo período (1492 – 1898) – Parte 1", *International Journal of Cuban Studies*, Vol. 13, No. 2, Winter 2021, pp. 182 – 212.

制是教会获取劳动力的主要制度安排，教会不支持甚至反对债役雇农制。教会、殖民官员、私人庄园主和种植园主三方之间结成同盟，殖民官员向教会选派劳役，私人庄园主和种植园主承担资助教会、教化居民的责任，三方共同维护社会秩序和保障土地、财富的安全，尤其是借助私人庄园和种植园豢养的民兵，对内镇压起义，对外抵御入侵。1534 年葡萄牙国王颁布国王令，要求领主自筹资金，自建军队。1536 年西班牙国王颁布了类似的国王令，要求监护主在其监护地内自建常备军事力量，包括土著民兵、战马以及刀剑等军械。私人庄园和种植园继承和延续了自备武装力量，葡属巴西种植园的武装力量主要由奴隶和雇佣兵组成，西属美洲殖民地庄园和种植园的武装力量被称作民兵。在殖民统治末期，西班牙在西属美洲殖民地的殖民军数量约为 2.0 万—2.5 万人，其中墨西哥有约 6000 人，委内瑞拉约 2000 人，拉普拉塔总督区约 3000 人。[①] 西属美洲殖民地的民兵数量远远多于殖民军，例如，墨西哥的民兵数量约有 4 万人[②]，智利约有 2.9 万人。[③] 在拉普拉塔总督区，仅图库曼省（位于阿根廷北部）的民兵数量就约有 4000 人。[④] 庄园和种植园的武装力量基本属于私人武装力量，其首领被称作考迪罗，庄园主、种植园和考迪罗是拉丁美洲和加勒比地区独立运动和独立战争的主要领导力量。

第四节　中拉间接贸易与白银流动

1492—1820 年中国经历了明朝（1368—1644 年）后半期和清朝

---

① Anthony McFarlane, "Los ejércitos coloniales y la crisis del imperio español, 1808 – 1810", *Historia Mexicana*, Vol. 58, No. 1, Jul. – Sep., 2008, pp. 229 – 285.

② José Antonio Serrano, Manuel Chust, ¡*A las armas*！: *milicia cívica, revolución liberal y federalismo en México* (1812 – 1846), Marcial Pons Ediciones, 2018, p. 19.

③ Marcello Carmagnani, "Colonial Latin American Demography: Growth of Chilean Population, 1700 – 1830", *Journal of Social History*, Vol. 1, No. 2, Winter, 1967, pp. 179 – 191. 圣地亚哥主教区约有 2 万人，康赛普西翁主教区约有 9000 人。

④ Flavia Macías, María Paula Parolo, "Guerra de independencia y reordenamiento social. La militarización en el norte argentino (primera mitad del siglo XIX)", *Iberoamericana*, No. 37, Marzo de 2010, pp. 19 – 38.

（1636—1912 年）前半期。在此期间，中国人口由 1500 年的 1.03 亿人增至 1820 年的 3.81 亿人，GDP 由 1002 亿美元（2014 年美元）增至 3706 亿美元[①]；中国占世界人口的比重由 23.5% 提高至 36.6%，占世界 GDP 的比重由 25.0% 提高至 32.9%。[②] 因此，在较大程度上，中国不仅是亚洲地区的经济和贸易中心，也是世界经济和全球贸易的主要中心之一。

一 明清海贸政策与东西方早期接触

明清时期，海贸政策的主要特点是以禁为主，留有空隙，间或放松。1368—1567 年，明朝严格执行朝贡政策，允许官方海贸，限制甚至禁止私人海贸。明朝成化年间（1464—1487 年），中外贸易的中介机构——"歇家牙行"暗中组织的走私贸易大规模发展起来。明朝正德年间（1505—1521 年），明政府将"歇家牙行"合法化，委托牙行主持对外贸易，这种做法促使明政府在 1567 年开放福建漳州月港，民间商人在"歇家牙行"等中介机构的组织和引领下，可从此港出海，开展海外贸易。

清朝建立初期，清政府严禁商民船只私自出海，同时禁止外国船只靠岸。1661 年清政府在沿海地区推行"迁海"政策，将沿海地区的全部居民内迁数十里，制造无人地带，烧毁所有沿海船只，寸板不许下海。当时，除澳门仍有零星贸易外，海外贸易几乎完全断绝。1684 年清政府在上海、浙江、福建、广东设立通商口岸，1717 年停止南洋贸易，1727 年恢复南洋贸易，1757 年开始实行广州一口通商制，这一制度被第一次鸦片战争（1840—1842 年）打破。

在大明王朝执行禁海政策期间，西班牙、葡萄牙走上了海上贸易和殖民扩张之路。根据 1493 年的教皇训谕，亚洲被看作葡萄牙的殖民范围。1517—1553 年葡萄牙人曾经在广东、福建、浙江沿海短暂居留并开展贸易，因葡萄牙人亦商亦盗，1521 年和 1523 年明朝与葡萄牙先后在广州附近的屯门、西草湾发生海战，明朝获胜并将葡萄牙人驱离广东沿海。1553

---

① Alexander V. Avakov, *Two Thousand Years of Economic Statistics*, *Years 1 – 2014*, *Vol. 2*, *by Country*：*Population*, *GDP at PPP*, *and GDP Per Capita*, Algora Publishing, 2017, pp. 23, 267.

② ［英］安格斯·麦迪逊：《世界经济千年史》，伍晓鹰等译，北京大学出版社 2003 年版，第 240、259 页。中国占世界 GDP 的比重根据第 259 页表 B – 18 中的数据计算。

年葡萄牙人以晾晒货物为借口，用贿赂、交租、纳税等手段，骗取了在澳门长期居留的资格。

继麦哲伦于 1521 年到达菲律宾之后，1565 年西班牙殖民者黎牙实比（1502—1572 年）自墨西哥抵达菲律宾，1571 年攻占马尼拉，开始对菲律宾实行殖民统治，归属新西班牙总督区管辖。1584 年菲律宾总督直接对西班牙王室负责，但新西班牙总督负责监察菲律宾。通过菲律宾和新西班牙，1580—1582 年西班牙国王计划派遣使团访问明朝，其主要目的有 3 个，即在华传播天主教，扩大对华贸易，维护菲律宾的安全。这一访问计划因新西班牙总督府意见不一而失败。为了靠近明朝，也为了与荷兰人形成对峙，保护马尼拉至西属美洲殖民地的海上贸易航线，1626—1642 年西班牙派出舰队一度占居中国台湾岛的北部和东部。

二　中国与拉丁美洲和加勒比地区的间接贸易联系

葡萄牙、西班牙、英国、荷兰、丹麦、法国等欧洲国家通过全球殖民，建立了以欧洲为中心的全球殖民贸易体系，力求垄断各自的贸易利益是各国贸易政策的主要目标之一。1492—1820 年期间，中国虽然成为世界第一大经济体，但长期奉行"以禁为主"的对外贸易政策。一方面，中国被欧洲国家全球殖民贸易体系所包围；另一方面，中国在本国海域被动接入欧洲主导的全球殖民贸易体系。"本国海域"主要是指南海，这一海域的国际贸易史称"南洋贸易"。即使是在南洋贸易中，欧洲国家也居于主导地位，中国处于被动地位。菲律宾、马六甲海峡成为全球殖民贸易体系的两大重要贸易中心，前者属于西班牙殖民贸易体系，后者属于英国、荷兰、法国等欧洲国家主导的殖民贸易体系。英国（1600 年）、荷兰（1602 年）、丹麦（1616 年）、葡萄牙（1628 年）、法国（1664 年）、瑞典（1731 年）、奥地利（1774 年）先后成立各自的"东印度公司"，控制和垄断以马六甲海峡为主要枢纽的国际贸易。

通过南洋贸易和全球殖民贸易体系，中国与拉丁美洲和加勒比地区之间形成了一定规模的间接贸易，主要有三种间接贸易联系。第一，1565—1815 年菲律宾—墨西哥"大帆船贸易"。大帆船贸易是西属殖民体系内，甚至是新西班牙总督区内的王室贸易垄断制度。1567—1593 年中国福建漳州月港—菲律宾马尼拉商品贸易快速发展。1593 年西班牙王室在菲律宾全面实施垄断贸易政策，包括特许经营制度，限制甚至禁止菲律宾与其他西属殖民地之间的贸易，禁止中国商品在菲律宾零售，限定商船数量（如每年仅限 2 艘），实行配额和关税制度，限制金银流出数量，等等。16 世纪中后期至 17 世纪末，大帆船贸易是中国与拉丁美洲和加勒比地区之间的主要间接贸易通道。

　　第二，马六甲国际贸易枢纽。18 世纪至 19 世纪初叶，这一国际贸易是中国与拉丁美洲和加勒比地区之间的间接贸易通道之一。葡萄牙、荷兰较早参与这一国际贸易，18 世纪后英国的地位不断提高，例如，18 世纪中期英国东印度公司成为中国茶叶的主要全球贸易商之一。

　　第三，以澳门为中转站的国际贸易。1553—1840 年澳门是中国在本土境内被动接入全球殖民贸易体系的一个节点。1565—1580 年澳门的葡萄牙人试图垄断中国与马尼拉之间的贸易，尤其是丝绸贸易，未获成功。1580 年西班牙、葡萄牙处于同一个君主的统治之下，葡萄牙商人取得了澳门与西属、葡属殖民地的贸易垄断权，1580—1642 年澳门与马尼拉之间往来的商船有 60 艘。1683—1716 年由澳门开往马尼拉的商船至少有 23 艘，由马尼拉返回澳门的商船约有 11 艘。[①] 虽然澳门位于中国境内，但其与全球殖民贸易体系之间的贸易完全垄断在葡萄牙、西班牙等欧洲国家的手中。

三　中国与拉丁美洲和加勒比地区的白银流动

　　明朝中后期至 1840 年，经由马尼拉流入中国的美洲白银约为 2 亿两，经由马六甲国际贸易枢纽等地流入中国的美洲白银也约为 2 亿两[②]，两项合计约 4 亿两，按 1 旧制市两为 32 克[③]计，折合白银 1.28 万吨左右。1545—1800 年美洲的白银产量累计约为 13.3 万吨[④]，其中，墨西哥和秘鲁

　　① 黄鸿钊：《明清时期澳门海外贸易的盛衰》，《江海学刊》1999 年第 6 期。
　　② 刘军：《明清时期白银流入量分析》，《东北财经大学学报》2009 年第 6 期（总第 66 期）。
　　③ 武汉市物资管理局编：《实用物资手册》（第 1 辑），湖北人民出版社 1981 年版，第 66 页。
　　④ ［德］安德烈·贡德·弗兰克：《白银资本：重视经济全球化中的东方》，中央编译出版社 2000 年版，第 203 页。墨西哥和秘鲁生产的白银约有 30 亿—35 亿盎司，按 1 金衡盎司折合 31 克计，折合白银 9.3 万—10.85 万吨。根据王以铭主编的《量和单位规范用法辞典》（上海辞书出版社 2001 年版，第 47 页），1 金衡盎司约为 31 克。

生产的白银约有 9.3 万—10.85 万吨。① 根据这些估算，殖民统治时期，流入中国的美洲白银仅占美洲白银产量的 9.6%，约占墨西哥和秘鲁白银产量的 11.8%—13.8%。90% 左右的美洲白银，尤其是西属美洲殖民地生产的白银，在欧洲国家主导的全球殖民贸易体系中流动。

　　中国的商品是白银流动的重要载体之一。丝绸、瓷器、茶叶等是中国的主要出口商品，这些商品的劳动力密集程度较高，中国凭借丰富甚至过剩的劳动力，拥有竞争优势。例如，1586 年 11 月墨西哥总督在给西班牙国王的报告中指出，中国丝织品价格之低廉，中国的锦缎远比西班牙的塔夫绸为好，但前者的售价不及后者的一半，所有其他布料的情况也是如此。② 尽管中国商品质优价廉，但欧洲国家及其商人仍利用其垄断地位，限制中国商品的交易，压低中国商品的价格，以谋求垄断利润最大化。在菲律宾，中国商人只能将商品卖给西班牙人和菲律宾人，禁止客商或中间商直接到中国商船上采购或贸易。荷兰殖民者禁止中国商船直接航行亚齐进行贸易。中国商人需要按照殖民官员设定的价格进行商品登记，但欧洲商人压价取货，有的赊账取货甚至拒绝支付货款。③ 欧洲国家及其商人从中国商品的贸易中获取了巨额利润，例如，1609 年菲律宾总督指出，西班牙人从马尼拉带回的中国货物可获利 10 倍。④

---

① Richard L. Garner，"Long–Term Silver Mining Trends in Spanish America: A Comparative Analysis of Peru and Mexico"，*The American Historical Review*，Vol. 93，No. 4，Oct.，1988，pp. 898–935.

② 韩琦、张昀辰：《马尼拉大帆船贸易垄断体制的建立及评价》，《国际汉学》2021 年第 4 期（总第 29 期）。

③ 陈伟明：《明清粤闽海商的海外贸易与经营》，《中国社会经济史研究》2001 年第 1 期。

④ 廖大珂：《福建与大帆船贸易时代的中拉交流》，《南洋问题研究》2001 年第 2 期（总第 106 期）。

第四章
考迪罗主义与初级产品出口繁荣

19 世纪初至 20 世纪 20 年代，西属美洲殖民地、葡属巴西以及法属海地摆脱了殖民统治。除海地外，独立后的西语国家和葡语国家（巴西）合称拉美国家，这些国家所在的地区被称作拉美地区。在一个多世纪的时间里，围绕"由谁来领导、依靠哪些力量、建设什么样的国家"等基本问题，拉美国家进行了国家建设与发展探索。在这一进程中，考迪罗势力崛起并长期主导拉美地区的政局。面对工业革命和世界百年变局，19 世纪中后期至 20 世纪初，拉美地区经历了初级产品出口繁荣。

第一节　独立和建国

一　西属美洲殖民地独立

19 世纪初至 19 世纪 20 年代，在一系列内外因素的共同影响下，西属美洲殖民地爆发了独立战争，克里奥尔人的崛起、殖民地的内部矛盾是主要内因，海地革命（1790—1804 年）、英军入侵布宜诺斯艾利斯（1806—1807 年）、拿破仑占领西班牙（1808 年）等是主要外部因素和诱因。

19 世纪初，西属美洲殖民地约有 1690 万人（1800 年），其中以克里奥尔人为主的白种人约 320 万人，墨西哥（约 100 万人）、委内瑞拉（约 20 万人）、智利（约 20 万人）、秘鲁（约 13 万人）、阿根廷（约 13 万人）等地的克里奥尔人数量较多。[1] 在欧洲启蒙运动（17—18 世纪）、美国

---

① Richard Gott, "Latin America as a White Settler Society", *Bulletin of Latin American Research*, Vol. 26, No. 2, 2007, pp. 269 – 289, p. 278。

《独立宣言》（1776 年）、法国《人权宣言》（1789 年）等影响下，西属美洲殖民地的克里奥尔人逐渐形成了独立意识，主要表现在三个方面。第一，要求经济自主，克里奥尔人在农牧业、采矿业、手工业及商贸等领域积累了大量资产和财富。第二，要求主权平等，克里奥尔人将殖民地看作主权国家，且应该与西班牙平等相处。第三，要求统治权力，克里奥尔人，尤其是其精英阶层，将自己看作西属美洲的主人，认为自己是殖民地的"天生"统治者和管理者。除克里奥尔人外，混血种人、土著人、黑人是殖民地的其他三大社会构成部分，克里奥尔人将混血种人当作驱使或奴役对象，大量侵占土著人土地，大规模使用黑人奴隶，致使克里奥尔人与混血种人、土著人、黑人之间的社会矛盾较为尖锐。例如，1780—1781 年先后爆发了以梅斯蒂索人为主、土著人加盟的、针对殖民者和克里奥尔人的秘鲁图帕克·阿马鲁起义、新格拉纳达（哥伦比亚）索科罗起义。面对错综复杂的矛盾，克里奥尔人凭借自身的经济、政治、军事优势，力求谋取领导权和主导地位，以保障自身利益和安全，例如，索科罗起义爆发后不久，起义队伍的指挥权就落到了克里奥尔人的上层地主和官员手中。

海地革命使克里奥尔人看到了争取独立的希望。在加勒比海地区，1790 年海地爆发了由混血种人领导的起义，在黑人奴隶杜桑·卢维杜尔（1743—1803 年）的领导下，黑人奴隶成为起义军的主力，起义军规模达到 10 万人。1793—1798 年起义军打败了英军的入侵，英军伤亡约 10 万人。1801—1803 年起义军打败了法军的反扑。1804 年海地正式独立，成为拉丁美洲和加勒比地区的第一个独立国家。在南美洲，1806 年 6 月，一支 1650 人左右的英国军队占领布宜诺斯艾利斯，布宜诺斯艾利斯地区的克里奥尔人精英自行成立自治性质的执政委员会，组建民兵队伍，赶走了英军。1807 年 2 月，一支 1.2 万人的英国军队攻打布宜诺斯艾利斯，英军遭到重创，伤亡、被俘士兵达到总兵力的 1/3，英军被迫投降。① 英军的失败激发了克里奥尔人的独立信心。在欧洲，1807 年 5 月，拿破仑占领西班牙。1808 年 9 月，西班牙成立了有保守派贵族代表参加的中央执政委员会

---

① 陆国俊、郝名玮主编：《新世界的震荡：拉丁美洲独立运动》，上海社会科学院出版社 1991 年版，第 68 页。

（"中央洪达"），行使管理国家和指挥作战的职责。西属美洲殖民地拒绝接受西班牙中央执政委员会的命令，借鉴布宜诺斯艾利斯的自治模式，开启了争取独立的进程。

1810—1826 年，西属美洲殖民地的独立进程可划分为三个地区、三个阶段。三个地区包括新格拉纳达总督区、拉普拉塔总督区与秘鲁总督区、新西班牙总督区。第一个阶段为初始阶段，其显著特点是群雄并起，如墨西哥的米克尔·伊达尔哥（1753—1811 年），委内瑞拉的弗朗西斯科·德·米兰达（1750—1816 年）、西蒙·玻利瓦尔，阿根廷的圣·马丁（1778—1850 年）等。第二个阶段为动摇与复辟阶段，主张彻底废除殖民体制的独立派与主张保留殖民体制的保守派纷争激烈，西班牙王室进行反扑，甚至局部复辟。第三个阶段为完成阶段，西蒙·玻利瓦尔和圣·马丁是领导独立战争的"两位巨头"。

在新格拉纳达总督区，委内瑞拉是独立进程的中心。1810 年 4 月在委内瑞拉都督区首府——加拉加斯，由地主和商业克里奥尔人控制的市议会驱逐西班牙殖民官，成立由 1 名克里奥尔人掌控的"军政委员会"，接管加拉加斯市议会。1811 年 3 月召开国民代表大会，7 月颁布《独立宣言》和委内瑞拉第一共和国宪法，废除印第安人赋税，保留奴隶制，天主教为国教，25 岁以上且拥有不少于 2000 比索资金的男性才能拥有公民权。1814 年 7 月西班牙远征军攻入加拉加斯，保守派选择了妥协，独立派选择了武装斗争。1816—1822 年以西蒙·玻利瓦尔为代表的独立派率领军队重返委内瑞拉，采取"农村根据地 + 游击战"策略，先后解放委内瑞拉、哥伦比亚、厄瓜多尔，1822 年 6 月成立"大哥伦比亚共和国"。

在拉普拉塔总督区，布宜诺斯艾利斯是独立进程的中心。1810 年 5 月，布宜诺斯艾利斯爆发"五月革命"，市政议会决定成立"军政委员会"，接管拉普拉塔总督职权。1811 年巴拉圭、乌拉圭两个行省先后宣布独立，1813 年成立"拉普拉塔联合省"（1826 年改称"阿根廷"）。1813 年圣·马丁接任北方军司令，针对西班牙的军事力量，开展军事斗争。1817 年 2 月圣·马丁率部翻越安第斯山，解放智利首府圣地亚哥；1821 年 7 月解放利马，宣布秘鲁独立。

圣·马丁属于保守派，主张君主立宪，建议迎立西班牙王室的一位王子来担任南美南部西班牙语国家的共同君主。西蒙·玻利瓦尔属于独立派，主张完全独立和中央集权制。1822 年 7 月，圣·马丁与西蒙·玻利瓦尔在厄瓜多尔的瓜亚基尔举行"闭门会晤"。此后，圣·马丁退出南美独立战争，1824—1850 年在法国定居。瓜亚基尔会晤后，西蒙·玻利瓦尔领导和指挥了南美地区西属美洲殖民地的独立战争，1824 年 8 月西蒙·玻利瓦尔和安东尼奥·何塞·苏克雷（1795—1830 年）率领 9000 名士兵[①]，在利马东北 150 千米处的胡宁地区，奇袭并击败西班牙殖民军。1824 年 11 月，苏克雷率领 5780 名士兵，在秘鲁南部的山地城市阿亚库乔附近，打败 9310 名西班牙殖民军[②]，正式终结了西班牙的殖民统治。

在新西班牙总督区，1810 年 9 月 16 日，混血种人、神父米克尔·伊达尔哥在墨西哥的多洛雷斯城敲响教堂的钟声，以争取自由和土地为口号，号召土著人起义。他是墨西哥独立战争最早的领导人，被尊称为墨西哥"国父"，9 月 16 日也被确定为墨西哥的"独立日"。1813 年混血种人、低级神职人员何塞·莫雷洛斯，通过游击战争，控制了墨西哥南部大部分地区，召集以地主、知识分子为主的国民代表大会，宣布墨西哥独立。何塞·莫雷洛斯的主要政策主张包括种族平等，实行普选制；废除教会和军官特权，征收教会土地，没收富人财产；向农民分配土地；等等。1814—1820 年在墨西哥保守派的支持下，西班牙实现了复辟，独立派则继续开展游击战争。1821—1822 年考迪罗阿古斯汀·德·伊图尔维德（1783—1824 年）骗取了独立战争的领导权，并短暂称帝。1823 年墨西哥的独立派获得胜利，1824 年颁布新宪法，确定墨西哥为联邦共和国。在墨西哥独立战争的影响下，1821 年 9 月 15 日，危地马拉都督区（隶属于新西班牙总督区）的 6 个省，即恰帕斯、危地马拉、萨尔瓦多、洪都拉斯、尼加拉瓜、哥斯达黎加先后宣布独立。

二　巴西独立

18 世纪下半叶至 19 世纪初叶，"巴西的经济形势正处在繁荣时期，同

---

① 熊武一、周家法主编：《军事大辞海·下》，长城出版社 2000 年版，第 2043 页。
② 刘养君等主编：《外国近现代能征善战人物故事》，军事谊文出版社 2013 年版，第 76 页。

葡萄牙的衰落形成了对照。这时候巴西在这个古老的宗主国面前有着一种优越感……葡萄牙是'四流国家和穷国',应该并入'一流国家'巴西,而不是巴西并入葡萄牙"①。1807年拿破仑占领葡萄牙。1808年1月,在英国舰队的保护下,葡萄牙王室及葡萄牙政府流亡至巴西,暂居里约热内卢。葡萄牙王室和政府采取了一系列巴西新政,例如,开放贸易港口,允许发展工业,成立巴西银行(1808年),鼓励移民,改善运输和交通设施,等等。

王室流亡和巴西新政催生了巴西人的梦想,即巴西不再是一个殖民地,而是拥有平等权利的王国的一部分。但是,"巴西梦"很快就破灭了,主要表现在三个方面。第一,巴西的税负加重。巴西居民必须承担王室、行政机构和军队的费用。什一税跟过去一样征收,工业、贸易和其他经济活动必须缴纳各种赋税。第二,英国商品冲击巴西。英国利用葡萄牙政府的软弱地位,迫使葡萄牙国王签订条约,巴西市场向英国开放,英国商品涌入巴西,从而使得本地工业举步维艰,甚至陷入绝境。第三,政治和社会矛盾加剧。随同王室流亡到巴西的葡萄牙人占据了领导职位,他们不仅傲慢地对待黑人、土著人、混血种人,而且也轻视克里奥尔人。

1812年,在英国的帮助下,葡萄牙复国。1820年葡萄牙爆发革命,革命者要求国王回国。1821年葡萄牙国王返回葡萄牙,王子佩德罗(1798—1834年)留守巴西,担任巴西摄政王。围绕巴西,三对矛盾急剧恶化。第一,葡萄牙王室与葡萄牙政府的矛盾,政府试图接管王室与巴西的殖民关系。1821年12月葡萄牙议会颁布两项新法令,一是将巴西划分为数个省,每个省直接隶属于葡萄牙政府;二是命令摄政王立即离开巴西并返回葡萄牙。第二,巴西与葡萄牙之间的矛盾。巴西与世界市场建立了紧密的联系,葡萄牙王室和葡萄牙政府都想重新垄断巴西与世界市场的贸易联系,以获取贸易收益,缓解葡萄牙王室和政府的财政困境。第三,巴西共和派与君主派的矛盾,前者主张完全独立且占据上风,后者主张延续殖民体制。摄政王佩德罗1822年宣布巴西独立,1824年批准《1824年宪法》。

---

① [葡]J. H. 萨拉依瓦:《葡萄牙简史》,李均报、王全礼译,中国展望出版社1988年版,第274页。

该宪法确立了中央集权的君主立宪制；授予皇帝全权，包括有权任命主教；只有种植园主、商人、大型工业企业主和高级官员才有选举权；等等。

三　建国探索

以西蒙·玻利瓦尔为代表的克里奥尔人是西属美洲殖民地独立战争的主要领导力量。西蒙·玻利瓦尔在其《卡塔赫纳宣言》（1812 年 12 月 15日）中指出，由高层克里奥尔人代表组成的"军政委员会"（"爱国当局"）是委内瑞拉的执政府；爱国当局分为独立派和妥协派；西班牙殖民者、亲西班牙的妥协派、教会是革命派的主要敌人；低层克里奥尔人、穆拉托人、黑人、土著人是革命派的朋友；革命派的目标是建立中央集权的共和国。在其《牙买加来信》（1815 年 9 月 6 日）中指出，独立战争是克里奥尔人领导的、为争取解放而进行的斗争；独立后要建立资产阶级共和国；独立的目标是实现"独立自主、民生繁荣"；拉美国家应加强团结，共同维护独立。① 概括而言，西蒙·玻利瓦尔的核心思想可以归纳为三个基本问题，即"由谁来领导，依靠哪些力量，建设什么样的国家"。在西蒙·玻利瓦尔看来，应该由克里奥尔人中的革命派来领导，依靠革命派的朋友，建设"独立自主、民生繁荣"的国家。

拉美国家独立后，在国家、地区、世界三个层面面临诸多危险。在国家层面，拉丁美洲国家陷入债务危机、派系纷争、社会动荡等涉及政权稳定、国家安全的困境。1822—1825 年刚刚独立的拉丁美洲国家试图通过举借外债来解决财政危机，哥伦比亚、智利、秘鲁、巴西、墨西哥、阿根廷等国家在伦敦和阿姆斯特丹发行的政府债券合计约 2115 万英镑②，1827 年这些拉丁美洲国家陷入了独立以后的首轮债务危机，并招来了欧洲主要债权国的武装干涉甚至入侵。统治集团可分为保守派、自由派。保守派主要包括大地产主、高级教士、高级军官、高级文官、垄断商人等，他们希望

---

① David Bushnell ed. , *El Libertador*：*Writings of Simón Bolívar*, Oxford University Press, 2003, pp. 3 – 30.

② Eduardo Borenstein, Eduardo Levy Yeyati, Ugo Panizza, *Living with Debt*：*How to Limit the Risks of Sovereign Finance*, Inter – American Development Bank, Washington D. C. , 2005, pp. 63 – 66.

实行有限的选举权，为贵族保留职位，将罗马天主教作为法定宗教，主张中央集权（或君主立宪），维护以阶层划分为基础的社会秩序。自由派主要包括中小地产主、知识分子、中小商人以及混血种人、土著人上层人士，要求实行普选制，废除罗马天主教会，实行地方自治，自由接纳外国移民，等等。围绕经济政策，外向型的种植园主要求实行自由市场、自由贸易政策，内向型的庄园主、工业企业主则要求市场保护政策。围绕土地，向士兵分配土地、解放奴隶并向其分配土地、保护土著人土地等承诺，没有及时履行。这些错综复杂的政治矛盾、社会冲突交织在一起，不仅纷争不断，甚至引发了内战和起义。

在地区层面，1826 年墨西哥、中美洲联邦、大哥伦比亚共和国、秘鲁等拉美国家的代表在巴拿马城召开会议，会议的目的是西班牙语拉美国家成立"美洲国家联盟"，加强西班牙语拉美国家的团结。巴拿马城会议后不久，1829—1831 年大哥伦比亚共和国分裂为委内瑞拉、哥伦比亚、厄瓜多尔 3 个国家，1838 年中美洲联邦分裂为危地马拉、萨尔瓦多、洪都拉斯、尼加拉瓜、哥斯达黎加 5 个国家。围绕边界和领土控制权，拉美国家之间纷争不断，甚至发生了多次战争，其中影响较大的有第一次乌拉圭战争、第二次巴拉圭战争、第一次太平洋战争、巴拉圭战争等。1825—1828年巴西、阿根廷为争夺乌拉圭，爆发了第一次乌拉圭战争，在英国调停下，乌拉圭独立。1839—1852 年阿根廷、乌拉圭白党与巴西、乌拉圭红党为争夺乌拉圭控制权，爆发了第二次乌拉圭战争，后者获胜，乌拉圭将部分领土割让给巴西。1837—1839 年智利、阿根廷为拆散秘鲁—玻利维亚联邦而发动了第一次太平洋战争，前者获胜，智利实现了解散秘鲁—玻利维亚联邦的目标，阿根廷获得了原属于玻利维亚的萨尔塔省。1864—1872 年巴拉圭与阿根廷、巴西、乌拉圭之间爆发了争夺巴拉圭河、巴拉那河控制权的"巴拉圭战争"，以巴拉圭失败而告终。

在世界层面，西班牙不愿承认拉美国家的独立，继 1835 年承认墨西哥独立后，直到 19 世纪中后期才陆续承认阿根廷（1858 年）、秘鲁（1865年）、哥伦比亚（1881 年）等国家的独立。1822 年美国率先承认拉美国家，1825 年英国也开始承认这些国家。1823 年美国总统门罗在国会咨文中发表声明，禁止欧洲列强重新殖民美洲国家，禁止欧洲列强向美洲地区继续输出宗教信仰、意识形态、政治制度。面对美国的声明，西蒙·玻利瓦尔发起了巴拿马城会议，呼吁拉美国家警惕美国向拉丁美洲扩张和干涉拉美国家的野心。1835—1848 年美国通过策动得克萨斯州独立、发动美墨战争（1846—1848 年），迫使墨西哥将 2/3 左右的领土割让给美国。① 以追讨债务等为名义，1830—1870 年英、法、西等欧洲国家武装干涉或入侵拉美地区 20 余次，涉及墨西哥、秘鲁、智利、阿根廷、哥伦比亚、委内瑞拉、厄瓜多尔、尼加拉瓜、海地、巴西等 10 个拉丁美洲和加勒比国家。

第二节　考迪罗主政和自由化改革

一　考迪罗执掌领导权

面对内忧外患，国家领导权集中到军队将领——考迪罗手中。绝大部分考迪罗出身于地产主家庭，属于克里奥尔人领导集团的重要组成部分。19 世纪 20 年代至 20 世纪 20 年代，考迪罗是拉美政坛的主导力量，有的上台执政，有的幕后主政，拉美地区的这一特殊政治现象被称作"考迪罗主义"。考迪罗主义以军队将领与大地产主联盟为基础，以"庇护—扈从"关系为主要约束机制，以暴力或暴力威胁为主要手段，实行独裁统治。地产主扈从于地方考迪罗的庇护，地方考迪罗扈从于上层考迪罗的庇护，构成了金字塔形的纵向分层庇护结构。

19 世纪 20 年代至 19 世纪中叶，绝大部分考迪罗是独立战争时期的军事将领，他们被称作第一代考迪罗，如墨西哥的安东尼奥·圣安纳②、阿根廷的胡安·罗萨斯③、智利的迭戈·波塔莱斯④、巴拉圭的何塞·弗朗西

---

① ［美］赫顿·韦伯斯特：《拉丁美洲史》，夏晓敏译，华文出版社 2019 年版，第 230 页。

② 安东尼奥·圣安纳（1794—1876 年）在 1833—1855 年期间，11 次担任墨西哥总统，其中有 5 次为代总统。

③ 胡安·罗萨斯（1793—1877 年）是阿根廷布宜诺斯艾利斯省的大地产主、考迪罗、潘帕斯草原的征服者，1829—1852 年担任布宜诺斯艾利斯省省长。

④ 迭戈·波塔莱斯（1793—1837 年）是智利保守派军队以及民团、国民卫队等准军事组织的领导人，智利 1833 年宪法的主要制定者，智利寡头威权主义政治制度的主要奠基者。

亚①等。19 世纪中叶至 20 世纪初叶，以军官和地主集团首领为代表的第二代考迪罗以选举、政变等方式上台执政，如巴拉圭的洛佩斯父子②、秘鲁的拉蒙·卡斯蒂利亚③、阿根廷的胡斯托·乌尔基萨④、智利的曼努埃尔·蒙特·托雷斯⑤、委内瑞拉的古斯曼·布兰科⑥、墨西哥的波菲里奥·迪亚斯⑦等。

考迪罗可以分为保守派和自由派，前者支持大地产主、高级教士、军官以及倾向君主制人士的诉求、主张和利益，后者支持大型工商业、中小地产主、知识分子、小业主等的诉求和主张。"可以说，拉丁美洲是由几千个白人家庭私有的种植园组成的地区"⑧，围绕国体，无论保守派，还是自由派，考迪罗独裁统治的主要指导思想之一是重点发展大地产制，兼顾工商业。围绕政体，考迪罗模仿美国实行三权分立，效仿 1789 年的美国《权利法案》、《法兰西人权宣言》，宣扬自由、正义与公民权利。墨西哥、委内瑞拉、阿根廷最终选择了联邦制，其他西语国家选择了单一共和制，而中央集权和独裁（或寡头独裁）是考迪罗的一个普遍现象。

二 土地私有化改革

以欧美为中心的第一次、第二次工业革命刺激了国际市场对拉美地区农牧业、矿业等初级产品的需求，而这些初级产品的生产和出口主要集中在大庄园、大种植园中。为了增加初级产品生产和出口，换取更多外汇收

---

① 何塞·弗朗西亚（1766—1840 年）是巴拉圭 1814—1840 年的独裁者。

② 卡洛斯·洛佩斯（1792—1862 年）和弗朗西斯科·洛佩斯（1827—1870 年），1840—1869 年父子二人统治巴拉圭长达 29 年。前者为律师，后者为将军。

③ 拉蒙·卡斯蒂利亚（1797—1867 年），秘鲁军人，曾先后跟随圣·巴丁和西蒙·玻利瓦尔参加独立战争，1845—1851 年通过直接选举上台执政，1855—1862 年先政变、后选举上台执政，1863 年 4 月选举失败后曾短暂自立总统。

④ 胡斯托·乌尔基萨（1801—1870 年），阿根廷商人，上校军衔，1852 年率军击败布宜诺斯艾利斯考迪罗胡安·罗萨斯，1853 年制定阿根廷第一部联邦宪法，并担任阿根廷总统至 1860 年。

⑤ 曼努埃尔·蒙特·托雷斯（1809—1880 年），智利学者、律师，1851—1861 年担任智利总统。

⑥ 古斯曼·布兰科（1829—1899 年），委内瑞拉新闻记者，1870—1889 年主政委内瑞拉。

⑦ 波菲里奥·迪亚斯（1830—1915 年），墨西哥的军队将领，出身贫寒，1876 年平息内战，1877—1910 年连任墨西哥总统。

⑧ ［美］赫顿·韦伯斯特：《拉丁美洲史》，夏晓敏译，华文出版社 2019 年版，第 282 页。

入，增加出口关税收入，缓解或解决财政危机、债务危机，考迪罗主持或推动土地私有化改革，发展和壮大庄园经济、种植园经济。教会土地、土著人土地、国有土地是私有化的主要对象。例如，墨西哥于1856—1857年颁布征收土著人社区、村社土地的法律，1859年将教会资产（主要是土地）收归国有，1863—1902年数次颁布垦殖法和荒地法，掀起了长达半个世纪的"圈地运动"；委内瑞拉于1841年颁布出卖荒闲土地的法令，1881年取消土著人保留地和向私人出售教会土地；智利于1857年征收教会土地；1874年玻利维亚取消土著人社区，将其土地分成小块出售；1871年危地马拉将教会土地收归国有后，将其无偿分配或出售；1881—1882年萨尔瓦多取消土著人社区，将其土地出售给咖啡种植园主；等等。在阿根廷，19世纪30—80年代，以布宜诺斯艾利斯为起点，向内陆地区呈扇形征服土著人，将少部分占领的土著人土地分配给将士，大部分出售给私人。

土地私有化使大地产制成为主要土地制度。墨西哥规模最大的一个牧场约800万英亩（约折合324万公顷）。[①] 1910年墨西哥农村地区只有2.4%的家庭拥有土地。1918年巴西的大地产主（占地1万公顷以上）仅占农业生产单位总数的0.3%，但拥有巴西全国25%的耕地。1924年阿根廷潘帕斯地区60%的土地被1.3万个占地1000公顷以上的大地产主所拥有。[②] 大地产制虽然促进了农牧业发展，增加了农牧产品产量和出口量，但严重激化了农地矛盾。绝大部分农村居民，尤其是小地产主和土著人，失去土地而成为无地农民。绝大部分获得自由的奴隶，尤其是黑人，没有分配土地。无地、少地农民以暴力手段占领私人土地或国有土地的农地冲突甚至农民起义，此起彼伏，其中，1910年爆发的墨西哥农民起义规模较大。

三　废除奴隶制

1800年拉美地区约有122万名黑人奴隶，其中绝大部分集中在巴西

---

① ［美］赫顿·韦伯斯特：《拉丁美洲史》，夏晓敏译，华文出版社2019年版，第282页。括号中的公顷数是笔者按1公顷=2.47英亩的折算数。

② David de Ferranti（etc），*Inequality in Latin America and the Caribbean：Breaking with History?*，The International Bank for Reconstruction and Development / The World Bank，2003，p.181.

（72万名）、古巴（21万名）、委内瑞拉（11万名）和哥伦比亚（6万名）。① 海地（1804年）和智利（1811年）较早宣布废除奴隶制。为了扩大兵源，1816年西蒙·玻利瓦尔宣布废奴令。1822—1888年拉美国家陆续废除了奴隶制，种植园和奴隶数量越多，废除奴隶制的时间越晚，例如，中美洲（1824年）和墨西哥（1829年）在19世纪20年代废除奴隶制，哥伦比亚（1852年）、委内瑞拉（1854年）于19世纪50年代正式废除奴隶制，古巴（1886年）、巴西（1888年）于19世纪80年代正式废除奴隶制。

第三节　世界经济新格局与初级产品出口繁荣

一　工业革命与世界经济新格局

19世纪20年代至20世纪20年代，在这110年左右的历史时期内，欧美工业化与世界经济格局变化既是拉美国家探索建国、谋求发展的时代背景，也是与拉美国家紧密相连的国际环境。在此期间，英国、美国、德国、法国等欧美国家陆续完成工业革命，建立了近现代工业体系，引领着世界经济增长，构建了近现代国际贸易、跨国投资和国际金融体系。1820—1870年工业化进程主要表现为第一次工业革命的成熟、扩散和近代工业体系的建立。英国是第一次工业革命的引领国，18世纪60年代至19世纪40年代，英国基本完成了第一次工业革命，19世纪60—70年代美国、德国、法国陆续完成了第一次工业革命。1870—1929年为第二次工业革命成熟和现代工业体系建立阶段，美国是第二次工业革命的主要引领国之一，19世纪90年代美国基本建立了现代工业体系，1894年美国工业产值跃居世界第一位。

伴随着工业革命，形成了以欧美为中心的世界经济新格局，1870年大

---

① George Reid Andrews, *Afro-Latin America*, *1800 – 2000*, Oxford University Press, 2004, p. 41.

英帝国、德国、法国、美国 GDP 合计占全球 GDP 的 62.8%[1]，1929 年的这一比重为 58.0%。[2] 贸易、投资、多边金本位支付体系是支撑世界经济新格局的三大主要支柱。初级产品、工业制成品是两大类主要贸易商品，1913 年初级产品占世界贸易的比重为 63.7%，工业制成品占 36.3%，英、德、法、美 4 国合计占全球工业制成品贸易的 83.8%。[3] 1820—1870 年英国是主要的资本输出国。1870—1929 年法国、德国、美国等国家先后成为资本输出国。1870 年以前，英国采用金本位制，美国、法国和其他欧洲国家采用银本位制。1870—1913 年英国凭借其庞大的殖民体系和经济实力，联合美国、法国等其他工业化国家建立了金本位多边支付体系，该体系为促进世界贸易和投资的增长发挥了重要作用。

二　初级产品出口增长

农牧产品和矿产品是拉美地区的主要出口商品，1859—1861 年热带农产品占出口商品的 59.4%，矿产品占 19.0%，二者合计占 78.4%。1927—1929 年温带农牧产品所占的比重提高至 27.7%，热带农产品的比重降至 34.9%，矿产品的比重相对稳定。[4]

在热带农产品出口中，蔗糖、咖啡、橡胶是三大主要出口商品。蔗糖生产主要集中在巴西以及古巴和其他加勒比岛屿。咖啡主要分布在巴西、委内瑞拉、哥伦比亚、中美洲等国家和地区，其中以巴西居多。古巴的蔗糖主要出口到美国和英国，1853—1859 年年均产量达到 50 万吨，19 世纪 60 年代以后，受自然灾害、国际竞争、国际市场变化等因素的

---

① ［英］安格斯·麦迪森：《世界经济千年史》，伍晓鹰等译，北京大学出版社 2003 年版。根据第 166、178、208 页数据计算。大英帝国 1870 年的 GDP 数据包括英国本土及其 6 个主要殖民地，即印度、马来西亚、新加坡、澳大利亚、新西兰、加拿大。

② Alexander V. Avakov, *Two Thousand Years of Economic Statistics*：*Population*，*GDP at PPP*，*and GDP Per Capita*，*Years 1 to 2012*，*Volume 2*：*by Country*，New York，Algora Publishing，2015. 根据第 259—380 页数据计算。大英帝国 1929 年的 GDP 数据包括英国本土及其 16 个主要殖民地，即印度、马来西亚、新加坡、中国香港、澳大利亚、新西兰、南非、马拉维、莫桑比克、加纳、纳米比亚、塞拉利昂、博茨瓦纳、加拿大、牙买加、特立尼达和多巴哥。

③ Michael Graff, A. G. Kenwood, A. L. Lougheed, *Growth of the International Economy*，*1820 - 2015*（Fifth edition），Routledge，2014，pp. 80，197，201，204.

④ Luis Bértola, José Antonio Ocampo, *The Economic Development of Latin America since Independence*，Oxford University Press，2012，p. 89，Table 3. 5.

影响，古巴蔗糖生产日渐衰退，1900—1913 年年均产量为 16.6 万吨。[1]
19 世纪 30 年代，咖啡的出口地位超过蔗糖，成为巴西第一大出口商品，
19 世纪 30—80 年代咖啡占巴西商品出口的比重由 40% 提高至 60%。[2]
在温带农牧产品出口中，羊毛、牛肉、小麦等是主要出口商品，这些商
品的生产和出口主要集中在阿根廷、乌拉圭两国以及智利中部，尤其以
阿根廷居多。

　　矿产品可分为金属（贵金属、有色金属、黑色金属等）和非金属两
大类。19 世纪 20—80 年代，贵金属（白银等）、有色金属（铜、铅、锌
等）和鸟粪、硝石等非金属矿产品是主要出口矿产品。19 世纪 40 年代
中后期，鸟粪逐渐成为秘鲁的主要出口产品，1860 年鸟粪占秘鲁商品出
口的 50% 以上。[3] 智利于 19 世纪 40 年代开始开采和出口硝石，1880—
1920 年几乎垄断了欧洲硝石市场。19 世纪 50 年代以后，拉美地区矿业发
展有四个新的显著特点。第一，铜、锡等有色金属的地位提高，贵金属的
地位下降，其主要原因是欧美国家的工业化增加了对有色金属的需求。19
世纪 90 年代以后，由于多边货币体系由金、银双本位制过渡到金本位制，
有色金属逐渐成为金属类矿业发展的重点。第二，采用新动力，如蒸汽动
力、内燃机、电力等。1910 年电力和电力设备成为拉美地区矿业企业的标
准配置。第三，采用新工艺，如氰化银生产工艺、电解铜生产工艺等。第
四，20 世纪初墨西哥、委内瑞拉的石油产业快速崛起，两国陆续成为世界
主要产油大国。19 世纪末墨西哥发现大型油田，1911—1916 年原油产量由
3.5 万桶/日提高至 11.1 万桶/日，成为第二大产油国，仅次于美国。[4]
1925 年以前，委内瑞拉以出口咖啡、可可等热带农产品为主，1925 年原油
超过热带农产品成为委内瑞拉的主要出口商品，1922—1929 年原油出口量
由 6 万桶/日提高至 36 万桶/日，原油占委内瑞拉商品出口的比重由 8.8%

　　[1]　Alejandro Garcia, Oscar Zanetti, *Sugar and Railroads: A Cuban History*, 1837–1959, University of North Carolina Press, 1998, pp. 53, 57, 59, 257.

　　[2]　Joseph Smith, *A History of Brazil*, Taylor & Francis Group, 2002, pp. 66–68.

　　[3]　Luis Bértola, José Antonio Ocampo, *The Economic Development of Latin America since Independence*, Oxford University Press, 2012, p.65.

　　[4]　Philip Russell, *The History of Mexico: From Pre-Conquest to Present*, Taylor & Francis Group, 2010, p.320. 原数据为年出口量，按 365 天/年折算为日均出口量。

升至 81.1%。①

三　初级产品出口繁荣的影响

1870—1874 年至 1925—1929 年，拉美地区的商品出口额增长了 8.8 倍，年均增长 2.4%。三大类初级产品，即温带农牧产品（谷物、羊毛、肉类等），热带农产品（咖啡、糖、烟草、橡胶等），矿产品（铜、锡、石油、鸟粪、硝石、金、银等），占商品出口总额的比重长期稳定在 82%—85%。②

（一）经济与社会发展

在初级产品出口增长的带动下，拉美地区经历了经济增长繁荣。按 1990 年美元不变价格计，1820—1929 年拉美地区 GDP 由 130 亿美元增至 1940 亿美元，增长了 13.9 倍，年均 GDP 增长率为 2.5%；人均 GDP 由 684 美元增至 2076 美元，增长了 2.0 倍，人均 GDP 年均增长率为 1.0%。③ 19 世纪 50 年代以后，阿根廷农牧产品出口量大幅度增长，经济持续繁荣。20 世纪初，欧洲人评论阿根廷时指出，凭借着丰富的自然资源、长期的经济繁荣、不断上升的国际贸易地位，阿根廷将成为世界上最富有的国家之一。

1820—1929 年拉美地区总人口由 2200 万人增至 1.07 亿人④，增长了 3.9 倍。拉美地区本土人口的增加是人口增长的主要因素，但大量移民的流入也是一个重要因素。1820—1932 年大量欧洲人向拉美地区移民，其间，阿根廷接收欧洲移民的数量多达 650 万人，巴西 436 万人，古巴 139 万人。⑤ 1870—1930 年拉美地区的城市化进程逐步加快，在此期间，超过

① Jorge Salazar – Carrillo, Bernadette West, *Oil and Development in Venezuela during the 20th Century*, ABC – CLIO, LLC, 2004, p. 54. 原油出口量根据 Table 5.1 中的数据计算，将表中的年出口量按 365 天/年折算为日均出口量。

② Luis Bértola, José Antonio Ocampo, *The Economic Development of Latin America since Independence*, Oxford University Press, 2012, pp. 86, 89. 出口额增长倍数根据第 86 页 Table 3.3 中的数据计算，初级产品占商品出口总额的比重根据第 89 页 Table3.5 中的数据计算。

③ Luis Bértola, José Antonio Ocampo, *The Economic Development of Latin America since Independence*, Oxford University Press, 2012, p. 4, Table 1.1.

④ Luis Bértola, José Antonio Ocampo, *The Economic Development of Latin America since Independence*, Oxford University Press, 2012, p. 5, Table 1.1 (Continued).

⑤ Nicola Foote, Michael Goebel ed., *Immigration and National Identities in Latin America*, University Press of Florida, 2014, p. 74.

2 万人口的城市，其人口占总人口的比重由 12% 提高至 31%。1930 年乌拉圭（63%）、阿根廷（57%）、古巴（51%）、智利（50%）四国的城市化率达到 50% 以上，墨西哥为 33%，巴西为 24%，其他大多数拉美国家介于 20%—30%。[①]

拉美地区出现了农村和城市"二元化"经济部门。在农村经济部门，一方面，农村劳动人口增加和耕地面积扩大不仅能够促进外向型农业的发展，而且也促进了内需型农业的发展，能够为城市人口增长提供较为充足的农牧产品供给；另一方面，土地私有制将越来越多的农村人口排斥出去，迫使这部分人口向城市流动。在土地私有化和土地兼并进程中，获得自由身份的奴隶、农村新增人口很难获得土地，成为无地农村居民。城市规模的扩大要求农业生产规模和市场化水平相应提高，相当一部分中小地产主因其生产规模较小而缺乏市场竞争力，被迫出售或放弃土地。土地私有的制度性因素和充分竞争的市场因素将无地农村居民、中小地主从农村部门排斥出去。在城市经济部门，工业、建筑业以及各类服务业等非农产业的发展与城市人口规模正相关，城市规模越大，非农产业的就业机会越多，从而吸引着农村人口向城市流动。与此同时，流入拉美地区的移民，尤其是流向阿根廷、巴西、乌拉圭等南美国家的欧洲移民，绝大部分选择移居布宜诺斯艾利斯、蒙得维的亚、圣保罗、里约热内卢等大型城市。除这些大型城市的吸引力外，移民在农村部门获得土地的难度较大也是移民选择城市的一个重要原因。

（二）国家治理与建设

在国家治理方面，以考迪罗为代表的统治集团面临诸多困难，其中，增加财政收入、加强武装力量是应对内忧外患、维持独裁统治的迫切需要。例如，1820—1870 年拉美地区累计发生国际冲突 26 次，内部冲突 48 次，修改宪法 83 次。[②] 1879—1884 年智利与玻利维亚、秘鲁之间发生了第二次太平洋战争。为争夺三国交界处、太平洋沿岸附近的硝石和鸟粪收

① Luis Bértola, José Antonio Ocampo, *The Economic Development of Latin America since Independence*, Oxford University Press, 2012, p. 128, Table 3. 19.

② Luis Bértola, José Antonio Ocampo, *The Economic Development of Latin America since Independence*, Oxford University Press, 2012, p. 68. 根据 Table 2. 5 中的数据计算。

入，摆脱财政危机，玻利维亚以军事手段向智利、英美企业索要较多的资源税，秘鲁支持玻利维亚。战争的结果是智利获胜，并获得玻利维亚、秘鲁部分领土，玻利维亚成为内陆国。美国总统西奥多·罗斯福（1858—1919 年，1901—1909 年在任）开始对拉美地区实行"大棒政策"。1903 年美国策动巴拿马独立并占领巴拿马运河区，1903—1905 年三次"监管"多米尼加的财政和海关，1904 年美国政府"应邀"出兵古巴，1915 年占领海地，1919 年美国侵入巴拿马的奇里基省，1920 年美国占领危地马拉城并"临时监管"危地马拉财政。

拉美国家普遍存在财政赤字，且大部分国家债务负担沉重。为了增加财政收入，考迪罗与大地产主、工商业资本、外国资本结盟，主要采取了五方面的措施。

第一，取消教会什一税，以换取地产主、工商业资本对考迪罗的支持。

第二，政府对酒类、烟草、盐等商品实行垄断和专营，以获得垄断收入。

第三，向土地、资本、世界征税。在土地私有化过程中，绝大部分土地不仅出售给国内私人，也出售给外国私人。征收出口关税，例如，19 世纪末、20 世纪初智利 90% 左右的税收收入来自硝石的出口关税。征收进口关税，19 世纪 30 年代进口关税收入占巴西财政收入的 50% 左右，1844 年后随着税率的提高，进口关税占财政收入的比重升至 70% 左右。[1] 1870—1929 年进口关税占进口商品货值的平均比重，哥伦比亚为 35%，巴西为 32%，秘鲁为 25%，墨西哥为 20%，阿根廷为 20%，智利为 17%。[2]

第四，向世界融资，主要是向欧洲国家贷款。继 19 世纪 20 年代出现第一轮借债高峰之后，19 世纪 60—70 年代，拉美地区出现了第二轮借债高峰，拉美国家在欧洲大量发行政府债券和铁路债券，主要目的是平衡财政赤字，修建铁路等基础设施。截至 1880 年，拉美国家的外债总额合计约

---

[1]　Joseph Smith, *A History of Brazil*, Taylor & Francis Group, 2002, p. 69.

[2]　Luis Bértola, José Antonio Ocampo, *The Economic Development of Latin America since Independence*, Oxford University Press, 2012, p. 128. 根据 Table 3. 19 中的数据计算。

为 1.79 亿英镑，其中政府债券约为 1.23 亿英镑，企业债券约为 0.56 亿英镑。[①]

第五，利用外资建设铁路，这是促进经济发展和国家建设的一项重要举措。1880—1926 年英国、法国、美国三国在拉美地区的投资额由 10.9 亿美元增至 112.0 亿美元[②]，政府债券和铁路是主要投资领域。古巴于 1837 年开始修建铁路，阿根廷、巴西、墨西哥、秘鲁、哥伦比亚、智利等国家于 19 世纪 40—50 年代开始大规模修建铁路。1870—1913 年拉美地区修建的铁路超过 10 万千米，约占 1930 年铁路总长度的 83%。绝大部分铁路集中在阿根廷、巴西、墨西哥三国，铁路的大规模修建对三国经济增长与国家发展发挥了重要作用，如 1864—1913 年铁路对巴西 GDP 增长的贡献率为 61.6%—84.2%，墨西哥（1873—1910 年）为 24.3%，阿根廷（1865—1913 年）为 21.6%。[③] 在大规模铁路修建进程中，拉美地区建成了 3 条两洋铁路，其中 1 条位于墨西哥，1 条位于中美洲的危地马拉，1 条位于南美洲的智利和阿根廷（智利瓦尔帕莱索港—阿根廷布宜诺斯艾利斯铁路）。

（三）实证主义思潮

围绕农民与土地、劳动与资本、政府与市场、国家与世界的关系，拉美地区发生了显著变化。除乌拉圭、阿根廷、智利等少部分拉美国家外，绝大部分拉美国家的农村人口仍然占 2/3 以上，甚至 80% 以上。绝大部分农村家庭主要从事农业生产，但没有或缺少土地，因此，农地矛盾日益突出和尖锐，镇压农民暴力占地或农民起义、保护私人地产是考迪罗与地产主"庇护—扈从"关系的重要内容。

进口关税在增加政府财政收入的同时，也在一定程度上保护了国内市场，促进了国内工业的发展。拉美地区的加工制造业主要包括传统手工

---

① Eduardo Borenstein, Eduardo Levy Yeyati, Ugo Panizza, *Living with Debt*: *How to Limit the Risks of Sovereign Finance*, Inter-American Development Bank, Washington D. C., 2005 – 2012, pp. 63 – 66.

② Luis Bértola, José Antonio Ocampo, *The Economic Development of Latin America since Independence*, Oxford University Press, 2012, p. 124.

③ Alfonso Herranz-Loncán, "Transport Technology and Economic Expansion: the Growth Contribution of Railways in Latin America before 1914", *Revista de Historia Económica*, Vol. 32, No. 1, 2014.

业、外向型农牧产品和矿产品加工业、内向型加工制造业三大类。1913 年
前后，巴西、阿根廷、墨西哥等拉美国家已拥有一定规模的加工制造业，
如巴西约有 3500 家工业企业，雇用工人约 20 万人；阿根廷约有 3.2 万家
工业企业，雇用工人约 32.9 万人。[1] 1929 年工业占 GDP 的比重，阿根廷
为 20%，巴西为 13%，墨西哥为 12%。[2] 这意味着，20 世纪初叶，拉美地
区已经出现劳资关系。

大地产主、工商业资本主张自由市场，如自由买卖土地，自由雇用劳
动力，自由买卖商品等，同时要求政府保障私人财产和自由交易的安全。
外向型的庄园主、种植园主、工商业资本与欧美市场、欧美资本关系密
切，主张自由贸易，要求拉美国家融入以欧美为中心的全球贸易体系和金
本位多边支付体系。19 世纪初叶，大多数拉美国家建立了自己的货币制
度，包括建立银行，发行铜币或纸币等。面对金本位制，拉美国家的货币
制度受到了严重冲击，货币大幅度贬值，通货膨胀严重。19 世纪 80 年代
至 20 世纪初，拉美国家普遍接受或采用金本位制度。

随着经济和社会结构的变化，以考迪罗为主要代表的独裁统治集团难
以延续殖民统治时期以阶层划分为基础的政治和社会秩序。政教分离、取
消什一税、教会土地私有化等措施使教权被大幅度弱化，教会难以独自提
供维持独裁统治所需的宗教基础和社会基础。在此情况下，以奥古斯特·
孔德（1798—1857 年）、约翰·斯图亚特·穆勒（1806—1873 年）、赫伯
特·斯宾塞（1820—1903 年）等为主要代表的法国、英国实证主义哲学被
拉美国家的独裁统治集团所接受。早在 1839 年，秘鲁宪法就强调秩序超过
自由。19 世纪中后期，拉美地区的一小部分知识分子和政治精英，结合拉
美实际，演绎出了拉美地区的实证主义思潮，其核心思想是"秩序与进
步"，例如，墨西哥自由派实证主义者将"秩序与进步"作为座右铭，巴
西结束君主制后将"秩序与进步"印在国旗上。在不同拉美国家，实证主
义思潮的内容、侧重点、表现形式有所不同，但仍有三个方面的共同点。

---

① Frederic M. Halsey, *Railway Expansion in Latin America*, The Moody Magazine and Book Company, New York, 1916, pp. 9, 77.

② Luis Bértola, José Antonio Ocampo, *The Economic Development of Latin America since Independence*, Oxford University Press, 2012, p. 128.

第一，借宣扬"秩序与进步"之名，强调秩序和稳定第一，政治自由第二。"秩序和稳定第一"意在强调土地所有者、资本所有者的主体地位，国家有责任保护私人所有制的安全和自由。"政治自由第二"强调民众权利的相对性，农民、工人、无业人员等普通民众必须遵纪守法，安守本分，不得侵犯地产主、工商业主的私人土地和资产。这些观念和观点成为独裁统治的重要思想和理论基础。第二，主张教育世俗化。通过大力发展国民教育，在培养人才、促进发展的同时，还能培养民众服从法律与秩序的意识。第三，轻视甚至忽视混血种人、土著人、黑人等非白种人，认为这些人种属于劣等人种，拒绝给予他们投票权，等等。简言之，在实证主义思潮的影响和支持下，以考迪罗为主要代表的统治集团把地产主、资本所有者看作国家的主体，认为国家和政府的重要职责之一是保护私有制，要求普通民众安守秩序，在较大程度上采取自由市场、自由贸易政策。

农民、工人、无业者是普通民众的主体。同实证主义思潮相对应，19世纪晚期、20世纪初期，作为农地矛盾、劳资矛盾、政治矛盾的集中反映，拉美地区出现了民众主义思潮。农地矛盾是主要社会矛盾，获得土地或者获得土地使用权是无地或少地农民的普遍诉求。19世纪中期，拉美地区只有5%的农民拥有土地。[1] 1910年墨西哥91.3%的农村家庭没有土地[2]，墨西哥1910年革命期间，埃米利阿诺·萨帕塔[3]提出了"归还土地"的主张，即凡是在波菲里奥·迪亚斯独裁统治时期（1877—1910年）被侵占的村社土地和农民土地，均应归还给其原有村社和农民。1912年6月，阿根廷首次爆发有组织的大规模佃农罢工，史称阿根廷"阿尔科塔农民运动"，这场农民运动的主要诉求是以正式合同保障一定期限的佃租土地使用权和佃农权益，不触动土地的私人所有权。

拉美地区出现了两类劳资矛盾：一类是农村劳资矛盾，主要是农业工

---

[1] Sebastian Edwards, *Left Behind*, *Latin America and the False Promise of Populism*, 2010, University of Chicago Press, p. 36.

[2] Secretaria de Reforma Agraria, *La transformación agraria*; *origen*, *evolución*, *y retos*, Testimonios（2nd edn）, México, 1998.

[3] 埃米利阿诺·萨帕塔（1879—1919年），印欧混血种人，出身于小农家庭，墨西哥1910年革命中农民起义军的主要领导人之一。

人与庄园主、牧场主、种植园主之间的矛盾；另一类是城市劳资矛盾，主要是新兴的产业工人与新兴的工商业主之间的矛盾。寡头独裁统治激化了政治矛盾，一方面，统治集团内部存在保守派与自由派的矛盾；另一方面，新兴政党与传统寡头的矛盾日益尖锐，新兴政党反对寡头政治，要求分享治国理政的权力。新兴政党的多元化程度较高，以知识分子、中低级政府官员等中产阶层为主要基础的激进派政党是其中之一，例如，1891 年成立的阿根廷激进党，该党主张实行普选制。阿根廷的伊波利托·伊里戈延总统是拉美地区较早实施民众主义政策的领导人，他于 1896 年成为阿根廷激进党领导人，以中产阶层为主要政治基础，承诺赋予所有城市成年男性选民选举权，承诺改善民众的食品供应、就业、医疗等社会福利，争取民众的选票和支持，赢得了阿根廷 1916 年大选，这是民众主义思潮开始登上拉美政坛的重要标志。

第四节　华工及中拉早期外交

19 世纪 20 年代初至 1929 年，中国经历了晚清和中华民国（1912—1949 年）前半期。在此期间，继 1815 年中国—菲律宾—墨西哥海上贸易航线终止后，1840—1842 年的第一次鸦片战争使中国开始沦为半殖民地半封建社会，大部分中国对外贸易沦落于欧美主导的全球贸易体系，中拉贸易逐渐萎缩，1853 年 11 月至 1854 年 11 月经由中国香港地区发往委内瑞拉的中国内地商品货值约 253 吨白银[1]，1913—1920 年中拉之间年均商品贸易额仅约 20 余万海关两（约相当于 7.6 吨白银）。[2] 华工和早期外交是这一历史时期中拉交往的重要内容。

---

① 谢文泽：《中国—委内瑞拉双边关系发展 70 年回顾与评价》，《拉丁美洲研究》2019 年第 5 期。

② 贺双荣主编：《中国与拉丁美洲和加勒比国家关系史》，中国社会科学出版社 2016 年版，第 49 页。括号内的数字为笔者折算，根据《海关词汇手册》（张家珍等编著，中国海关出版社 2012 年版，第 7 页），海关两是旧中国海关征税使用的记账单位，并非实银，1 海关相当于 37.7994 克实银。

一 华工

19 世纪初，英国将少量契约华工运抵其在加勒比海地区的殖民地——特立尼达，充作种植园的苦力。1847 年两艘载运华工的贩奴船抵达古巴哈瓦那，开启了历时近 30 年的"苦力贸易时代"，1847—1874 年被贩运到拉丁美洲和加勒比地区的契约华工超过 30 万人，其中绝大部分被运至古巴（12.5 万人）、秘鲁（约 9 万人）、英属殖民地（约 1.8 万人），少部分华工分布在巴拿马、哥斯达黎加、墨西哥、智利、巴西等拉美国家。

绝大部分华工是种植园的苦力，如古巴、英属殖民（牙买加、圭亚那、特立尼达等）的甘蔗种植园，秘鲁沿海地区的棉花和甘蔗种植园，哥斯达黎加、巴西的咖啡种植园等。19 世纪 60—70 年代，少部分华工在秘鲁挖掘鸟粪，参与修建秘鲁沿海地区的铁路，参与修建巴拿马运河等。华工的契约期限一般为 5—8 年，劳动强度高，生活状况差，受虐待程度高，死亡率高达 70%—80%。[①]

二 中拉早期外交

秘鲁、墨西哥、巴西等拉美国家为了缓解种植园劳动力不足的问题，希望从中国引进契约华工以作为苦力。例如，1849 年秘鲁议会通过了引进中国苦力的移民法，被称作"中国人法令"。英、美等国家的商船以香港、澳门等为主要据点，以诱骗为主要手段，向拉丁美洲和加勒比地区偷运华工苦力，这些行为遭到了清政府的反对。1869—1871 年秘鲁华工通过清政府驻美国使馆呈送诉状，控告秘鲁种植园主、矿业主的残暴虐待和华工的悲惨状况。清政府的直隶总督兼北洋通商大臣李鸿章（1823—1901 年）主张与秘鲁签约、建交，以便于保护华工，处理华工事宜。

1873—1874 年经过谈判，清政府与秘鲁签订《中秘友好通商行船条约》，约定双方可自由移民，禁止诱骗华工到秘鲁和苛待华工，契约华工在契约期满后可获得自由经商权利。1875 年双方换约生效，秘鲁与清政府

---

① 贺双荣主编：《中国与拉丁美洲和加勒比国家关系史》，中国社会科学出版社 2016 年版，第 21—45 页。

正式建交。1880 年清政府与巴西签订《中国—巴西和好通商航海条约》，在谈判过程中，清政府谴责巴方诱骗和苛待华工，巴方承诺改正，因此，条约使用了"和好"一词。根据条约，中国和巴西之间可以自愿移民，但巴西不可从中国招募华工。与此同时，巴西咖啡种植园主引进中国苦力的想法遭到了巴西国会白人议员的否决，白人议员认为，引进华工不利于甚至会破坏巴西的"白化"进程。1889 年清政府与墨西哥签订《中墨和好通商行船条约》，与巴西的情况类似，条约中也使用了"和好"一词，根据条约，墨西哥获得了最惠国待遇和治外法权，允许两国之间自由、自愿移民。1890 年清政府与墨西哥换约生效，两国正式建交。除秘、巴、墨三国外，清政府还与古巴（1902 年）、巴拿马（1909 年）建交。简言之，晚清时期，中国与五个拉美国家建立了外交关系。

中华民国成立后，先后有 11 个拉美国家与中国建交，即智利（1915年）、玻利维亚（1919 年）、尼加拉瓜（1930 年）、危地马拉（1933 年）、多米尼加（1940 年）、洪都拉斯（1941 年）、哥伦比亚（1941 年）、萨尔瓦多（1941 年）、委内瑞拉（1941 年）、哥斯达黎加（1944 年）和厄瓜多尔（1946 年）。

第五章
拉美民众主义与发展转型

20 世纪 20 年代以来，实现"独立自主、民生繁荣"成为拉美国家的主要发展目标之一。从整个拉美地区来看，居主流地位的发展模式经历了由内向型进口替代工业化转换为外向型商品出口多元化。从拉美国家来看，部分拉美国家进行了民众主义、威权主义、自由主义等多种发展道路的探索和转换。在探索发展模式和发展道路的进程中，民众主义思潮、理论和政策逐步成为拉美国家治国理政的重要组成部分，对拉美地区的政治、经济、社会发展产生了广泛和深远的影响。

第一节　拉美民众主义

"民众主义"（英文为"Populism"，西班牙文为"Populismo"）一词颇有争议，国内有些学者使用"民粹主义"，有些学者使用"民众主义"。本书采用"民众主义"这一表述。

一　民众是国家主体

地产主、工商业资本家将自己看作国家的主体，大地产主甚至认为自己是国家的真正主人。拉美民众主义主流思潮认为，占人口绝大多数的土著人、农民、产业工人、非正规就业劳动者等普通民众是国家的主体。围绕土地问题，土著人要求恢复其传统集体土地、世居领地和居留领地，无地和少地农民要求通过土地分配来获得土地。围绕劳资关系，以产业工人为代表的劳动者要求提高工人工资和福利水平，保障工人的劳工权益。无劳动合同、无社会保障、低收入水平的非正规就业劳动者要求国家和政府保障其食品、教育、就业、医疗、住房等基本生存需求。

　　拉美民众主义主流思潮认为，为了体现民众的国家主体地位，所有民众应普遍享有选举权，实行普选制。20 世纪初至 20 世纪 40 年代，部分拉美国家的宪法修订或选举法修订较大程度地反映了民众主义思潮。1912 年阿根廷的《萨恩斯·培尼亚法案》修订了选举制度，规定凡年满 18 岁的男性公民均有投票权且必须参加无记名投票。该法案没有将绝大部分移民，尤其是集中在布宜诺斯艾利斯等大中型城市的欧洲移民包括在内，对此，阿根廷激进党领导人伊波利托·伊里戈延承诺赋予所有城市成年男性选民选举权。墨西哥 1857 年宪法规定，来自固定资本或资产的年收入超过 100 比索的公民才拥有选举权[①]；作为 1910 年革命的主要成果之一，墨西哥 1917 年宪法规定，凡年满 21 岁且证明拥有合法职业的墨西哥男性公民，均有选举权。智利 1833 年宪法规定只有年满 25 岁、具有一定文化水平并有一定收入或拥有一定财产的男性公民拥有选举权，1925 年宪法修订为凡年满 21 岁、有一定文化水平并经选民登记的公民都有选举权。秘鲁 1839 年宪法规定年满 25 岁且识字的男性公民才有选举权，1933 年宪法修订为年满 21 岁、非现役军人的识字男性公民都有选举权。巴西 1891 年宪法[②]曾经规定，只有年满 21 岁的男性有选举权，妇女、文盲、士兵和宗教人员无投票权，1934 年宪法（1937 年废止）规定年满 18 岁的男性和女性公民都有选举权。乌拉圭是较早实现公民普享选举权（1951 年宪法）和实行普选制（1966 年宪法）的拉美国家，绝大多数拉美国家在 20 世纪 80 年代后的新一轮宪法和选举法修订周期中，陆续实现普享选举权和普选制。

二　对拉美民众主义影响较大的主要理论

　　20 世纪 20 年代以来，既反映民众主义思潮，又对民众主义思潮产生较大影响的拉美地区本土理论主要有阿普拉主义、结构主义、依附论等。

　　阿普拉主义是秘鲁阿普拉党创始人阿亚·德·拉·托雷（1895—1979 年）提出的一种具有秘鲁和拉丁美洲特色的社会民主主义理论，1924—

---

　　① 何勤华主编：《法律文明史（第 12 卷·下）：近代亚非拉地区法——拉丁美洲法分册》，商务印书馆 2017 年版，第 85 页。

　　② 巴西 1891 年宪法于当年 2 月颁布，当年 11 月被独裁者丰塞卡废止。

1948 年是阿普拉主义的萌芽、创立和初步实践时期。鉴于秘鲁的土著人较多，结合土著人是美洲地区原住民这一历史事实，阿亚提出了"印第安美洲"思想，认为印第安美洲不仅是西班牙的美洲，而且是印第安人的美洲。换言之，就秘鲁一国而言，"印第安美洲"思想反映了阿亚反对"白人至上"，认为秘鲁这个国家属于不同种族构成的全体秘鲁人民，国家与人民的统一主要依靠理性和科学，而不要过度依赖等级划分和宗教信仰。阿亚将大地产主、工商业资本家和外国资本作为剥削者，将农民、工人等劳动者分为脑力劳动者和体力劳动者，脑力劳动者和体力劳动者属于受剥削阶层。受剥削阶层占人口的大多数，应在国家政治生活中居于主导地位，因此，受剥削阶层应通过功能性民主（参与式民主）来掌握权力。阿亚认为，剥削者是自由市场的操控者和受益者，因此，政府要管控市场，协调剥削者和被剥削者的利益，避免过度剥削，引发暴力冲突甚至革命。国家应对自然资源、土地、重要工业进行国有化，通过国家主导经济发展和增加财政收入，推动政府保证人民生活、健康、精神与物质福利，从经济上解放劳工阶层，废除人与人之间的剥削。阿亚认为，秘鲁与世界的关系既对立，又统一，帝国主义对秘鲁的发展构成威胁，但符合秘鲁国家利益的外国资本是可以利用的。

结构主义理论于 1950 年前后开始提出，阿根廷经济学家劳尔·普雷维什（1901—1986 年）是主要奠基人之一。"中心—外围论"是结构主义理论的主要基石之一，资本主义的拉美国家处于资本主义体系的外围，发达资本主义国家居于这一体系的中心，拉美国家主要生产和出口原料与食品，从中心国家进口工业制成品。自 20 世纪 50 年代以来，结构主义理论不断发展，但一直坚持中心—外围论，认为工业化是拉美国家摆脱中心—外围关系，实现"独立自主、民生繁荣"的根本途径。为此，拉美国家需要着重解决五方面的问题。第一，保障农业生产者的土地所有权或土地使用权，以提高农业投资积极性，增加农产品出口。第二，协调劳动与资本的收入分配，缓和劳资矛盾，以提高私人资本的投资积极性，创造更多就业。第三，协调政府与市场的关系，尤其是用政府干预弥补市场失灵。第四，以国家福利化为导向，通过向土地（包括自然资源）、资本、市场、世界征税或融资，弥补或消除财政赤字，普遍提高民众的生活和福利水平。第五，加强与"中心"的资本、技术与市场合作，有助于拉美国家的工业化和发展。

依附论于 20 世纪 60 年代在拉美地区形成，恩里克·卡多佐（1931 年 6 月—，1995—2002 年任巴西总统）、西奥托尼奥·多斯·桑托斯（1936—2018 年，巴西社会学家）等是较有影响的巴西学者。多斯·桑托斯认为，拉美国家的经济受制于它所依附的中心国家的经济发展和扩张，被中心国家所统治和剥削，因此，拉美国家处于落后状态，拉美国家只有与中心国家"脱钩"才能摆脱依附性，进而实现发展。卡多佐则认为，拉美国家没有必要与中心国家脱钩，通过与中心国家的依附性联系来实现发展，逐步摆脱依附性。卡多佐认为，要想实现依附性发展，对外，巴西必须投身于国际资本主义的循环；对内，巴西需要改变或重构政府、阶级、群体的政治斗争，以加强国家的地位和保持社会稳定。卡多佐对 1964 年政变上台的军政府持肯定态度，认为军政府试图实行一种联合的依附发展新模式。军政府与资产阶级达成经济发展共识，使跨国公司、巴西技术官僚和巴西中产阶级三大群体结成依附于军政府的政治联盟，军政府以国家至上的名义，强力压制和镇压农地、劳资等社会矛盾，通过发展经济，使更多农民、工人等普通民众从中受益，扩大中产阶层。

以上三种理论只是诸多拉美地区本土理论中的少部分，但基本反映了大部分本土理论的主要特点，即从国家角度，把国民分为普通民众、中产阶层、资产阶级三大政治群体。阿普拉主义侧重于"民众—政府—国家"，属于左翼民众主义，在强调农地矛盾、劳资冲突、政府管制市场、国家控制外资的基础上，主张多阶级联盟和调和矛盾。卡多佐的依附性发展理论侧重于"资产阶级—政府—国家"，属于右翼民众主义，强调土地、资本、市场、国际资本对巴西经济发展的重要性，主张对农民与土地、劳动与资本、政府与市场、国家与世界之间的矛盾进行管制甚至压制。结构主义理论居于左翼民众主义和右翼民众主义之间，可称为福利民众主义，强调农民与土地、劳动与资本、政府与市场、国家与世界之间的统一性，主张通过调节收入分配和国家福利化来缓和或调和矛盾。

三　拉美民众主义政策

20 世纪初以来，拉美地区的民众主义政策实践可以分为三个阶段。

　　20 世纪初至 1930 年为早期尝试阶段，主要表现为左翼民众主义。乌拉圭的何塞·巴特列·奥多涅斯总统（1856—1921 年，1903—1907 年和 1911—1915 年在任）、秘鲁的吉列尔莫·比林古尔斯特总统（1851—1915 年，1912—1914 年在任）、阿根廷的伊波利托·伊里戈延总统（1852—1933 年，1916—1922 年、1928—1930 年在任）被认为是拉美民众主义的主要先驱。此外，墨西哥 1917 年宪法也包含了民众主义政策。早期民众主义政策主要集中在六个方面。第一，加强总统的权力，例如阿根廷的伊里戈延主张联邦政府有权干涉各省事务，总统有权颁布总统令。第二，扩大选民范围，给予部分普通民众选举权，削弱大地产主、大型工商业资本的政治地位。第三，关注农民对土地的诉求，例如墨西哥 1917 年宪法规定土地国有，联邦政府有责任进行土地分配。第四，改善劳工状况，如实行 8 小时工作制，承认工人有成立工会、集体谈判、罢工的权利。第五，增加政府的社会发展支出，普遍改善普通民众的食品、教育、医疗等基本生存状况。第六，政教分离，宗教信仰自由化，削弱天主教会对政治、经济、社会生活的影响力。这些早期民众主义遭到了大地产主、大型工商业资本、天主教会的激烈抵制甚至暴力反对，国家的统一和安全受到严重威胁，军人以维护国家安全为名，发动政变，实施军人威权统治。

　　1930 年至 1950 年为民众主义经济政策形成阶段，主要表现为左翼民众主义，军人、中产阶层、民众结成政治联盟，推行民众主义经济政策，如巴西的热图里奥·瓦加斯总统（1883—1954 年，1930—1945 年、1951—1954 年在任）、墨西哥的拉萨罗·卡德纳斯总统（1895—1970 年，1934—1940 年在任）、智利的人民阵线政府（1939—1946 年）、阿根廷的胡安·庇隆总统（1895—1974 年，1946—1955 年、1973—1974 年在任）等较有代表性且影响较大。热图里奥·瓦加斯于 1930 年通过发动军事政变上台执政，1930—1945 年以建设"新国家"为目标，打压极右翼和极左翼政治势力，加强总统权力，以"临时总统令"颁布一系列经济政策，如联邦政府出资收购过剩的咖啡，稳定咖啡价格；运用高关税保护国内市场，为发展工业创造市场条件；实施石油国有化，1938 年成立巴西国家石油公司；制订和实施五年计划，促进重工业、水电、铁路等领域的发展。拉萨罗·卡德纳斯的主要政治、经济改革包括将执政党的名称由"国民革命党"改变为"墨西哥革命党",党内设立工人部、农民部、人民部（政府部门的公共雇员）、军人部4个部门；进行土地和农业改革，以村社为单位，向村社社员分配土地，成立支持农业和农村发展的村社银行、农业银行等国有金融机构，对小麦、玉米等主要粮食作物实行"统购统销"；实施石油国有化，1938年成立墨西哥国家石油公司。智利人民阵线包括激进党、社会党、共产党、民主党、智利劳工联合会，人民阵线政府的经济政策重点在于扩大政府在经济中的作用，例如，成立国有性质的生产开发公司，投资和促进工业发展；运用财政补贴、关税保护等政策措施，发展工业，等等。胡安·庇隆的经济改革政策主要集中在两个领域：一是实施农牧产品出口专营，成立阿根廷贸易促进协会，由其代表政府，以低于国际市场的价格收购农牧产品，以国际市场价格出口农牧产品，价差部分为政府收入；二是实施大规模国有化，先后颁布两个"五年计划"，庇隆称为"经济独立计划"，其核心目标是促进工业发展，减少或消除外国资本对阿根廷经济的影响。在此阶段，民众主义政策的实施有两个明显特点，一是因财政支出较多而致使财政赤字扩大；二是缺乏系统的理论指导和政策体系。

第三个阶段为20世纪50年代以来的国家工业化和国家福利化探索。20世纪50—80年代初，以国家工业化为导向，拉美地区经历了左翼民众主义、右翼民众主义推进的内向型进口替代工业化，前者强调通过国家干预和收入再分配来改善民众福利，后者强调通过市场机制和经济增长来改善民众福利。20世纪80年代初以来，拉美地区在经历了债务危机冲击和进行了新自由主义试验后，绝大部分拉美国家通过立法，将保障和改善民众福利作为国家的主要责任之一，以此来调和农民与土地、劳动与资本、政府与市场、国家与世界的矛盾，凝聚政治共识、社会共识，继续推进国家工业化，以实现"独立自主、民生繁荣"。

第二节　国家工业化探索

1929—1980年拉美地区以进口替代工业化为主线的国家工业化探索可

以分为三个阶段，即先行阶段（1929—1950 年）、轻工业阶段（1950—1960 年）、重工业阶段（1960—1980 年）。

一 先行阶段

1929—1933 年世界经济大危机是改变拉美地区主流发展模式的一个重要因素，拉美地区的主流发展模式由外向型的初级产品出口导向转变为内向型的进口替代工业化。世界经济大危机使拉美地区的初级产品出口和经济增长受到冲击，初级产品价格下跌，出口量减少，外汇收入减少。对于外部世界，拉美国家不仅难以进口农牧业机械等生产设备和电话、汽车等消费品，而且再次出现债务危机，除阿根廷等个别国家外，大部分欠有外债的拉美国家无力清偿到期债务，1935 年拉美国家 97.7% 的美元债券出现违约。[①] 在国家内部，经济衰退全面激化了社会矛盾、政治矛盾、政教矛盾。

在上述形势下，巴西、墨西哥、阿根廷、智利等少部分拉美国家开始尝试国家主导的进口替代工业化，主要政策措施包括：第一，限制进口，保护本国工业；第二，制定、实施产业政策和工业发展规划；第三，能源、矿产等资源国有化，或提高国家在这些资源收益中的分成比例，例如，委内瑞拉的 1943 年石油法将产量税税率由此前的 9.0% 提高至16.67%，1945 年政府与石油公司分配石油利润的比例调整为 50∶50[②]；第四，兴办国有企业；第五，发展农业。第二次世界大战期间，拉美国家初级产品出口增加，尤其是橡胶、石油、铜等战争物资以及农牧产品的出口，这不仅改善了拉美国家的国际收支状况，增加了外汇储备，而且带动了经济增长。巴西、墨西哥、阿根廷三个进口代替工业化先行国的经济增长绩效较为显著，1929—1950 年阿根廷的年均 GDP 增长率（按 2012 年美元不变价计）为 2.4%，巴西为 4.1%，墨西哥为 3.7%。[③]

---

① Luis Bértola, José Antonio Ocampo, *The Economic Development of Latin America since Independence*, Oxford University Press, 2012, p. 144.

② 谢文泽：《中国—委内瑞拉双边关系发展 70 年回顾与评价》，《拉丁美洲研究》2019 年第5 期。

③ Alexander V. Avakov, *Two Thousand Years of Economic Statistics：Population, GDP at PPP, and GDP Per Capita, Years 1 to 2012, Volume 2：by Country*, New York, Algora Publishing, 2015. 根据第 263、273、329 页数据计算。

二 轻工业阶段

1950 年前后初步形成的结构主义理论是推动拉美地区进入进口替代工业化发展阶段的重要因素。第二次世界大战结束后，世界形势出现了以苏联为首的社会主义阵营和以美国为首的资本主义阵营之间的"冷战"格局，拉美国家属于资本主义阵营。面对新的国际政治格局，拉美国家追求"独立自主"的目标面临挑战。美国的经济援助重点向西欧和以日本为主的东亚地区倾斜，美、欧、日在资本主义阵营和全球经济中的地位趋于提高，面对新的国际经济格局，拉美国家追求"民生繁荣"的目标也面临挑战。在学术探讨、政策争论、先行实践基础上，产生了结构主义理论，该理论提出了以国家主导、政府干预、改善福利为三个基本点，全面实施进口替代工业化的政策主张。

进口替代工业化成为拉美地区主流发展模式，巴西、墨西哥、阿根廷等主要拉美国家属于第一梯队，中美洲国家于 20 世纪 60 年代开始进行进口替代工业化，玻利维亚、海地等少数国家未大规模开展进口替代工业化。资源密集型、劳动密集型的非耐用消费品产业是轻工业阶段进口替代工业化的主要产业，资本品、化工产品等重工业和化工业产品仍需依赖进口。围绕国家与世界的"中心—外围"关系，一方面，推进构建"世界经济新秩序"，力争改善拉美国家初级产品贸易条件；另一方面，启动拉美地区经济一体化进程，试图解决国内市场狭小对工业化的制约问题，同时提高拉美国家的国际经济地位。围绕政府与市场，除高度市场保护外，还采取价格管制、统购统销等市场管制措施。围绕劳动与资本，限制甚至排斥外国资本，限制或管制本国私人资本，壮大国有资本，为产业工人创造更多就业机会，保障和改善产业工人的福利水平。1950—1960 年拉美地区的年均 GDP 增长率为 4.6%，在主要拉美国家中，巴西高达 6.2%，委内瑞拉为 5.9%，墨西哥为 5.3%，秘鲁为 4.8%，厄瓜多尔为 4.5%，哥伦比亚为 4.2%，智利为 3.6%，阿根廷为 2.5%。[①] 这一阶段的经济增长有

---

① CEPAL, *América Latina y el Caribe：Series Regionales y Oficiales de Cuentas Nacionales 1950 – 1998*，Cuaderno Estadístico de la CEPAL N°27，CEPAL, Santiago de Chile, 2000, p. 21. 根据 Cuadro 1 中的数据计算。

以下四个显著特点。

第一，初级产品出口是主要外汇收入来源。朝鲜战争（1950—1953年）结束后，初级产品出口减少，外汇收入相应减少，除巴西、阿根廷、秘鲁、委内瑞拉等少部分国家外，其他拉美国家商品贸易顺差有所减少甚至出现逆差。

第二，内需是拉动经济增长的主要引擎，受工资和福利水平有所改善的影响，1945—1957 年内需对拉美地区 GDP 增长的贡献率高达 94.5%，进口替代工业化的贡献率为 9.1%，商品和服务净出口的贡献率则为－3.6%。[①]

第三，大部分拉美国家采取扩张性财政政策和货币政策，重点支持教育、医疗、交通、能源、通信、城市建设、农业、工业等公共服务、基础设施和实体经济部门的发展，财政赤字和国际收支赤字主要依靠国际货币基金组织贷款予以平衡和支持。

第四，农村地区的农地矛盾、城市非正规经济部门和正规经济部门的矛盾趋于固化和复杂化。除墨西哥进行了较大规模的农村村社土地分配外，其他国家的土地分配较为有限。

为了增加农牧产品出口和增加外汇收入，包括墨西哥在内的拉美国家逐渐转向保护和支持出口导向型的大地产制。私人土地所有制、农业机械化程度提高将大量农村劳动力排挤出来，迫使他们向城市流动。1960 年部分拉美国家的城市化率达到 50% 以上，如乌拉圭为 80.2%，阿根廷为73.6%，智利为 67.8%，委内瑞拉为 61.6%，墨西哥为 50.8%。1950—1960 年巴西的城市化率由 36.2% 提高至 46.1%，秘鲁由 41.0% 提高至46.8%。[②] 在城市地区，以中产阶层、产业工人为主的正规就业相对有限，绝大部分流入城市的农村剩余劳动力成为非正规就业人员，非正规经济部门扩大。城市非正规就业人员、农村无地和少地农民被排除在进口替代工业化进程和国家福利体系之外，争取正规权益和土地的运动日益高涨，甚

---

① Luis Bértola, José Antonio Ocampo, *The Economic Development of Latin America since Independence*, Oxford University Press, 2012, p. 158. 根据 Table 4.4 中的数据计算。

② Department of Economic and Social Affairs, United Nations, *World Urbanization Prospects* 2018, https://population.un.org/wup/DataQuery/.

至多次发生暴力冲突。主要代表中产阶层和产业工人利益的政治势力与主要代表地产主利益的政治势力之间的政治矛盾趋于激化，政治冲突不断。

三　重工业阶段

1961 年古巴宣布加入社会主义阵营。为了避免农地矛盾、劳资矛盾继续激化而引发更多社会主义革命，美国在拉美地区发起"争取进步联盟"（1961—1971 年）倡议，以增加经济援助为条件，要求拉美国家进行政治、经济和社会改革。与此同时，美国和欧洲出现一轮经济繁荣周期，主要欧美国家经济持续增长，跨国公司迅速扩张，国际贸易和国际投资大量增加。以日本为先导的部分东亚经济体通过实施出口导向型发展模式，开始进入"经济起飞"阶段。在拉美地区，主要拉美国家普遍陷入宏观经济失衡，其突出表现是财政赤字、储蓄赤字、经常账户赤字，例如，1960—1970 年储蓄赤字（国内总储蓄与国内总投资之差）占 GDP 的比重由 −1.3% 扩大至 −1.7%[1]，经常账户赤字由 11.61 亿美元扩大至 28.65 亿美元。[2] 面对新的国际形势和国内社会矛盾、政治矛盾、宏观失衡加剧，部分拉美国家的军队将领、政府技术官僚、大地产主和大型工商业资本结成同盟，陆续通过军事政变而建立威权政府，如巴西（1964 年）、玻利维亚（1964 年）、阿根廷（1966 年、1976 年）、秘鲁（1968 年）、巴拿马（1968 年）、厄瓜多尔（1972 年）、智利（1973 年）、乌拉圭（1973 年）等。

以巴西的军人威权政府（1964—1985 年）为例。为应对经济危机，1964 年 3 月巴西古拉特政府提出了激进的经济社会改革方案，包括土地分配，外资国有化，给予文盲和现役军人选举权，共产党合法化，等等。为了阻止古拉特政府的改革，米拉斯吉拉斯州和圣保罗州的军队向里约热内卢进军，古拉特被迫流亡乌拉圭。巴西军人威权政府以临时制度代替宪法，1964 年 4 月至 1968 年 12 月陆续颁布了五个制度法，依次为《第一号

---

① CEPAL, *América Latina y el Caribe：Series Regionales y Oficiales de Cuentas Nacionales 1950 – 1998*，Cuaderno Estadístico de la CEPAL N°27，CEPAL，Santiago de Chile，2000，pp. 21，45，47. 根据 Cuadro 1、Cuadro 25、Cuadro 27 中的数据计算。

② CEPAL, *Anuario Estadístico de América Latina*，1973，CEPAL，agosto de 1974，pp. 62，63.

制度法》至《第五号制度法》，《第五号制度法》执行至 1979 年，历时 11
年。军人威权政府高压控制社会矛盾、政治矛盾的政策措施主要集中在两
个方面。第一，清洗反对者和武力镇压民众运动。第二，高度集权。《第
五号制度法》授予联邦政府 11 项特权，如关闭联邦、州和市议会；取消
联邦、州和市各级选举；剥夺公民 10 年的政治权利；处置联邦、州、市各
级政府雇员；解雇、解职、调离法官；随时宣布紧急状态；将私人财产收
归国有；取消政治犯人身保护权利；将政治犯交由军事法庭审判；颁布法
律和补充法；禁止司法部门审议任何根据《第五号制度法》被指控的
案件。

　　无论是墨西哥等民众主义政府，还是巴西等军人威权政府，陆续转向
侧重于"土地—资本—市场—世界"的右翼民众主义政策，主要表现在四
个方面。第一，继续推进进口替代工业化，工业化重心由非耐用消费品转
向耐用消费品和资本品，如汽车、家用电器、钢铁、化工、机械设备等。
1960—1980 年拉美地区制造业年均增长率约为 6.7%。制造业占 GDP 的比
重由 20.1% 提高至 23.9%。金属和机械设备制造业占加工制造业总产值的
比重，1960—1975 年巴西由 17.8% 提高至 22.4%，1960—1980 年阿根廷
由 15.9% 提高至 28.8%，墨西哥由 12.6% 提高至 21.2%。[①] 第二，围绕土
地，支持和鼓励外向型农业，以增加农牧产品出口。墨西哥等国家率先发
起"绿色革命"。继续推进资源国有化或提高政府在资源收益中的分配比
例，以增加政府财政收入。针对农地矛盾，为了获得美国"争取进步联
盟"倡议的资助，拉美国家程度不同地进行了有限土地分配。第三，围绕
资本，注重国有资本、本国私人资本、外国资本的合作，三者之间的合作
被称作"三驾马车"的混合模式。第四，围绕市场和世界，放松市场管
制，注重出口导向，提出"促进出口"和"出口多样化"的方针，并相应
调整汇率、税收、关税等政策。1973 年政变上台的智利奥古斯托·皮诺切
特（1915—2006 年）军人威权政府（1973—1990 年）在拉美地区率先实
施新自由主义改革。

---

① CEPAL, *Anuario Estadístico de América Latina*, 1983, CEPAL, junio de 1984, pp. 141, 148,
149. 1960—1980 年拉美地区制造业年均增长率根据第 141 页数据计算。

右翼民众主义政策有两个主要指导思想。一是"先增长，后分配"，认为经济增长的成果会自然而然地惠及贫困人口和弱势群体，并将设想的效果称作"涓滴效应"。二是"先城市，后农村"，认为城市是农村地区农地矛盾的"减压阀"，即农村人口流入城市会缓解农地矛盾。1960—1980年拉美地区年均 GDP 增长率约为 6.1%。① 在此期间，2 万人以上的城市人口占总人口的比重，阿根廷由 59.1% 提高至 70.6%，巴西由 30.7% 提高至 52.2%，墨西哥由 36.1% 提高至 51.4%，其他国家均有不同幅度的提高。农业就业比重由 47.9% 降至 32.0%。② 1967—1972 年贫困家庭占家庭总数的比重，巴西为 54%，哥伦比亚为 48%，智利为 39%，墨西哥为 48%，秘鲁为 48%，委内瑞拉为 38%。③ 1980 年非正规就业人员占劳动力总人数的比重，秘鲁为 49.7%，巴西为 33.0%，阿根廷为 23.0%。④ 这意味着，20 世纪六七十年代，拉美地区虽然经历了高速经济增长和快速城市化进程，但仍有 1/3 左右的劳动力主要从事农业生产，有 1/3 左右的劳动力处于非正规就业状态，40% 以上的家庭处于贫困状态。

大部分拉美国家的宏观失衡进一步加剧，例如，1970—1980 年拉美地区政府消费增长了 103.5%，年均增长 6.7%⑤，致使财政赤字不断扩大。1965—1980 年固定资产投资占 GDP 的比重由 17.1% 提高至 22.4%，储蓄赤字占 GDP 的比重由 0.3% 扩大至 2.8%。⑥ 1970—1980 年经常账户赤字由 21.4 亿美元扩大至 240.3 亿美元。⑦ 20 世纪中后期，为了弥补财政赤

① CEPAL, *Anuario Estadístico de América Latina*, 1983, CEPAL, junio de 1984. 根据第 192、193 页数据计算。

② CEPAL, *Anuario Estadístico de América Latina y el Caribe*, 1990, CEPAL, marzo de 1991, pp. 7, 719, 721. 农业就业比重根据第 719、721 页数据计算。

③ CEPAL, *Anuario Estadístico de América Latina*, 1983, CEPAL, junio de 1984, pp. 78, 79, 85.

④ CEPAL, *Anuario Estadístico de América Latina y el Caribe*, 1990, CEPAL, marzo de 1991. 根据第 713 页数据计算。将无固定工资收入的非农业自主就业和家政服务人员作为非正规就业人员。

⑤ CEPAL, *América Latina y el Caribe: Series Regionales y Oficiales de Cuentas Nacionales 1950 – 1998*, Cuaderno Estadístico de la CEPAL N°27, CEPAL, Santiago de Chile, 2000. 根据第 33 页数据计算。

⑥ CEPAL, *Anuario Estadístico de América Latina*, 1983, CEPAL, junio de 1984. 根据第 192—195 页数据计算。

⑦ CEPAL, *Anuario Estadístico de América Latina*, 1983, CEPAL, junio de 1984, pp. 448, 449.

字、储蓄赤字、国际收支赤字，拉美国家大规模举借外债，1978—1980 年拉美地区年末外债余额由 1508.9 亿美元增至 2777 亿美元。[①]

第三节　国家福利化探索

1982 年 8 月墨西哥宣布无力偿还到期外债，引发了席卷拉美地区的债务危机，绝大部分拉美国家陆续进行了民主化、市场化、自由化改革，政治、经济、社会发展发生了巨大变化。

一　20 世纪 80 年代债务危机

1978—1981 年墨西哥年均 GDP 增长率约为 6.3%，消费和投资是拉动经济增长的两大主要引擎，但消费和投资的快速增长加剧了墨西哥的宏观失衡，宏观失衡是引发债务危机的重要内因之一。1981 年前后，财政赤字占 GDP 的 18.0%[②]，储蓄赤字占 GDP 的 10.0%。1978—1981 年墨西哥经常账户赤字由 32.6 亿美元扩大至 140.7 亿美元。[③] 举借外债是平衡宏观失衡的重要措施，石油出口收入是偿还外债的主要资金来源。美国大幅度提高利率水平增加了墨西哥的债务利息，美元升值使石油价格大幅度下跌，墨西哥的石油出口收入减少，难以按期、足额偿还到期外债本息。

在墨西哥宣布债务违约之前，智利、玻利维亚、乌拉圭已经发生金融危机或债务危机。债务危机爆发后，国际货币基金组织和美国进行了"三步走"干预。第一步为 1981—1984 年的国际货币基金组织"拯救"机制，主要有三方面的措施。第一，债务重组，按商业条件重新安排到期债务本金。第二，"利息转为本金"，债权银行向债务国提供"非自愿贷款"以偿还部分到期利息。第三，监督债务国进行经济调整，要求拉美国家实施紧

---

① CEPAL, *Anuario Estadístico de América Latina y el Caribe*, 1985, CEPAL, agosto de de 1986, p. 522.

② 刘文龙：《墨西哥通史》，上海社会科学院出版社 2014 年版，第 349 页。

③ CEPAL, *Anuario Estadístico de América Latina*, 1983, CEPAL, junio de 1984. 根据第 343、345 页数据计算。

缩型财政政策，增加税收，减少支出，实现财政盈余；严格限制政府部门举借外债；减少对国有企业的财政投入和补贴，对国有企业加征税收；削减公共服务补贴，提高公共服务价格；实行浮动汇率；利率市场化；降低关税税率，减少贸易限制等。这三方面的措施被称作国际货币基金组织"拯救"机制。第二步为 1985—1988 年的"贝克计划"，鉴于美国的商业银行是主要债权银行，为了帮助美国的商业银行摆脱拉美地区的债务危机，时任美国财长詹姆斯·贝克提出了债务重组计划，其主要措施有三项，即继续执行国际货币基金组织"拯救"机制；欧美发达国家的主要商业银行筹集 200 亿美元贷款基金，用以支持重债国债务重组；世界银行、国际货币基金组织等多边金融机构向重债国追加 90 亿美元贷款。① 第三步为 1989—1991 年的"布雷迪计划"，这是由时任美国财长尼古拉斯·布雷迪提出的债务重组计划，1991 年开始实施，主要内容有 3 项，即风险分担，国际货币基金组织、世界银行、各债权国政府共同采取降息、减债等措施，帮助债务国减轻债务负担；商业优先，要求债务国依照债权银行，尤其是商业银行的要求，将贷款转换为"布雷迪债券"；担保支持，美国财政部和国际货币基金组织为债务重组计划，尤其是布雷迪债券，提供担保支持。"三步走"干预对拉美地区的外债主要有两个方面的影响。第一，拉美地区的外债"越还越多"，1982—1991 年拉美地区年末外债余额由3277.6 亿美元增至 4342.0 亿美元②，增加了 32.5%。第二，发行债券成为拉美国家政府、企业进行国际融资的重要手段。

　　拉美国家应对债务危机的主要"自救"措施是财政赤字货币化。一方面，债务危机演化为经济危机，经济大幅度衰退，财政收入减少；另一方面，财政支出的经常项目较为刚性，并且因失业人口和贫困人口增加，社会支出相应增加，致使财政支出难以削减，甚至还要增加。在国内净储蓄、举借外债不足以平衡财政赤字的情况下，增发货币是平衡财政赤字的主要自救措施。但增发货币也是导致恶性通货膨胀的重要因素

---

① 王丹：《从"贝克计划"到"布雷迪计划"——美国债务政策的新变化》，《银行与企业》1990 年第 3 期。

② CEPAL, *Anuario Estadístico de América Latina y el Caribe*, 1992, CEPAL, marzo de 1993, pp. 504，505。

之一。1982—1990 年阿根廷大布宜诺斯艾利斯地区的年均通货膨胀率约为 437%，巴西圣保罗为 317%，墨西哥城为 61%，1988—1990 年秘鲁利马为 1279%。①

债务危机爆发后，拉美各国急于寻求解决危机的出路。在这一背景下，新自由主义思潮主要通过三种渠道进入拉美地区。一是新自由主义学派经济学家的影响，例如，1973 年智利皮诺切特军政府实施的新自由主义试验。二是国际货币基金组织、世界银行要求拉美国家实施新自由主义经济政策。三是"贝克计划"提出了具体的新自由主义经济政策，如紧缩财政、开放市场、允许资本自由流动、向自由市场经济过渡、实行国有企业私有化、发挥私人企业积极性等。新自由主义理论认为，结构主义理论和政策是导致拉美国家长期宏观失衡的主要原因，例如，不受监督和约束的扩张性财政政策导致财政赤字；重消费、轻储蓄的民众主义工资和福利政策造成过度消费和超前"福利"，导致长期存在储蓄赤字；限制外资自由流入和商品自由贸易，导致经常账户赤字和国际收支逆差；等等。针对结构主义，新自由主义的政策主张包括五方面内容。第一，"小政府、大市场"，改革政府在经济中的作用，减少对市场的调节，以发挥企业的活力；压缩政府作为商品和服务生产者的职能，实行国有企业私有化；将政府行为集中于提供社会服务和制定规章制度，以便从宏观和微观方面为经济增长提供政策支持。第二，外向发展，实行外向型经济政策，采取有竞争力的汇率政策，降低对进口的过度保护，采用国际上可以接受的鼓励出口措施。第三，消除储蓄赤字，抑制消费，鼓励储蓄，适当提高存款利率以增加内部储蓄。第四，消除财政赤字，严肃财政纪律，改革税制，增收节支。第五，允许外资自由流动，通过鼓励和吸引外资流入，使外资成为修复宏观失衡的一个重要因素。新自由主义具有"顺周期性"，面对经济衰退，新自由主义主张压缩财政开支和提高利率，即紧缩性财政和金融政策，这反而加重了经济衰退，甚至导致经济"休克"。

拉丁美洲和加勒比经济委员会不断反思债务危机和拉美发展问题，与

---

① CEPAL, *Anuario Estadístico de América Latina y el Caribe*, 1992, CEPAL, marzo de 1993. 根据第 426、427 页数据计算。

新自由主义进行辩论，吸收其他学派的理论，对结构主义理论进行了修正。拉丁美洲和加勒比经济委员会继续坚持"中心—外围"论，认为国际经济关系的特点仍然是中心国家与外围国家之间的不对称、不平等关系。主张改造生产结构，将"内向型发展"转变为"内生型发展"。建议拉丁美洲和加勒比国家以经济合作与发展组织为发展目标，即拉丁美洲和加勒比国家的经济、社会、政治、环境发展应达到经济合作与发展组织的一般水平。为实现此目标，拉丁美洲和加勒比经济委员会的政策主张主要集中在五个方面。第一，强调国家干预和政府作用，坚持市场调节和国家干预相结合，强调为保持市场活力进行有选择的政府干预，尤其是在基础设施建设、私人部门不作为（市场失灵）、宏观经济管理、收入分配等领域。第二，继续推进工业化进程，促进技术进步，改造生产结构，改变初级产品出口依赖型经济结构，谋求自主的、内生的经济增长。第三，重视宏观均衡，稳定物价和汇率，鼓励国内储蓄，努力实现财政赤字主要由内部储蓄予以平衡；与此同时，鼓励出口创汇，缩小外债规模，缩小国际收支赤字，减少外部融资依赖。第四，加强拉丁美洲和加勒比地区与世界，尤其是与中国、美国、欧盟等"中心"经济体的合作。坚持"开放的地区主义"，在推进地区一体化的基础上，开展多边主义合作，提高拉丁美洲和加勒比地区与世界合作的能力和水平。第五，以国家福利化为导向，建设参与式民主，调和农民与土地、劳动与资本、政府与市场、国家与世界的矛盾，凝聚政治共识、社会共识、国际合作共识，为实现发展目标采取共同行动。

二　经济、社会与政治转型

1981—2020 年拉美地区年均 GDP 增长率为 2.1%，经济增长速度较为缓慢，明显低于全球经济增长速度（年均增长率为 2.8%）。[①] 如图 5.1 所示，拉丁美洲和加勒比地区经历了四轮经济增长周期。1981—1990 年为"失去的 10 年"，受债务危机的冲击，年均 GDP 增长率约为 1.4%。

---

① 根据世界银行"World Development Indicators"统计数据制作，https：//databank. world-bank. org。

1991—2002 年为动荡阶段，受墨西哥比索危机、巴西金融危机、阿根廷金融危机等因素的影响，拉美地区年均 GDP 增长率约为 2.5%。2003—2013年为进入 21 世纪以来的第 1 个繁荣周期，虽然发生了国际金融危机，但在初级产品出口增长的带动下，地区年均 GDP 增长率约为 3.4%。2013—2020 年为"失速阶段"，受初级产品价格下跌等因素影响，地区年均 GDP增长率为 -0.1%。2020 年受全球突发性新冠疫情的冲击和影响，拉丁美洲和加勒比地区的 GDP 增长率为 -6.8%[①]，人均 GDP 倒退回 2007 年的水平（按 2010 年美元不变价格计）。

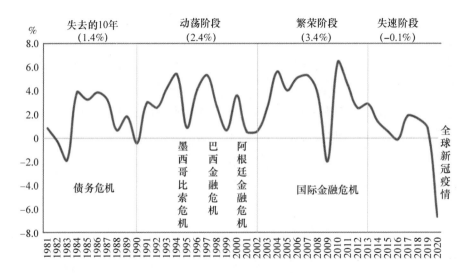

图 5.1　1981—2020 年拉美地区 GDP 增长率

资料来源：根据世界银行"World Development Indicators"统计数据制作，https：//data-bank. worldbank. org。

　　20 世纪 80 年代以来，拉丁美洲和加勒比地区的经济转型有五个显著特点。第一，出现了三种专业化程度较高的出口导向模式，即初级产品出口、加工组装出口、服务出口。拉丁美洲和加勒比地区有 17 个国家属于初级产品依赖型经济体，如巴西、阿根廷、智利、秘鲁、委

---

　　① 联合国拉丁美洲和加勒比经济委员会"CEPALSTAT"数据库，https：//statistics. cepal. org。

内瑞拉等。① 加工组装出口产业主要集中在墨西哥，中美洲地区也有少量分布。利用与美国相邻的地理优势，墨西哥自 20 世纪 60 年代开始发展加工组装出口产业，称为"客户工业"。2010 年以来，墨西哥工业制成品出口额占拉丁美洲和加勒比地区工业制成品出口总额的 66% 左右。② 航运、旅游、离岸金融、商务服务等服务业对巴拿马和加勒比海地区的国家（地区）经济社会发展具有重要影响。第二，国有经济发挥重要作用。尽管进行了私有化改革，但大部分拉美国家保留了涉及国计民生的战略性国有企业，如能源、矿业、基础设施等国有企业。在铁路、公路等交通基础设施领域，大部分国家实施了私营化，但基础设施资产所有权、处置权仍掌握在国家和政府手中。进入 21 世纪以来，大部分拉美国家重新重视和加强国有经济。第三，持续探索工业化，力争振兴制造业。1980—1990 年制造业占地区 GDP 的比重约为 24.9%，对地区 GDP 增长的贡献率约为 8.0%。③ 2010—2019 年制造业占地区 GDP 的比重降至 13.0%，对地区 GDP 增长的贡献率为 -3.4%。④ 第四，家庭消费是支撑经济增长的重要支柱之一。1980—1990 年家庭消费占地区 GDP 的比重约为 70%，对地区 GDP 增长的贡献率约为 65.4%。⑤ 2010—2019 年家庭消费占地区 GDP 的比重降至 64.1%，对地区 GDP 增长的贡献率降至 60.4%。⑥ 第五，由于经济增长相

---

① United Nations Conference on Trade and Development （UNCTAD）, *Commodity Dependence, Climate Change and the Paris Agreement*: *Commodities & Development Report 2019*, United Nations, 2019, p. 71, Annex A. 拉美地区的 17 个初级产品依赖型经济体为：阿根廷、伯利兹、玻利维亚、巴西、智利、哥伦比亚、厄瓜多尔、危地马拉、圭亚那、牙买加、巴拉圭、秘鲁、圣卢西亚、苏里南、特立尼达和多巴哥、乌拉圭、委内瑞拉。

② 根据联合国拉丁美洲和加勒比经济委员会"CEPALSTAT"数据库计算，https：//statis-tics. cepal. org。

③ CEPAL, *América Latina y el Caribe*: *Series Regionales y Oficiales de Cuentas Nacionales 1950 – 1998*, Cuaderno Estadístico de la CEPAL N°27, CEPAL, Santiago de Chile, 2000. 根据第 21、24、34 页数据计算。

④ 根据联合国拉丁美洲和加勒比经济委员会"CEPALSTAT"数据库计算，https：//statis-tics. cepal. org。

⑤ CEPAL, *América Latina y el Caribe*: *Series Regionales y Oficiales de Cuentas Nacionales 1950 – 1998*, Cuaderno Estadístico de la CEPAL N°27, CEPAL, Santiago de Chile, 2000. 根据第 21、24、34 页数据计算。

⑥ 根据联合国拉丁美洲和加勒比经济委员会"CEPALSTAT"数据库计算，https：//statis-tics. cepal. org。

对缓慢，绝大部分拉丁美洲和加勒比国家长期滞留在中等收入发展阶段。1987—2020 年拉丁美洲和加勒比地区有 7 个国家成为高收入经济体，其中 5 个属于加勒比国家，即安提瓜和巴布达、巴巴多斯、巴哈马、圣基茨和尼维斯、特立尼达和多巴哥；2 个位于南美洲，即乌拉圭、智利。阿根廷、巴西、墨西哥、委内瑞拉等拉美国家曾一度跨入高收入经济体行列，后又跌落回中高收入经济体行列。

　　20 世纪 80 年代以来，都市化是拉美地区城市化进程的一个显著特点。30 万人以上的城市可被定义为都市，按此标准计算，1981—2020 年拉丁美洲和加勒比地区的都市数量由 97 个增加至 210 个，都市人口由 1.27 亿增至 3.21 亿，都市人口占总人口的比重由 34.1% 提高至 48.3%。[①] 都市化对拉丁美洲和加勒比地区的社会转型发生了重大影响，主要有三个方面的表现。第一，形成了影响较大的两大社会关系，即以城市社区为基础的社缘关系，以及以劳动分工、职业划分、共同利益为基础的职缘关系。第二，社会分化为三大阶层，即精英阶层、正规阶层、非正规阶层。第三，社会与国家相对立，在欧美公民社会思潮、拉美地区自治传统等多种因素的影响下，土著人组织、社区组织、社会运动组织、非政府组织等形形色色的社会组织要求拥有自治权，并以这些自治组织为单位参与国家政治和政府决策，美国甚至将拉丁美洲和加勒比地区的社会组织与拉美国家的政府并列起来。非正规阶层主要集中在非正规社区（如贫民窟等），正规阶层主要居住在正规社区，而精英阶层主要集中在富人社区，三类社区界限分明，彼此处于相对隔离状态，使社缘关系在一定程度上横向割裂社会。不同政党、利益集团、社会组织以纵向联系为主，彼此之间的政治矛盾、利益冲突较多，因此，职缘关系在一定程度上纵向割裂社会。农民与土地、劳动与资本、政府与市场、国家与世界之间的横向矛盾，民众与政府、国家的纵向矛盾，错综复杂地交织在一起。

　　自 20 世纪 80 年代兴起民主化浪潮以来，拉美国家完成了政治转型，多党制、代议制/参与制民主政治取代了此前的民众主义政治或威权政治。

---

　　① Department of Economic and Social Affairs, United Nations, *World Urbanization Prospects 2018*, https：//population. un. org/wup/DataQuery/. 根据拉美地区数据计算。

政治转型进程可以分为三个阶段。20 世纪 80 年代以"还政于民"、恢复政党政治为主流，如巴西、智利等国家陆续恢复了民主选举，文人政府上台执政。受新自由主义思潮的影响，自由主义政党赢得了大部分拉美国家的执政地位，全面实施侧重于土地、资本、市场和世界的自由主义政策，削弱甚至力求取消民众福利、政府管制、国家干预。墨西哥等个别民众主义政党长期执政的国家也转向多党制、自由化政策。20 世纪 90 年代，面对新自由主义政策对民众造成的负面冲击，如失业、非正规就业、贫困人口大幅度增加，收入分配差距急剧扩大，社会矛盾和冲突激化，右翼民众主义政党在秘鲁、阿根廷等国家上台执政，这些政党试图在民众主义政策和自由主义政策之间寻求平衡。进入 21 世纪以来，除古巴外，绝大部分拉丁美洲和加勒比国家的政党可以分为四组、九类。第一组为无产阶级政党，可分为执政党、非执政党两类，古巴共产党属于前一类，其他拉丁美洲和加勒比国家的共产党属于后一类，但巴西、智利、委内瑞拉等国家的共产党局部执政或阶段性参政。第二组为左翼政党，侧重于"农民—劳动—政府—国家"，包括激进民众主义政党、温和民众主义政党两类，委内瑞拉统一社会主义党属于前一类，巴西劳动党、阿根廷正义党等属于后一类。第三组为中间党派，可分为民主社会党、地方性政党两类，注重协调矛盾与政党联盟。第四组为右翼政党，侧重于"土地—资本—市场—世界"，可分为保守派、温和派、极右派三类。除古巴外，其他拉丁美洲和加勒比国家的政治碎片化程度比较高，在一些拉美国家，十几个甚至数十个政党在国会或议会中拥有席位，执政党需与其他政党结成执政联盟，持反对立场的政党则往往组成反对派联盟，执政联盟与反对派联盟相互对峙或抗衡。

三　探索建设福利国家

在"一人一票"的民选环境中，一个政党要想赢得和坐稳总统宝座，必须获得足够多的选民的支持。拉丁美洲和加勒比地区的民众主义政党、中间党派、自由主义政党普遍采取了国家福利化执政路线，主要有两方面的表现：一是强调政府的社会发展职责，例如，增加政府的社会开支，迎合各阶层选民的利益诉求；二是强调政府的社会凝聚职责，与公民共同管理国家，以赢得各阶层选民的认同和支持。

通过完善和发展社会保障体系，探索建设保障型社会。拉丁美洲和加勒比地区有三种较有影响的社会保障模式。一是社会发展型，属于非缴费型，保障对象是贫困人口，代表性措施是有条件现金转移支付，实施国家包括厄瓜多尔、危地马拉、洪都拉斯、牙买加、巴拉圭、秘鲁、多米尼加等。二是社会保障型，以缴费型为主、非缴费型为辅，如阿根廷、巴西、智利、哥斯达黎加、乌拉圭等。三是混合型，以非缴费型为主、缴费型为辅，如玻利维亚、哥伦比亚、萨尔瓦多、墨西哥、巴拿马等。

通过增加政府的社会发展支出，力图普遍提高民众福利水平。进入 21 世纪以来，绝大部分拉丁美洲和加勒比国家通过修宪、立法，将建设福利型国家作为主要发展目标之一。为普遍保障或改善民众福利水平，绝大部分拉丁美洲和加勒比国家的宪法和法律对中央（联邦）政府的社会发展支出作出了明确和详细的规定。绝大部分拉丁美洲和加勒比国家的社会发展支出有所增加，2001—2005 年拉丁美洲国家中央（联邦）政府的社会发展支出占 GDP 的年均比重约为 8.6%，2015—2019 年提高至 11.1%；同期，社会发展支出占中央（联邦）政府财政支出的比重由 46.9% 提高至 52.0%。2015—2019 年智利、哥伦比亚、哥斯达黎加、巴西、阿根廷、危地马拉、尼加拉瓜、巴拉圭、乌拉圭等拉美国家中央（联邦）政府的财政支出，50% 以上用于社会发展支出，智利甚至高达 69.2%。2001—2005 年至 2015—2019 年，部分加勒比国家中央政府的社会发展支出占 GDP 的年均比重由 6.6% 提高至 11.4%，占财政支出的比重由 35.0% 提高至 41.0%。[①]

国家福利化面临两大挑战。第一，消除绝对贫困任重道远。2017—2019 年拉丁美洲和加勒比地区的赤贫率（绝对贫困人口占总人口的比重）约为 10.7%，农村赤贫率超过 21.1%，城市赤贫率约为 8.1%。[②] 2020 年

---

① 根据联合国拉丁美洲和加勒比经济委员会 "CEPALSTAT" 数据库计算，https：//statis-tics. cepal. org。

② 根据联合国拉丁美洲和加勒比经济委员会 "CEPALSTAT" 数据库计算，https：//statis-tics. cepal. org。

受新冠疫情影响，拉丁美洲和加勒比地区的赤贫率升至 13.1%。[①] 第二，财政可持续性压力较大。社会发展支出是导致财政赤字居高不下的主要因素之一，向土地、资本、市场和世界征税（或融资）是平衡财政赤字的基本措施，民众主义政党倾向于加强征税，自由主义政党倾向于改革和压缩社会发展支出，结构主义理论则主张改革税制和加强税收征管效率。

第四节　中拉关系跨越式发展

新中国成立以来，中拉关系的发展进程可以划分为四个阶段，即 1949—1971 年、1972—2001 年、2002—2013 年、2014 年以来。

一　跨越"冷战"樊篱

自 1949 年新中国成立至 1971 年中国恢复联合国合法席位，由于中拉双方分别属于社会主义阵营、资本主义阵营，除与古巴（1960 年）、智利（1970 年）建立外交关系并开展官方交流外，中拉交流以民间交往、党际交流为主，双边商品贸易较为有限。中国支持和声援古巴、巴拿马、多米尼加等拉美国家的反帝反霸斗争，支持加勒比国家的去殖民化进程和实现独立。经过长期的民间交往和党际交流，拉丁美洲和加勒比国家对新中国的了解和认识逐渐加深、客观，1971 年有 7 个拉丁美洲和加勒比国家支持恢复中国在联合国的合法席位，即古巴、墨西哥、智利、厄瓜多尔、圭亚那、秘鲁、特立尼达和多巴哥；有 5 个拉丁美洲和加勒比国家投了弃权票，即巴巴多斯、牙买加、巴拿马、阿根廷、哥伦比亚。

二　跨越贸易壁垒

1971 年中国恢复在联合国的合法席位后至 2001 年中国正式加入世界贸易组织，中拉关系的发展主要集中在四大领域。

---

① 联合国拉丁美洲和加勒比经济委员会 "CEPALSTAT" 数据库，https://statistics.cepal.org。

一是外交领域，中国与18个拉丁美洲和加勒比国家建立外交关系，即秘鲁（1971年）、阿根廷（1972年）、圭亚那（1972年）、牙买加（1972年）、墨西哥（1972年）、巴西（1974年）、特立尼达和多巴哥（1974年）、委内瑞拉（1974年）、苏里南（1976年）、巴巴多斯（1977年）、哥伦比亚（1980年）、厄瓜多尔（1980年）、安提瓜和巴布达（1983年）、玻利维亚（1985年）、格林纳达（1985年）、尼加拉瓜（1985年）①、乌拉圭（1988年）、巴哈马（1997年）。

二是多边合作领域，中国坚定支持拉美地区和平进程和拉美国家发起的200海里海洋权、资源主权等主张。

三是经贸合作领域，1978年中国开启改革开放进程，中拉经贸合作先慢后快，1979—2001年中拉商品贸易额由12.6亿美元增至126亿美元。②

四是"复关入世"领域，中国先是力争恢复关税及贸易总协定（以下简称"关贸总协定"）缔约国地位，后是加入世界贸易组织。在"复关"阶段（1986—1994年），中国得到了古巴、牙买加、墨西哥、秘鲁、乌拉圭、厄瓜多尔、萨尔瓦多、洪都拉斯等拉美国家的理解和支持。在"入世"阶段（1995—2001年），有9个拉美国家先后与中国完成了谈判，即智利（1999年）、委内瑞拉（1999年）、乌拉圭（2000年）、秘鲁（2000年）、古巴（2000年）、巴西（2000年）、阿根廷（2000年）、哥伦比亚（2000年）、墨西哥（2001年）。

三　经贸合作跨越式增长

中拉贸易实现"三级跳"，贸易、投资、金融合作全面展开。2002—2013年中拉商品贸易额在较短的时间内突破了200亿、1000亿、2000亿美元，2003年达到268.1亿美元，2007年达到1026.5亿美元，2011年达到2413.9亿美元。③在贸易增长的带动下，中拉经贸合作实现了一系列突破，尤其是在自由贸易、投资、金融合作等领域。

中国与智利、秘鲁、哥斯达黎加三国签订了自由贸易协定。2005年11

---

① 中国与尼加拉瓜1990年断交，2021年复交。
② 谢文泽：《改革开放40年中拉关系回顾与思考》，《拉丁美洲研究》2018年第1期。
③ 中国国家统计局："国家数据"数据库，http://www.stats.gov.cn/。

月中国与智利签订自贸协定，这是中国与拉丁美洲和加勒比国家签署的第一个自贸协定。2009 年 4 月中国和秘鲁签订自贸协定，2010 年 3 月 1 日正式生效。2010 年 4 月中国与哥斯达黎加签订自贸协定，2011 年 8 月 1 日正式生效。拉丁美洲和加勒比地区成为中国对外直接投资第二大目的地，2008—2013 年中国在该地区直接投资存量由 322.4 亿美元增至 861 亿美元。① 对外直接投资可分为非金融和金融两大类。中国在拉丁美洲和加勒比地区的非金融类直接投资主要集中在能源、矿产、基础设施、农业等领域，金融类直接投资主要集中在英属维尔京群岛和英属开曼群岛。中拉金融合作规模迅速扩大，2005—2012 年中国金融机构向委内瑞拉、巴西、阿根廷、厄瓜多尔等近 20 个拉丁美洲和加勒比国家发放贷款，主要用于支持这些国家的基础设施、民生工程、资源开发等项目。在众多的金融合作案例中，"中国—委内瑞拉联合融资基金"（以下简称"中委基金"）是联合融资机制的一个成功典范。

中拉双边关系形成三层次、多元化格局。双边关系深化升级，形成了"全面战略伙伴关系 + 战略伙伴关系 + 多种友好关系"的中拉关系格局。中国与巴西的双边关系升级为"全面战略伙伴关系"，与墨西哥、秘鲁、阿根廷、委内瑞拉、智利五国升级为"战略伙伴关系"，与牙买加、圭亚那等加勒比国家建立"共同发展的友好关系"，与特立尼达和多巴哥建立"互利发展的友好关系"，与古巴的关系定位为"好朋友、好同志、好兄弟"，等等。根据不同的伙伴关系定位，中国与有关拉丁美洲和加勒比国家建立了相应的双边磋商与合作机制，例如，中国与巴西的"中巴高层协调与合作委员会"、与墨西哥的外长级常设委员会、与委内瑞拉的高级混合委员会，等等。

四 推进构建中拉命运共同体

2014 年中拉建立平等互利、共同发展的全面合作伙伴关系，正式成立中国—拉丁美洲和加勒比国家共同体论坛（以下简称"中拉论坛"），中拉论坛是全面深化中拉全面合作伙伴关系的重要平台。2015 年、2018 年、

---

① 中国国家统计局："国家数据"数据库，http://www.stats.gov.cn/。

2021 年中拉论坛成功召开三届部长级会议（第三届为视频会议），连续重申中拉全面合作伙伴关系和中拉论坛的重要意义。共建"一带一路"引领中拉全面合作伙伴关系。2017 年中国与巴拿马签订共建"一带一路"双边文件，截至 2023 年 1 月已有 21 个拉丁美洲和加勒比国家与中国签订双边文件。

中国领导人确立了中拉关系发展的目标，即中拉成为携手共进的命运共同体。"五位一体"是推进构建中拉命运共同体的基本指导思想，即在政治领域，真诚互信；在经贸领域，合作共赢；在人文领域，互学互鉴；在国际事务领域，密切协作；在中拉关系领域，地区性、区域性合作与双边关系相互促进。高质量共建"一带一路"是推进构建中拉命运共同体的重要机制，中拉要彼此深化相互了解，提高政策沟通效率；推进陆海天网"硬连通"合作，改善中拉互联互通；扩大自由贸易网络，提高贸合作便利化程度，促进中拉贸易和产能合作；加强和深化金融合作，扩大货币互换规模，加强包括人民币清算中心、银行分支机构在内的金融基础设施建设，探索和创新金融合作新模式；加强人文交流、标准和规则对接等"软连通"合作。

墨西哥和中美洲地区共计 8 个国家，位于北美洲，介于美国和南美洲之间。这 8 个国家可合称为"中美洲地区"，其国土面积合计约 248.6 万平方千米，2020 年人口合计约 17967 万人，GDP 合计约 13435 亿美元。[①]墨西哥不仅是中美洲地区第一大国，也是拉丁美洲和加勒比地区主要大国之一，因此，本章将墨西哥单独作为一节，将其他 7 个国家合称为"中美洲国家"放在第二节进行介绍。

第一节　墨西哥

墨西哥是联邦制共和国，全称"墨西哥合众国"，西班牙语为主要使用语言，位于北美洲，北邻美国，墨美边境线长约 3125 千米；东南与危地马拉、伯利兹相邻。墨西哥是一个"两洋"国家，东临大西洋的墨西哥湾和加勒比海，西濒太平洋，国土面积约为 1964380 平方千米，国土面积居拉丁美洲和加勒比地区第三位，居世界第 14 位。作为经济合作与发展组织成员国，墨西哥属于中高收入经济体，2020 年人口数量约为 12893 万人，GDP 约为 10871 亿美元，[②] 人均 GDP 约为 8432 美元，人口数量和 GDP 均居拉丁美洲和加勒比地区第二位。墨西哥是 G20 成员之一，与美国、欧盟、日本等发达经济体均签订了自由贸易协定，与 10 个亚太经合组织

---

① 拉丁美洲和加勒比经济委员会"CEPALSTAT"数据，https：//statistics. cepal. org/，根据统计数据计算。

② 拉丁美洲和加勒比经济委员会"CEPALSTAT"数据，https：//statistics. cepal. org/。

（APEC）成员国签订了《全面与进步跨太平洋伙伴关系协定》（CPTPP）。①

一　独立以来的发展

（一）三个发展阶段

墨西哥于1821年正式独立，其发展进程可以划分为三个历史阶段，即1821—1929年、1929—2000年、2000年以来。

1821—1929年为考迪罗主政与资产阶级崛起阶段。19世纪20—70年代，墨西哥内乱外患不断。考迪罗、天主教会、大地产主被称为"三元寡头"，联合组成保守派。资产阶级、中小地主、中下级军官、知识分子组成自由派。保守派和自由派频繁争夺政权，在政权斗争中，考迪罗起着主导作用，他们频频发动政变，更换总统，1824—1848年墨西哥累计发生了250次政变或军事叛乱，更换了31位总统。② 1846—1848年的墨美战争不仅使墨西哥丧失了大片国土，而且使其一度处于国家解体的危险境地。1861年墨西哥发生债务危机，决定延迟两年偿付外债，法国、英国、西班牙以此为借口，结成同盟，武装干涉墨西哥。1864—1867年法国扶持马克西米利亚诺（奥地利皇帝的幼弟）担任墨西哥皇帝。1876—1911年是波菲利奥·迪亚斯独裁统治时期。迪亚斯主要代表外国资本家、大地产主、天主教会、考迪罗的利益。主要政策集中在三个方面。第一，土著人土地大规模私有化，加剧土地集中。1910年墨西哥一半的土地掌握在3000户大地产主手中；从事农业生产的1000万墨西哥人中，950万人没有土地。③第二，恢复天主教会特权，允许教会购买地产并垄断教育，使之成为独裁统治的工具。第三，允许外国资本家在墨西哥开采矿山、开办工厂、修建铁路、经营种植园。1910—1917年为"墨西哥革命"时期。1910年10月墨西哥爆发了由资产阶级领导的、以农民为主力的革命。作为革命成果，

---

① 《全面与进步跨太平洋伙伴关系协定》（CPTPP）于2018年签订并生效，11个成员国为：日本、新加坡、文莱、马来西亚、越南、澳大利亚、新西兰、加拿大、墨西哥、秘鲁、智利。

② 何勤华主编，夏秀渊等著：《法律文明史（第12卷·下）：近代亚非拉地区法—拉丁美洲法分册》，商务印书馆2017年版，第86页。

③ 林举岱主编：《世界近代史》，上海人民出版社1982年版，第678页。

1917 年墨西哥制定了 1917 年宪法。1917—1929 年受墨西哥革命、第一次世界大战等内外因素影响，墨西哥政治、经济、社会处于动荡状态，民众主义兴起。

1929—2000 年为革命制度党连续执政阶段。1929 年革命制度党开始上台执政（当时的名称为"国民革命党"，1946 年改名为"墨西哥革命制度党"）。1934—1940 年为卡德纳斯改革时期，卡德纳斯总统在土地分配、石油和铁路国有化、兴办国有企业、国民教育等领域进行了大刀阔斧的改革。1940—1980 年为稳定发展时期，经历了进口替代工业化的起飞（1940—1950 年）和稳步发展（1954—1980 年）。1981—2000 年为危机与改革时期。为了应对债务危机，革命制度党发生了分裂，并进行了政治、经济等领域的重大改革。第一，政党分裂，1986 年部分高级党员脱离革命制度党，组建"民主革新运动"，1988 年更名为"全国民主阵线"（民主革命党的前身）。第二，多党竞选，1988 年大选中，全国民主阵线、国家行动党均参与竞选，革命制度党总统候选人萨利纳斯仅以微弱多数当选。第三，实施新自由主义改革，历经萨利纳斯和塞迪略两届革命制度党政府。

墨西哥革命制度党是 20 世纪连续执政（1929—2000 年）时间较长的政党之一。作为拉丁美洲和加勒比地区的主要传统民众主义政党之一，20世纪 30—70 年代，墨西哥革命制度党以革命民族主义旗帜，凝聚党内和民众共识。总统权力和党内职团主义组织体系[①]有效结合，确保执政权力能够实现制度化和和平交接。革命制度党和墨西哥政府拥有较强的宏观调控能力，能够制定和实施适当的经济发展战略。20 世纪 80 年代以来，墨西哥革命制度党以"新民族主义"和"社会自由主义"取代"革命民族主义"，削弱了党内团结和社会凝聚力。20 世纪 80 年代，墨西哥城市化率超

---

① 20 世纪 30—80 年代墨西哥革命制度党的主要职团主义组织包括：1. 劳工大会，在革命制度党的推动下，于 1966 年成立，由 32 个全国性工会联合会组成；2. 墨西哥劳工联合会，墨西哥规模最大的工会组织，1936 年成立，早期曾由墨西哥共产党参与领导，1938 年加入革命制度党；3. 全国农民联合会，1938 年成立，同年加入革命制度党；4. 全国民众组织联合会，1943 年成立，同年加入革命制度党，会员主要包括国家机关公务员、教员、小私有农、中小工商业者和各种自由职业者；5. 全国革命青年运动，革命制度党的青年组织，其成员为该党工人、农民和民众中 18—25 岁的青年党员；6. 全国革命妇女协会，1948 年成立，是革命制度党的妇女组织。

过 60%，社会结构发生了根本性变化，加之政党制度改革，基层组织纷纷脱离革命制度党，其从而失去了民众基础。革命制度党淡化国家，弱化政府，实施新自由主义改革，导致一系列经济社会危机，失去了民众支持。

2000 年以来，左翼、右翼政党轮流执政，墨西哥经济缓慢发展。2000 年 12 月至 2012 年 11 月，国家行动党（自由主义政党）连续执政两届政府。2012 年 12 月至 2018 年 11 月，革命制度党再度上台执政。2018 年 12 月左翼联盟上台执政。2000—2019 年墨西哥 GDP 年均增长率约为 1.8%，人均 GDP 年均增长率约为 0.5%。[①]

（二）墨西哥的宪法

1814 年在领导独立运动的克里奥尔人主持下，墨西哥曾经制定过一部宪法，即《墨西哥美洲自由制宪法令》（也称作"阿帕钦甘宪法"），由于战争和动荡，该宪法并未付诸实施，但是，该部宪法吸收了法国启蒙运动的思想，宣布"主权在民"，规定人民有权根据自己的意愿成立或更换政府，实行三权分立。当时，宪法中的"民"和"人民"主要是指克里奥尔人。

1824 年的《墨西哥联邦宪法》是墨西哥实现独立后的第一部宪法。根据集权派和联邦派的协商结果，宪法规定墨西哥实行联邦制和共和政体，各州享有不受联邦政府管辖的充分独立权；议会由参、众两院组成；行政权属于总统，总统任期 4 年，不得连选连任；司法机构为最高法院；罗马天主教为国教；等等。该宪法施行至 1835 年，为墨西哥确立共和政体发挥了重要作用。

1857 年的《墨西哥宪法》是 1854—1857 年改革运动的一项重要成果，改革运动中的温和派主要领导人、出身于土著人农民家庭的贝尼拉·巴勃罗·胡亚雷斯（1806—1872 年）主持了宪法的制定。宪法规定，墨西哥是代议制民主共和国，各州享有处理内部事务的权利；议会实行一院制；总统通过秘密间接投票选举产生，任期 4 年；年满 20 岁或已婚的 18 岁以上男子享有选举权。1858 年胡亚雷斯接任总统职位，1859 年颁布《墨西哥

---

① 根据世界银行"World Development Indicators"数据计算（按 2015 年美元不变价格计），https：//databank. worldbank. org/source/world-development-indicators#。

社会改革宣言》，实行政教分离，没收教会财产，废除教会和军队的特权，改善土著人生存状况，等等。

1917 年的《墨西哥合众国政治宪法》（以下简称"1917 年宪法"）被认为是当时世界上最民主、最进步的资产阶级宪法，历经多次修订，是墨西哥现行宪法。宪法规定，墨西哥是代议制联邦共和国，各州依据宪法实行自治和管理内部事务；议会实行两院制；总统由全民直接选举产生，任期 6 年，终身不得再任；公民享有普选权。墨西哥 1917 年宪法有三个方面的显著特点。第一，规定教会属于公民团体。教会不得领有、经营或承典不动产，教堂、修道院等教会建筑一律收归国有；教士必须在地方政府登记；教士必须由本国人担任；剥夺教会的教育控制权；公立学校及初级、高级私立学校都不得带有宗教色彩。第二，是世界上第一部确认社会保障权的宪法。公民有接受教育的权利，实行初级义务教育，公立教育均免费提供，私立教育必须经过国家权力机构的批准；公民享有拥有体面的住房和得到健康保护的权利；社会保险包括残疾、老年、人寿、自愿失业、疾病和事故、托幼服务诸项保险，以及任何其他旨在保护和造福劳动者、农民、非工薪者和其他社会各阶层及其家属的保险，等等。第三，规定土地、河流、矿产资源归国家所有。1915—1991 年墨西哥进行了较大规模的土地分配，建立和发展了村社制度。

（三）土地分配与确权

1915—1991 年墨西哥联邦政府累计分配土地 1.06 亿多公顷，使 320 多万户农民获得了土地，形成了较大规模的村社土地。[①] 村社土地集体所有，村社社员以家庭为单位分配住宅建设用地和家庭份地，但只拥有住宅建设用地、家庭份地的使用权和继承权，不得出售、出租或抵押；村社社员的家庭份地如果连续两年不耕种，则由村社收回，重新分配；山林、水源为村社公用土地，社员共同使用。

1992 年停止土地分配，对村社土地进行确权，村社社员的住宅建设用地、家庭份地属于社员家庭财产，予以确权和颁发土地证；林地、水源等仍为公用土地，归村社所有，社员共同使用。已获得土地证的村社社员家

---

① 谢文泽：《墨西哥农业改革开放研究》，中国社会科学出版社 2015 年版，第 81、88 页。

庭，可以出售、出租、抵押其住宅建设用地和家庭份地，也可以以土地作为资本进行合资、合作或联营；如果将土地出售给村社以外的人员或机构，需取得村社委员会 2/3 以上委员的同意。村社可以出售公用土地，或将公用土地用于商业开发，但需征得 75% 以上村社成员的同意。村社公用土地向外资开放，但村社以土地入股时需拥有 51% 以上的股份。墨西哥政府停止土地分配的主要原因有三个。第一，20 世纪 90 年代初，城市化率已达到 70% 以上，农村人口较少，土地分配的必要性显著降低。第二，可用于分配的土地数量有限，土地分配的可行性显著降低。第三，1992 年美、加、墨三国签订《北美自由贸易协定》，该协定促使墨西哥进一步实施新自由主义改革。

截至 2007 年，墨西哥 31514 个村社基本完成了土地确权，向社员家庭颁发土地证的住宅建设用地、家庭份地共计 3363 万公顷，约占村社土地总面积的 31.7%；向村社颁发土地证的公用土地合计 7067 万公顷，约占村社土地总面积的 66.7%，这部分土地仍可被称为村社集体土地，主要包括两部分，即公用土地（6930 万公顷）和预留宅基地（137 万公顷）。在确权过程中，出售的村社土地约有 165 万公顷，这部分土地的土地证颁发给购买方。[1]

截至 2016 年，墨西哥政府颁发的土地证书累计约 930 万份，涉及土地面积合计约 19027.2 万公顷，其中，村社土地证书约 628.3 万份，土地面积约 8470.6 万公顷；合作社土地证书约 79.3 万份，约 1630.8 万公顷；私有土地证书约 212.5 万份，约 8528.0 万公顷；农场土地证书约 3.5 万份，约 115.8 万公顷；国有土地证书约 6.4 万份，约 115.8 万公顷。[2] 这意味着，在已完成确权的土地中，集体土地（村社和合作社土地）约占 53.1%，私有土地（私有和农场土地）约占 45.4%，国有土地约占 1.5%。

---

① INEGI, *IX Censo Ejidal* 2007: Superficie total de ejidos y comunidades Agrarias segun distribucion interna de la tierra por entidad federativa, http://www3.inegi.org.mx/sistemas/tabuladosbasicos/default.aspx? c = 17351&s = est.

② INEGI, "Actualización del marco censal agropecuario 2016" – Número de terrenos y superficie total según tenencia de la tierrapor entidad federativa y municipio, https://www.inegi.org.mx/programas/amca/2016/.

二　墨西哥的发展条件

（一）自然条件

特万特佩克地峡将墨西哥分为西北、东南两部分，它是墨西哥境内连通太平洋和大西洋的南北向最短通道（最短距离约 220 千米①），1907 年萨利纳克鲁斯（太平洋沿岸）—夸察夸尔科斯（墨西哥湾沿岸）铁路建成通车。

西北部分约占墨西哥的 5/6，其中墨西哥高原约 120 万平方千米，约占墨西哥陆地面积的 61%，因此，墨西哥也被称作"高原之国"。墨西哥高原北起墨、美边境，东、西、南三边环绕着东马德雷山脉、西马德雷山脉、南马德雷山脉。墨西哥高原分为南、北两部分，由西北向东南逐渐抬升。北部高原平均海拔约 1000 米，东、西马德雷山脉之间分布着许多内陆沉积盆地，气候温热干燥，地表多为戈壁沙漠。南部高原被称作"中央高原"，平均海拔 2000—2500 米，托卢卡谷地、墨西哥谷地、普埃布拉谷地等山间谷地土地肥沃，气候温和，是墨西哥的粮食主产区。② 中央高原是阿兹特克文明的中心。墨西哥高原以西为下加利福尼亚半岛和太平洋沿海平原，以东为墨西哥湾沿岸平原。

东南部分约占墨西哥的 1/6，包括恰帕斯高地和尤卡坦半岛。恰帕斯高地与危地马拉南部高原和山地相连，降雨充沛，雨林密布。尤卡坦半岛将墨西哥湾和加勒比海分隔开来，平均宽约 320 千米，平均海拔约 200 米，地势南高北低，南部为热带雨林，北部为热带草原。恰帕斯高地和尤卡坦半岛是玛雅文明的重要区域。

墨西哥境内水资源分布不均且日益短缺。北回归线穿过墨西哥高原中部，全国大部分地区 10 月至次年 4 月是旱季，5 月至 9 月是雨季。水资源分布不均，绝大部分地区干旱少雨，气候相对干燥，超过 50% 的国土常年处于不同程度的干旱状态，2021 年墨西哥遭遇了 30 年一遇的严重干旱，③

---

① 谌园庭编著：《列国志：墨西哥》，社会科学文献出版社 2010 年版，第 5 页。
② 陈君慧编著：《世界地理知识百科》（第 3 册），吉林出版集团有限责任公司 2013 年版，第 476、477 页。
③ 谢佳宁、刘旭霞：《墨西哥面临严重干旱》，《人民日报》2021 年 6 月 15 日第 17 版。

尤其是墨西哥高原，受气候变化、雨量减少的影响日益明显。降雨和水资源主要集中在地处热带的沿海低地、恰帕斯高地、尤卡坦半岛等地。

此外，墨西哥的能源安全问题也日益凸显。墨西哥是拉美地区的主要石油生产国之一，石油、天然气资源主要分布在墨西哥湾沿海地区和大陆架。2016—2020 年墨西哥的探明原油储量由 71.4 亿桶减至 55.0 亿桶，原油产量由 215.4 万桶/日降至 166.0 万桶/日；探明天然气储量由 8350 亿立方米减至 1830 亿立方米，天然气产量由 4100 万立方米/日降至 3700 万立方米/日。① 2019 年墨西哥每亿美元 GDP 的能源消耗强度约为 70 桶标准油当量，石油、天然气占一次能源的 80%，电力、燃料油、液化气约占二次能源的 91%。② 墨西哥政府计划在碳减排、能源消费、能源安全之间实现均衡。

（二）社会条件

劳动力充足和都市化程度较高是墨西哥社会的两大显著特点。2020—2030 年墨西哥经济活动人口（15—64 岁）预计由 8580 万人增至 9474 万人，占总人口的比重预计由 66.5% 提高至 67.3%。③ 墨西哥将 2500 人以上的聚居点定义为城市，按照这一定义，2022 年的城市化率约为 81.3%。59.8% 的人口居住在 54 个都市区（30 万人口以上的城市），墨西哥城（2208 万人）是第一大都市区，由核心区、联邦区、扩展区三部分组成，核心区是墨西哥的"首都"，联邦区是联邦政府直属区，扩展区是与联邦区相连的、其他几个州的行政辖区。④

墨西哥的社会发展长期存在两大制约。第一，社会保障覆盖率较低，城市非正规就业比重较高。2016—2020 年，在全国范围，只有 31.3% 的就业人员缴纳养老金；在城市地区，46.6% 的就业为非正规就业。⑤ 第二，

---

① Organization of the Petroleum Exporting Countries（OPEC），*2021 OPEC Annual Statistical Bulletin*，56th edition，pp. 22，26，76，79，Table 3.1，Table 3.5，Table 9.1，Table 9.3.

② CEPAL，"México：perfil nacional ambiental"，https：//statistics. cepal. org/portal/cepalstat/perfil – nacional. html？theme =3&country = mex&lang = es.

③ 根据拉丁美洲和加勒比经济委员会"CEPALSTAT"数据计算，https：//statistics. cepal. org/。

④ Department of Economic and Social Affairs，United Nations，*World Urbanization Prospects 2018*，https：//population. un. org/wup/DataQuery/.

⑤ 根据拉丁美洲和加勒比经济委员会"CEPALSTAT"数据计算，https：//statistics. cepal. org/。

公共安全、民众福利面临挑战。毒品和有组织犯罪较为严重，犯罪率较高，2019 年每 10 万人中有 29 人死于凶杀犯罪。① 2020 年墨西哥 52.8% 的家庭处于贫困状态，这部分家庭的生活保障对国家福利依赖程度较高。2020 年联邦政府的社会发展支出约占 GDP 的 10.2%，约占联邦政府财政支出的 50%。在公共安全和生活保障方面，民众对联邦政府的信任程度较低，但对社区的信任程度相对较高，一半以上的民众信任本社区的居民。不同社区之间的信任程度也较低，只有 1/5 左右的民众信任其他社区的居民。

（三）经济条件

墨西哥是一个消费型、外向化经济体。2020 年消费占 GDP 的 75.7%，其中，63.0% 为家庭消费，12.7% 为政府消费。商品进出口总额占 GDP 的 77.3%，外债余额占 GDP 的 34.3%。② 2020 年外国直接投资存量约为 5968 亿美元，相当于 GDP 的 56.0%。③ 在产业结构方面，2020 年服务业占 GDP 的 64.3%，工业占 31.6%（制造业占 18.4%），农业占 4.1%。④

根据人口、经济的空间分布，墨西哥有三大发展区、两大经济带，即中央发展区和中部经济带、北部边境自由贸易区和客户工业经济带、玛雅文明保护与发展区。中央发展区和中部经济带主要包括中央高原的 10 个州和联邦区，墨西哥约一半的人口和 GDP 集中在这一发展区和经济带，墨西哥城、瓜达拉哈拉、普埃布拉、托卢卡等大型都市集中在这里。墨美边境自由贸易区和客户工业经济带聚集着绝大部分墨西哥客户工业，沿墨美边境线，墨西哥政府计划将墨西哥境内宽约 25 千米、面积约 8 万平方千米的地区发展成为特大型自由贸易区，蒙特雷、华雷斯、墨西卡利、蒂华纳等大型城市分布在这一地带。玛雅文明保护与发展区位于墨西哥的东南部分，主要包括恰帕斯州和尤卡坦半岛，农业、旅游业、水电是重点开发产

① Carlos Maldonado Valera etc., *Panorama de la cohesión social en América Latina y el Caribe*, Santiago, CEPAL, 2021, p. 100.

② CEPAL, "México: perfil nacional económico", https://statistics.cepal.org/portal/cepalstat/.

③ UNCTAD, "Foreign direct investment: Inward and outward flows and stock, annual", https://unctadstat.unctad.org/.

④ 根据拉丁美洲和加勒比经济委员会 "CEPALSTAT" 数据计算，https://statistics.cepal.org/。

业，2020 年开始建设的玛雅铁路位于这一发展区。

墨西哥的宏观经济基本保持均衡。侨汇收入和外国直接投资是实现宏观均衡的重要因素。2015—2019 年联邦政府财政收入约占 GDP 的 17.0%，财政支出约占 19.3%，财政赤字占 GDP 的 2.3%；国内总储蓄占 GDP 的 21.0%，总投资占 GDP 的 21.6%，储蓄赤字占 GDP 的年均比重为 0.6%；① 联邦政府财政赤字、国内储蓄赤字合计约占 GDP 的 2.9%。同期，侨汇收入约占 GDP 的 2.7%，② 外国直接投资净流入量约占 2.3%，③ 二者合计约占 GDP 的 5.0%。2020 年为了应对新冠疫情，联邦政府财政支出增长了 4.0%，财政赤字有所扩大。为了弥补财政赤字，联邦政府以发行债券为主要方式筹集资金，2019—2020 年联邦政府年末债务余额由 4686.5 亿美元增至 4863.5 亿美元，占 GDP 的比重由 36.3% 提高至 42.0%，其中，联邦政府外债余额占 GDP 的比重由 7.7% 提高至 9.7%。④ 截至 2022 年 4 月初，墨西哥的官方外汇储备约 2001 亿美元。墨西哥实行通货膨胀目标制，通货膨胀目标值为 3% ±1%。截至 2022 年 3 月，墨西哥的年通货膨胀率达到 7.5%，为了抑制通货膨胀，墨西哥央行连续加息，2021 年 4 月至 2022 年 4 月将目标利率由 4.0% 提高至 6.5%。⑤

（四）政治条件

自 1929 年以来，墨西哥政局长期保持基本稳定，政府换届较为平稳。墨西哥实行总统制，总统任期 6 年，终身不得再任，不设副总统职位。内阁受总统委托管理国务，一般情况下，内阁成员包括 18 名部长。联邦议会是最高立法机构，由参议院和众议院组成，众议院设 500 个席位，参议院设 128 个席位。联邦司法机构包括联邦最高法院、巡回法院、联邦总检察

---

① 根据拉丁美洲和加勒比经济委员会 "CEPALSTAT – Estadísticas e Indicadores" 数据计算，https：//statistics. cepal. org/。

② CEPAL，"Datos，estadísticas y recursos institucionales para el seguimiento de la Agenda 2030"，https：//agenda2030lac. org/estadisticas/banco-datos-regional-seguimiento – ods. html？indicator _ id = 4016&lang = es.

③ 根据拉丁美洲和加勒比经济委员会 "CEPALSTAT – Estadísticas e Indicadores" 数据计算，https：//statistics. cepal. org/。

④ 拉丁美洲和加勒比经济委员会 "CEPALSTAT-Estadísticas e Indicadores"，https：//statistics. cepal. org/。

⑤ 墨西哥央行官网，https：//www. banxico. org. mx/。

院以及联邦劳动保护检察院、联邦消费检察院、保护儿童和家庭检察院、高级土地法庭等。11 名联邦最高法院大法官由总统提名，参议院任命，任期 15 年，非经总统弹劾，不得罢职、撤职。巡回法院是联邦上诉法院，其法官由全国最高法院任命，任期 4 年。联邦总检察长由总统任命。州和市设检察院，是联邦总检察院的派出机关。墨西哥的行政区划分为 31 个州、1 个联邦区，总计 32 个联邦单位，州以下设市，州和市在联邦宪法框架内享有较高程度的自治权。

在治国理政方面，主要政党能够达成较高程度的共识。截至 2022 年年初，在议会拥有席位的主要政党有 8 个，政党名称和成立时间分别为：国家复兴运动党（2014 年）、国家行动党（1939 年）、革命制度党（1929年）、公民运动党（1999 年）、绿色生态党（1980 年）、劳动党（1990年）、民主革命党（1989 年）、社会汇合党（2014 年）。2018 年由国家复兴运动党、劳动党、社会汇合党组成竞选联盟，国家复兴运动党候选人安德烈斯·洛佩斯·奥夫拉多尔（1953 年—）赢得大选，于 2018 年 12 月 1日就任墨西哥总统。2021 年中期选举后，国家复兴运动党在众议院拥有202 个席位，占席位总数的 40.4%；[1] 在参议院拥有 61 个席位，占席位总数的 47.7%。[2] 在绿色生态党、劳动党的支持下，2021 年 10 月众议院以微弱多数通过联邦税法修订案（260 票），11 月通过了 2022 年度联邦政府财政预算案（260 票）；2022 年 2 月，关于联邦卫生法修订案，各党派达成了较高的政治共识，以 482 票通过了修订案。[3]

三　墨西哥与世界

（一）民族主义大国

维护国家主权和领土完整是墨西哥民族主义的核心思想。墨美战争，

---

① Cámara de Diputados, "Diputadas（os）en Pleno", https：//web. diputados. gob. mx/inicio/ tusDiputados.

② Senado de la República, "Senadoras y Senadores en funciones", https：//www. senado. gob. mx/64/senadores/por＿ grupo＿ parlamentario.

③ La Cámara de Diputados, "Votaciones llevadas a cabo durante la LXV Legislatura（2021 - 2024）en la Cámara de Diputados", http：//gaceta. diputados. gob. mx/gp＿ votaciones. html.

英、法、西三国武装干涉墨西哥等历史事件，至今仍被墨西哥铭记，激发着墨西哥的民族主义。瓜达卢佩圣母、墨西哥国家石油公司等是墨西哥国家独立的重要象征。墨西哥实行"人权＋多边主义＋经济"的外交政策，"维护人权"是其外交政策的基本原则之一，尤其是维护在美国等其他国家的墨西哥移民的权益。墨西哥奉行多边主义政策，主张和支持多边合作。在经济外交方面，贸易、投资和旅游是重要内容。

作为拉丁美洲和加勒比地区主要大国之一，墨西哥参与和支持墨西哥—中美洲一体化进程，支持拉丁美洲和加勒比国家加强团结和地区一体化进程。参与和支持地区次区域自由贸易。2011 年墨西哥与哥伦比亚、秘鲁、智利成立了"太平洋联盟"。2020 年 3 月—2021 年 2 月墨西哥在担任拉共体轮值主席国期间，重新启动拉共体成员国的外长会议和领导人峰会。

（二）北美地区重要出口加工"枢纽"

墨西哥的商品出口以工业制成品为主，2020 年工业制成品出口额约为 3720.0 亿美元，占墨西哥商品出口总额的 89.2％。汽车及其零配件、计算机及其配件、家用电器及其配件等是墨西哥的主要出口工业制成品。墨西哥是拉丁美洲和加勒比地区第一大工业制成品出口国，2018—2020 年墨西哥工业制成品出口额约占拉丁美洲和加勒比地区工业制成品出口总额的 74.5％。[①] 利用与美国相邻和自由贸易优势，墨西哥国内主要面向美国的"客户工业"（出口加工组装业）规模较大。截至 2021 年年底，墨西哥有 5192 家客户工业企业，就业人数约为 280.8 万人。墨西哥全境向客户工业开放，但 55％的客户工业集中在北部的墨美边境附近，下加利福尼亚州的蒂华纳市有 601 家客户工业企业。[②] 客户工业是墨西哥成为北美地区加工出口枢纽的重要支撑。

美国是墨西哥第一大贸易伙伴和出口市场，2021 年墨美双边商品贸易总额为 6027.7 亿美元，约占墨西哥商品进出口总额（9903.5 亿美元）的

---

① 根据拉丁美洲和加勒比经济委员会"CEPALSTAT – Estadísticas e Indicadores"数据计算，https：//statistics. cepal. org/。

② INEGI，"Número de Establecimientos Manufactureros con Programa Immex y Personal Ocupado por Condición de Contratación y Calificación de la Mano de Obra según Entidades Federativas y Municipios Seleccionados"，Enero de 2022，https：//www. inegi. org. mx/programas/immex/#Tabulados.

60.9%。2021 年墨对美商品出口额为 3861 亿美元，约占墨商品出口总额的 78.3%；墨自美国进口 2191.2 亿美元，占墨商品进口总额的 43.8%；墨对美商品贸易顺差 1669.8 亿美元。[①] 1988 年墨西哥开始与美国、加拿大谈判《北美自由贸易协定》，1992 年签署，1995 年 1 月 1 日生效。2018 年 12 月美、加、墨签署《美国—墨西哥—加拿大协定》，2020 年 7 月 1 日该协定正式生效。

（三）构建多边自由贸易网络

墨西哥是签订自由贸易协定较多的发展中国家。1999 年墨西哥与欧盟签订自由贸易协议。2018 年 3 月 8 日，墨西哥与智利、秘鲁、加拿大、澳大利亚、新西兰、日本、新加坡、文莱、马来西亚、越南签署《全面与进步跨太平洋伙伴关系协定》（CPTPP），并于 2018 年 12 月 30 日零时正式生效。

2021 年墨西哥与其他 10 个 CPTPP 成员国商品贸易额合计约 784 亿美元，约占墨西哥商品进出口总额的 7.8%；与欧盟商品贸易额约为 658 亿美元，约占墨西哥商品进出口总额的 6.6%。[②]

四　中国与墨西哥关系

1972 年 2 月 14 日中国与墨西哥正式建交，2003 年两国建立战略伙伴关系，2013 年两国建立全面战略伙伴关系。两国在维护国家主权、互不干涉内政、支持拉丁美洲和加勒比国家团结和地区一体化、多边主义等方面的政策和主张高度一致。

中国是墨西哥第二大商品贸易伙伴国。中墨双边贸易统计存在较大差异。根据中方统计，2021 年中墨双边商品贸易额为 866.0 亿美元，其中，中方出口 674.4 亿美元，进口 191.6 亿美元，中方贸易顺差 482.8 亿美元。[③] 根据墨方统计，2021 年墨中双边商品贸易额约为 1096.8 亿美元，其

---

① CEPAL, "SIGCI-Map-based international trade system", https：//sgo-win12-we-e1. cepal. org/dcii/sigci_ export_ intensity/sigci. html？idioma＝i. 根据统计数据计算。

② CEPAL, "SIGCI-Map-based international trade system", https：//sgo-win12-we-e1. cepal. org/dcii/sigci_ export_ intensity/sigci. html？idioma＝i. 根据统计数据计算。

③ 中华人民共和国海关总署，"统计月报——2021 年 12 月进出口商品国别（地区）总值表（美元值）"，http：//www. customs. gov. cn/customs/302249/zfxxgk/2799825/302274/302277/302276/4127455/index. html。

中，墨方自中方进口1007.4亿美元，向中方出口89.4亿美元，墨方贸易逆差918.0亿美元。① 中墨双方的统计差异达230.8亿美元，导致这一差异的主要原因是统计方法所致，例如，墨西哥将原产于中国而经由第三方转口至墨西哥的商品，全部记入来自中国的进口商品。中墨两国之间存在着规模较大的产业内贸易（甚至企业内贸易），中国出口到墨西哥的商品2/3左右是中间产品，这些产品为墨西哥客户工业的发展提供了重要支持。

第二节　中美洲国家

中美洲地区被称作"中美地峡"，位于墨西哥与南美洲之间，巴拿马为中美地峡最窄处，大体呈西北、东南走向，东临大西洋，西濒太平洋，地区面积约52.2万平方千米。2020年该地区约有5074万人口，GDP约为2563亿美元，人均GDP约为5025美元。② 中美洲地区有7个国家，自西北向东南依次为危地马拉、伯利兹、洪都拉斯、萨尔瓦多、尼加拉瓜、哥斯达黎加、巴拿马。除伯利兹、萨尔瓦多外，其他5个国家均为"两洋"国家。

一　中美洲地区的发展条件

（一）自然条件

中美洲地形以山地、丘陵为主，西北部的山脉海拔介于1000—2500米之间，东南部的山地和丘陵海拔低于1000米。山脉和丘陵之间散布盆地与谷地。2020年热带雨林面积约22万平方千米，热带雨林覆盖率约为42%。③ 沿海平原比较狭窄，宽度介于20—100千米之间。降雨较为充沛，

---

① CEPAL, "SIGCI-Map-based international trade system", https：//sgo-win12-we-e1. cepal. org/dcii/sigci_ export_ intensity/sigci. html? idioma = i。

② CEPAL, "CEPALSTAT-Estadísticas E Indicadores", https：//statistics. cepal. org/portal/cepalstat/. 根据统计数据计算。

③ CEPAL, "CEPALSTAT – Estadísticas E Indicadores", https：//statistics. cepal. org/portal/cepalstat/. 根据统计数据计算。

主要集中在 5—10 月，但雨量分布东多西少，即大西洋一侧雨量较多，太平洋一侧雨量较少。火山土壤较多，土地肥沃，适合种植香蕉、咖啡、甘蔗等热带经济作物。

除伯利兹外，其他国家多山地和丘陵。在危地马拉、萨尔瓦多、洪都拉斯、尼加拉瓜、哥斯达黎加五国的太平洋一侧，有一条长达 1300 多千米的火山活跃地带，分布着数十座火山，被称作"中美洲火山弧"。萨尔瓦多地处火山地带，被称作"火山之国"。地震、火山喷发、飓风等是中美洲地区的主要自然灾害。

（二）经济、社会条件

如表 6.1 所示，在中美洲的 7 个国家中，巴拿马和哥斯达黎加的经济社会发展水平较高，2020 年巴拿马人均 GDP 为 12529 美元，城市化率为 67.9%，哥斯达黎加的这两个数值分别为 12220 美元和 80.8%。哥斯达黎加有"中美洲小瑞士"之称，国民收入水平较高，政局较为稳定，环境优美且保护严格。1908 年哥斯达黎加宪法规定，哥境内地下矿产资源永久性保护，不准开发，其主要原因是为了保护哥斯达黎加和巴拿马的淡水资源。危地马拉、萨尔瓦多、洪都拉斯三国被称为"中美洲北部三角"，人口多，土地少，经济发展水平相对较低，2020 年人均 GDP 介于 1900—4400 美元之间。

表 6.1　　　　　　　　　　2020 年中美洲国家概况

国家	国土面积（km²）	人口（万人）	GDP（亿美元）	人均 GDP（美元）	城市化率（%）	贫困率（%）	赤贫率（%）
巴拿马	75320	431	540	12529	67.9	29.4	1.7
哥斯达黎加	51100	509	622	12220	80.8	26.8	1.4
危地马拉	108890	1792	776	4330	59.8	28.3	8.7
萨尔瓦多	21040	649	246	3790	72.4	24.0	1.5
洪都拉斯	112490	990	238	2404	56.3	29.5	16.5
尼加拉瓜	130370	662	126	1903	58.4	26.4	3.2
伯利兹	22970	40	16	4000	46.0		13.9
合计	52180	5073	2564	5052			

注：（1）贫困人口为收入低于中位数 60% 的人口，贫困率为贫困人口占总人口的比重。

（2）赤贫人口为每天生活费不足 1.9 美元（按购买力平价计）的人口，赤贫率为赤贫人口占总人口的比重。

资料来源：CEPAL，"CEPALSTAT – Estadísticas E Indicadores"，https://statistics.cepal.org/.

农业、旅游业、侨汇是中美洲地区的重要经济支柱。中美洲地区的可耕地面积约有 50 万公顷（约为 5 万平方千米），约占地区土地面积的 9.6%，人均可耕地面积仅约 0.01 公顷。虽然人均耕地数量相对较少，但蔗糖、咖啡、菠萝等热带农产品以及食品、饮料、烟草等产品是中美洲的主要出口商品。2018—2020 年以热带农产品为主的初级产品占商品出口总额的平均比重，伯利兹为 86%，危地马拉为 56%，洪都拉斯为 67%，尼加拉瓜为 54%，哥斯达黎加为 43%，萨尔瓦多为 25%。旅游业是伯利兹、巴拿马、哥斯达黎加、萨尔瓦多、尼加拉瓜的重要外汇收入来源之一，2017—2019 年外国旅客带来的旅游收入占 GDP 的年均比重，伯利兹为 24.5%，巴拿马为 10.8%，哥斯达黎加为 6.5%，萨尔瓦多和尼加拉瓜均为 5.0% 左右。[①] 侨汇收入是危地马拉、萨尔瓦多、洪都拉斯三国的另一个重要外汇收入来源，2019 年危地马拉的侨汇收入约为 105.1 亿美元，萨尔瓦多为 56.5 亿美元，洪都拉斯为 55.2 亿美元。[②]

在危地马拉、萨尔瓦多、洪都拉斯三国，家庭消费占 GDP 的 80%—85%，伯利兹和尼加拉瓜的这一比重为 70% 左右，哥斯达黎加为 64.5%，巴拿马为 51.8%。中美洲各国中央政府普遍存在财政赤字，例如，2015—2019 年伯利兹中央政府财政收入占 GDP 的 30% 左右，财政支出占 GDP 的 34% 左右，财政赤字占 GDP 的 4% 左右；同期，哥斯达黎加中央政府的财政收入和财政支出占 GDP 的比重分别为 14%、20%，财政赤字占 GDP 的 6%；萨尔瓦多、危地马拉、洪都拉斯、尼加拉瓜、巴拿马的财政收入和支出占 GDP 的比重介于哥斯达黎加与伯利兹的比重之间，财政赤字占 GDP 的 1%—2%。伯利兹中央政府的债务负担较重，2020 年年末债务余额占 GDP 的 118.2%，萨尔瓦多、哥斯达黎加、巴拿马介于 60%—70%，洪都拉斯为 58.9%，尼加拉瓜为 48.5%，危地马拉为 28.7%。[③]

2019—2020 年萨尔瓦多的非正规就业率约为 60.8%，洪都拉斯为

---

① CEPAL, "CEPALSTAT – Estadísticas E Indicadores", https：//statistics. cepal. org/portal/. 根据统计数据计算。

② CEPALSTAT, "Bases de Datos y Publicaciones Estadísticas", https：//statistics. cepal. org/portal/.

③ CEPALSTAT, "Bases de Datos y Publicaciones Estadísticas", https：//statistics. cepal. org/portal/. 财政收入和财政支出占 GDP 的比重、财政赤字占 GDP 的比重根据统计数据计算。

55.9%；哥斯达黎加和巴拿马的非正规就业率较低，分别为 36.3% 和
26.6%。① 危地马拉、萨尔瓦多、洪都拉斯三国的赤贫率较高，贩毒、黑
帮、有组织犯罪活动猖獗，犯罪率、凶杀率位于世界前列。三国向外移民
数量较多，尤其是向美国移民的数量较多。

尼加拉瓜是中美洲大国，国土面积约 13 万平方千米，2020 年人均
GDP 为 1903 美元（见表 6.1），为中美洲 7 国中的最低水平。自 1821 年独
立至 1979 年，尼加拉瓜长期处于考迪罗的直接或间接统治之下。在反抗和
推翻索摩查家族独裁统治（1937—1979 年）的过程中，1961—1979 年以
工人、农民、知识分子等为主力组成的桑地诺民族解放阵线（以下简称
"桑解阵"）进行了长期的游击战争，并取得胜利，连续赢得大选，执政至
1990 年。2006 年桑解阵再度赢得大选，桑解阵总书记丹尼尔·奥尔特加
（1945 年—）继 1985—1990 年担任总统后，于 2006 年再度上台执政。修
建运河是尼加拉瓜在独立之初就确立的"国家追求"，1825 年，当时的中
美洲联邦计划开凿尼加拉瓜运河。1849—1914 年美国与尼加拉瓜签订过 10
项条约或协定，维护美国在中美地峡独霸所有运河的特权。2010 年以来，
尼加拉瓜再次将运河工程提上日程。作为一个超大型基础设施建设项目，
尼加拉瓜运河工程面临五方面的制约。一是缺乏政治共识，尼国内的反对
派抵制运河工程。二是缺乏社会共识，因担忧淡水资源污染和占用土著人
土地，不少民众反对运河工程。三是环境保护压力较大，尤其是尼加拉瓜
湖的淡水保护。四是美国反对，认为尼加拉瓜运河是对美国国家安全的威
胁和挑战。五是所需投资金额巨大，静态投资多达数百亿美元，融资难度
较高。

（三）中美洲一体化进程

危地马拉、萨尔瓦多、洪都拉斯、尼加拉瓜、哥斯达黎加是中美洲
"传统五国"。在西班牙殖民统治时期，这五国均属于新西班牙总督区之下
的危地马拉都督区。1821 年宣布独立后，一度并入墨西哥。1823—1838 年
共同成立"中美洲联邦"，1838—1841 年五国陆续宣布独立，中美洲联邦
消亡。

---

① CEPAL，"CEPALSTAT-Estadísticas E Indicadores"，https：//statistics. cepal. org/portal/.

1951 年传统五国签订《中美洲国家组织宪章》，成立"中美洲国家组织"，1962 年五国成立中美洲共同市场。1993 年"5＋3"中美洲一体化体系成立，即"传统五国"＋"伯利兹、巴拿马、多米尼加"三国。伯利兹是中美洲地区的英语国家，其原住民是玛雅人，16 世纪初沦为西班牙殖民地，1786 年英国取得对该地的实际管辖权，称"英属洪都拉斯"，1981 年独立。多米尼加全称为"多米尼加共和国"，位于加勒比海，1493 年沦为西班牙殖民地，1844 年独立。进入 21 世纪以来，墨西哥、哥伦比亚积极加入和推进中美洲一体化进程。高速公路、电力等基础设施和经济、社会一体化发展是中美洲一体化的重要内容，经多国、多方长期努力，中美洲电网一体化取得成效并成为较为典型的多边合作、次区域基础设施一体化成功案例。

二　巴拿马运河

巴拿马原为哥伦比亚的"巴拿马省"。美国为了修建巴拿马运河，策动巴拿马于 1903 年脱离哥伦比亚而独立。

19 世纪初叶，美国开始寻求在中美地峡修建一条运河，19 世纪中叶曾一度尝试在尼加拉瓜选址修建。19 世纪 80 年代，法国人曾试图修建巴拿马运河，但以失败而告终。1898—1902 年发生了美西战争，美国战胜西班牙并占领了西班牙在亚洲的殖民地——菲律宾。当时，美国的海军主要集中在东海岸，即大西洋沿岸。为了向太平洋和亚洲输送军事力量，美国决定修建巴拿马运河，从法国人手中购买获取了修建巴拿马运河的权力。

1903 年美国与巴拿马签订《巴拿马运河条约》，条约规定：第一，美国拥有修建巴拿马运河并"永久使用、占领及控制"运河和运河区的权力；第二，从运河中心线向两侧各延伸 8 千米的区域为运河区，面积约为1432 平方千米；第三，运河区由美国管辖，巴拿马不得在运河区行使国家主权；第四，美国有权对位于运河南口的巴拿马城和位于运河北口的科隆城进行干涉，以"维护公共秩序"；第五，美国支付巴拿马 1000 万美元作为"签约补偿"，自 1913 年起，美国每年向巴拿马支付 25 万美元租金。①

---

① 曹廷：《百年巴拿马运河》，《世界知识》2017 年第 16 期。

1904—1914 年美国完成了巴拿马运河的修建工作和试通航，1920 年正式通航。对美国而言，一方面，巴拿马运河不仅是连通美国东、西海岸海上运输的枢纽，也是连通太平洋、大西洋海上贸易通道的枢纽；另一方面，运河是美国军事霸权的重要支点之一，冷战时期，美国在运河区部署了 7 万名左右的军事和文职人员，1963—1999 年美国南方司令部设立于巴拿马城。

运河通航后，巴拿马收回运河主权和管理权的要求日益高涨，巴、美矛盾日益尖锐。1977 年美、巴签订新条约，规定 1999 年 12 月 31 日后，美国将运河和运河区管理权移交给巴拿马。20 世纪 80 年代巴拿马在曼纽尔·诺列加（1934—2017 年）执掌政权期间（1983—1989 年），抵制美国对巴拿马运河的军事占领和控制，坚持主张收回运河管理权。1989 年 12 月，美国武装入侵巴拿马，强行将诺列加抓捕到美国受审。1999 年年底巴拿马收回了运河和运河区管理区。

在正式接管运河之前，1997 年巴拿马中央政府修订了宪法，并依据新宪法成立了"巴拿马运河管理局"，全权负责运河和运河区的管理、运营、保护、维护与现代化改造等工作。进入 21 世纪以来，随着全球海运船舶大型化，巴拿马运河的通航能力满足不了这一新需求。2010—2016 年巴拿马运河管理局投资 56.8 亿美元，[1] 对运河进行了扩建，可通行超巴拿马型船。2021 年 13342 艘货轮通过了巴拿马运河，通行货物约 5.2 亿吨，运河管理局总收入约 39.6 亿美元，向巴拿马中央政府缴纳利税约 20.8 亿美元。[2]

三　中美洲的地缘地位

中美洲危机推动了拉丁美洲和加勒比国家谋求地区和平、政治团结的进程。1979 年尼加拉瓜桑解阵的胜利激发了中美洲地区的民众主义和民族主义运动，尤其是出现了亲美势力与苏联支持势力之间的军事冲突，使中

---

① Autoridad del Canal de Panamá, *Canal de Panamá Informe Anual 2016*, Punto Gráfico, S. A., Ciudad de Panamá，p. 295.

② Autoridad del Canal de Panamá, Informe Anual 2021-Canal de Panamá, p. 14, https：//pancanal. com/wp-content/uploads/2021/09/Canal-de-Panama-Informe-Anual-2021. pdf.

美洲地区陷入军事、政治、经济、社会危机。为了避免中美洲局势继续恶化，防止美国与苏联在拉丁美洲和加勒比地区的争霸和军事介入扩大化，1981年委内瑞拉、哥伦比亚、巴拿马、墨西哥四国组成"孔塔多拉集团"，坚持不干涉和自决原则，主张和平解决争端，积极开展中美洲和平斡旋。1985年巴西、阿根廷、乌拉圭、秘鲁四国成立"利马集团"，支持孔塔多拉集团的和平主张和斡旋。1986年孔塔多拉集团和利马集团八国外长在巴西里约热内卢召开会议，决定成立拉丁美洲"政治协商协调进程"，简称"里约集团"。里约集团不仅为中美洲实现和平发挥了重要作用，还为2011年成立"拉丁美洲和加勒比国家共同体"奠定了政治基础。

美国将中美洲视作美国本土安全的重要威胁来源之一，尤其是中美洲的非法移民和毒品犯罪集团。美国一直加强"管控"中美洲，其主要措施包括四个方面。第一，自由贸易。2005年美国与中美洲传统五国以及位于加勒比海的多米尼加签订了《美国—多米尼加—中美洲自由贸易协定》。2007年美国与巴拿马签订了双边自由贸易协定。对于伯利兹，美国则通过加勒比盆地倡议，向伯利兹单方面开放市场。第二，军事和发展援助，如培训警察，训练军队，援助警用、军事物资等。发展援助主要集中在"北部三角"，即危地马拉、萨尔瓦多、洪都拉斯三国。第三，"发动民众斗政府"，对于美国不满意的中美洲国家领导人及政府官员，美国以反腐败为由，利用其影响或控制的非政府组织，引导、组织和发动民众，批评、指责甚至攻击这些领导人和政府官员，迫使其下台或就范。第四，打压和制裁尼加拉瓜桑解阵，桑解阵执政的尼加拉瓜与古巴、委内瑞拉并列，共同作为美国重点打击的拉美三国。

四 中国与中美洲国家关系

截至2022年4月，中国与四个中美洲国家建立或恢复外交关系，按照建交年份依次为哥斯达黎加（2007年6月）、巴拿马（2017年6月）、萨尔瓦多（2018年8月）、尼加拉瓜（2021年12月）。中国与尼加拉瓜于1985—1990年一度建交，2021年12月恢复外交关系。中国与伯利兹、洪都拉斯、危地马拉三国尚未恢复或建立外交关系，中国与伯利兹于1987—1989年一度建有外交关系。

　　根据中方统计，2021 年中国与中美洲七国的商品贸易总额约为 231.1 亿美元，其中，中方出口 204.1 亿美元，中方进口 27.0 亿美元，中方顺差 177.1 亿美元。巴拿马的贸易自由化程度较高，作为中国商品在拉丁美洲和加勒比地区的重要转口贸易和集散中心，巴拿马是中国在中美洲地区第一大贸易伙伴，2021 年中国向巴拿马出口商品约 113.4 亿美元，自巴拿马进口商品约 11.6 亿美元。危地马拉和哥斯达黎加分别是中国在中美洲地区的第二大、第三大商品贸易伙伴，双边商品贸易总额分别为 43.5 亿美元和 30.7 亿美元。

　　哥斯达黎加不仅是第一个与中国建交的中美洲国家，也是第一个与中国签订自由贸易协定（2010 年）的中美洲国家。巴拿马是第一个与中国签订"一带一路"谅解备忘录（2017 年 11 月）的拉丁美洲和加勒比国家，并且与中国开展了自由贸易谈判。萨尔瓦多、尼加拉瓜与中国建交后，分别与中国签订了共建"一带一路"双边文件。伯利兹、危地马拉、洪都拉斯三国虽然尚未与中国恢复或建立外交关系，但在中拉全面合作伙伴关系框架内，以中国—拉共体论坛为重要平台，日益深化双边官方交往和交流，不断扩大和拓展双边合作。

第七章
古巴和加勒比国家

　　"加勒比"的名称来源于小安的列斯群岛的土著人——加勒比人,其含义是"健壮者"或"堂堂正正的人"。截至2021年,加勒比地区有16个国家。在这16个国家中,古巴和多米尼加是西班牙语国家,属于"拉美国家";其他14个国家是非西班牙语国家,被称作"加勒比国家"。14个加勒比国家的国土面积合计约46.3万平方千米。2020年加勒比国家人口合计约1884.7万人,GDP合计约898.5亿美元。① 古巴不仅是加勒比海的第一大国,也是一个社会主义国家,因此,本章将古巴单独作为一节进行介绍。

第一节　古巴

　　古巴全称为"古巴共和国",是一个由古巴共产党领导的社会主义国家。官方语言为西班牙语。在北、西、南、东四个方向,古巴分别与美国、墨西哥、牙买加、海地和多米尼加隔海相望,国土面积约为109884平方千米。古巴属于中高收入经济体,2020年人口数量约为1118万人,

---

　　① 拉丁美洲和加勒比经济委员会"CEPALSTAT"数据,https://statistics.cepal.org/。根据统计数据计算。在CEPALSTAT数据中,2020年古巴的人口数量约为1133万人。在古巴2020年统计年鉴数据中,2020年古巴约有1118万人口,二者相差15万人左右。本章采用古巴的人口数据,其他国家(地区)的人口数据采用CEPALSTAT数据。在CEPALSTAT数据中,2020年古巴GDP约为1073.5亿美元。在古巴2020年统计年鉴数据中,2020年古巴GDP约为1073.5亿比索。CEPALSTAT数据所采用的古巴货币单位为"可兑换比索",古巴可兑换比索与美元的汇率为1∶1。

GDP 约为 1073.5 亿比索，人均 GDP 约为 9602 比索。①

一　古巴社会主义

1898 年美国赢得美西战争后占领古巴，1902 年通过扶植傀儡政府而成立"古巴共和国"。古巴人民争取国家独立的斗争持续不断，美国占领古巴后，古巴的农地矛盾、劳资矛盾，古巴与美国之间的国家矛盾交织在一起，且日益激化和尖锐。

在古巴人民长期的革命和斗争进程中，菲德尔·卡斯特罗（1926—2016 年）成为主要领导人之一。1959 年 1 月 1 日，卡斯特罗率领义军推翻美国扶植的独裁政府，建立革命政府。当时，古巴高度依赖美国市场（如蔗糖出口）和美国经援。在经济方面，美国停止对古巴的一切经济援助，取消古巴对美国的蔗糖出口配额，对古巴实行禁运。在政治方面，美国与古巴断交，并操纵美洲国家组织干涉古巴内政。在军事方面，美国指使美国的反古分子潜入古巴进行破坏活动，组织雇佣军，准备公开入侵古巴。美国对古巴的一系列经济、政治、军事举措，使新生的古巴革命政权面临被扼杀的危险。古巴为了将革命继续深入下去，决定加入社会主义阵营，进行社会主义革命。1961 年古巴三个主要革命组织，即"七·二六运动"、人民社会党和"三·一三革命指导委员会"，合并成立革命统一组织。1962 年革命统一组织改名为古巴社会主义革命统一党。1965 年在古巴社会主义革命统一党的基础上建立古巴共产党，由菲德尔·卡斯特罗担任党的第一书记。

面对美国的严密封锁和蓄意破坏，古巴共产党和古巴人民坚定推进古巴特色社会主义革命和建设进程。1959—1963 年为巩固革命政权和民主改革阶段。在政治和军事方面，解散一切独裁机构和独裁机器，建立革命政权和武装力量。在经济和社会方面，主要有三大措施。第一，废除大庄园制度，征收自然人或法人占有的 402 公顷以上的土地。第二，对本国和外国企业，尤其是美资企业，实行国有化。第三，实行全民福利，每户城市

---

① Oficina Nacional de Estadística e Información, República de Cuba, *Anuario Estadístico de Cuba 2020*, Edición 2021, La Habana, Cuba, 2021, pp.25, 26, 148. 人均 GDP 根据 GDP 数据和人口数据计算。"比索"为古巴 2020 年统计年鉴使用的货币名称。

家庭只能拥有一所住房，确保充分就业并使所有劳动者享有社会保险，使全体人民享有免费医疗和免费教育，并开展大规模的扫盲运动。在外交方面，与社会主义国家建立外交关系，加入经济互助委员会（以下简称"经互会"，1949—1991 年），与苏联等经互会成员国全面开展经贸合作。

1963—1990 年为探索、加强政治体制与计划经济体制阶段。在政治体制方面，根据古巴实际和革命与建设需要，古巴曾实行了一段时间的总统制，卡斯特罗集党、政、军最高领导职务于一身。随着革命政权的稳固，根据社会主义建设的实际需要，参考其他社会主义国家的基本经验，20 世纪 70 年代中期，古巴确立了全国人民政权代表大会（以下简称"全国人大"）、国务委员会、部长会议这一基本政治体制。全国人大是国家最高权力机关，拥有修宪和立法权。国务委员会主席是国家元首、武装部队总司令。部长会议主席是政府首脑。在计划经济体制方面，主要有四方面的措施。第一，消灭大庄园制，征收超过 67.15 公顷的全部私有土地。第二，消灭私有制，政府几乎全部接管私人小企业、手工业作坊和商店。第三，"以糖为纲"，将蔗糖产量作为主要生产指标，以增加蔗糖出口和增加外汇收入，确保经济持续发展。第四，关闭市场，20 世纪 80 年代中期，关闭农民自由市场，恢复国家统购统销制度；禁止私人买卖房屋；禁止出售手工艺品和艺术品；禁止私人行医；等等。

1990 年以来为探索和巩固古巴特色社会主义阶段。1990 年前后，古巴 85% 左右的对外贸易集中在苏联和东欧社会主义国家，苏联解体、东欧剧变对古巴造成巨大政治、经济、社会、外交冲击。1990 年 9 月，古巴宣布进入"和平时期的特殊阶段"（以下简称"特殊阶段"），这一阶段持续至 2011 年。解决食品短缺，增加外汇收入是特殊阶段的两项重要任务。为此，古巴在坚持计划经济的基础上，调整政府与市场、古巴与世界的关系，主要有四方面的措施。第一，重点发展创汇部门，特别是旅游创汇和医疗器材、生物制品等出口创汇。第二，开放农牧业产品自由市场和手工业市场。第三，将对外开放确定为国策，承认合资企业是古巴经济中的一种所有制形式，开办自由贸易区。第四，实施金融体制改革。1993 年允许美元在古巴境内流通，出现了美元和古巴比索（古巴本币）同时流通的"双货币"格局。2004 年 11 月古巴禁止美元在古巴流通，用"可兑换比

索"按1:1的固定汇率替换美元,可兑换比索与古巴比索的固定汇率为
1:24,两种比索均可在古巴境内流通和使用,从而形成了"双货币"制
度。2011年4月,古巴共产党第六届全国代表大会(简称"古共六大")
通过了《党和革命的经济社会政策纲要》,这标志着古巴正式启动"更新"
社会主义模式进程,主要措施包括党组织生活正常化、干部任期制度化和
高层领导年轻化,扩大个体经济,启动以统一汇率为目标的货币制度改
革,培育和发展市场,等等。

二 古巴的发展条件

(一)自然条件

自然灾害频发,耕地资源、能源资源相对不足影响和制约着古巴的经
济社会发展。古巴地处热带,大部分地区属于热带雨林气候且雨水充足。
每年6—11月,特别是9—11月是飓风季节。飓风是对古巴影响较大的自
然灾害之一。古巴由1600多个大小不等的岛屿组成,古巴岛面积约104338
平方千米,约占古巴国土面积的95%。古巴的森林覆盖率约为31.8%。耕
地面积约为312万公顷(折合3.12万平方千米),约占国土面积的
21.8%,人均耕地面积约为0.3公顷。古巴的矿产资源品种较多,但除铁、
镍、铬等金属类矿产资源外,其他矿产资源储量较为有限,尤其是能源类
矿产资源相对较少。[①] 2019年古巴的甘蔗废渣发电占一次能源的41.2%,
石油和天然气占53.4%,二者合计占94.6%。[②]

(二)社会和经济条件

古巴是一个以黑白混血种人为主,多民族融合程度较高的国家。2020
年15—64岁经济活动人口占总人口的68.5%,劳动力资源较为充足。古
巴的城市化率约为77.1%。哈瓦那是第一大城市,为古巴首都和全国经

---

① Oficina Nacional de Estadística e Información, República de Cuba, *Anuario Estadístico de Cuba 2020*, Edición 2021, La Habana, Cuba, 2021, pp. 22, 25, 65, 67, 238. 古巴岛占古巴国土面积的比重,根据统计数据计算。耕地面积的公顷数值折算为平方千米,数值按100公顷等于1平方千米折算。耕地面积占国土面积比重、人均耕地面积,根据统计数据计算。

② 拉丁美洲和加勒比经济委员会"CEPALSTAT"数据,https://statistics.cepal.org/。"可耕地占国土面积的比重、人均可耕地面积、石油和天然气占一次能源的比重"根据统计数据计算。

济、文化中心，始建于 1515 年，2020 年约有 213 万人口。①

服务业和消费是古巴经济增长的两大重要支撑因素。2020 年服务业占 GDP 的 75.5%；消费占 GDP 的 89.4%，其中，50.6% 为家庭消费，38.8% 为政府消费。② 粮食和能源不能自给是两大重要制约因素。古巴的经济作物主要有甘蔗、烟草、咖啡等热带作物，粮食作物主要有玉米、稻米等。2020 年古巴的玉米产量为 25.7 万吨，稻米产量为 26.7 万吨，远远不能满足国内消费需求。牛肉、鸡肉、羊肉、猪肉产量合计约 22.1 万吨，也不能满足国内消费需求。③ 古巴地处油气资源丰富的墨西哥湾边缘地带，理论上应该拥有油气资源，也发现了几片油田，但石油和天然气消费几乎完全依赖进口。

古巴的土地分为国有土地、集体土地和自耕农土地三部分。以耕地为例，2020 年国有土地（国营农场土地）约 109 万公顷，约占耕地面积的 34.9%。集体土地主要包括生产合作社土地和农业合作社土地，前者约 78 万公顷，占耕地面积的 25.0%；后者约 23 万公顷，占耕地面积的 7.4%。自耕农土地约 125 万公顷，约占耕地面积的 32.7%。国营农场、生产合作社、农业合作社、自耕农合作社等农业生产单位有 8578 个，约有 40.4 万户农民。④

2016—2020 年古巴中央政府财政收入占 GDP 的平均比重约为 56.2%，财政支出占 GDP 的平均比重约为 65.6%，财政赤字占 GDP 的平均比重约为 9.3%。同期，医疗、教育、社会保障支出约占 GDP 的 27.3%，约占中央政府财政支出的 41.7%。⑤ 财政赤字主要依靠外汇收入来平衡，在商品

① Oficina Nacional de Estadística e Información, República de Cuba, *Anuario Estadístico de Cuba 2020*, Edición 2021, La Habana, Cuba, 2021, pp. 93, 96. "经济活动人口占总人口的比重、城市化率" 分别根据第 93 页 "3.2 – Población residente por sexo, edades y relación de masculinidad, año 2020" "3.3 – Población media según grupos de edades, sexo y zonas, año 2020" 中的统计数据计算。

② Oficina Nacional de Estadística e Información, República de Cuba, *Anuario Estadístico de Cuba 2020*, Edición 2021, La Habana, Cuba, 2021, pp. 148, 149. 服务业占 GDP 比重，根据第 149 页数据计算。消费占 GDP 比重，根据第 148 页数据计算。

③ 根据世界粮农组织（FAO）统计数据计算，https://www.fao.org/faostat/en/#data/QCL。

④ Oficina Nacional de Estadística e Información, República de Cuba, *Anuario Estadístico de Cuba 2020*, Edición 2021, La Habana, Cuba, 2021, pp. 238, 240, 242. 国有土地、集体土地、自耕农的耕地数据，根据第 238 页数据计算。

⑤ Oficina Nacional de Estadística e Información, República de Cuba, *Anuario Estadístico de Cuba 2020*, Edición 2021, La Habana, Cuba, 2021, pp. 238, 240, 242. 根据第 148、165 页数据计算。

贸易长期处于逆差的情况下，服务贸易是外汇收入和经常账户顺差的重要来源之一。2016—2020 年古巴年均服务贸易顺差约 92.3 亿比索。医疗服务是主要服务出口之一，2019—2020 年医疗服务出口占服务出口收入的 56.3%。[①]

（三）国家安全条件

古巴国家安全的主要威胁是美国的经济封锁和政治颠覆企图。自 1959 年年初古巴革命胜利以来，美国对古巴一直实行霸权主义和强权政治。在经济上，进行经济封锁和贸易禁运；在军事上，组织雇佣军武装入侵并不断进行威胁和挑衅；在外交上，千方百计企图孤立古巴；在政治上，扶植反对派、搞各种颠覆、破坏活动，处心积虑地阴谋杀害卡斯特罗等古巴领导人；在意识形态方面，进行"电波侵略"，加强"和平演变"和颠覆性宣传攻势；在移民问题上，鼓励非法移民，煽动"移民潮"。

1996 年 3 月，美国总统克林顿签署"赫尔姆斯—伯顿法"（以下简称"赫—伯法"），加强对古巴的封锁。"赫—伯法"的主要内容是：要求古巴赔偿 1959 年革命胜利后被没收的、后加入美国国籍的古巴人的企业和财产；对于购买或租借古巴没收的美国企业和财产的外国公司，不予签发赴美签证；禁止海外的美国公司向上述公司提供信贷；美国有权拒绝向与古巴有信贷关系的国际金融机构支付债务；美国公民有权向法庭起诉与古巴没收其财产有牵连的外国政府或个人。

三 "更新"社会主义新阶段

2019 年古巴以全民公投的方式通过了新宪法，即 2019 年新宪法，古巴社会主义的"更新"进入新阶段。新宪法重申：古巴是社会主义国家，坚持社会主义道路，古巴共产党是古巴社会和国家的最高领导力量。在政治体制方面，设国家主席、副主席、总理及副总理职位，国家主席是国家元首，总理是政府首脑；全国人大是古巴最高国家权力机构，国务委员会为全国人大常设机构，国务委员会主席、副主席和秘书长由全国人大主

[①] Oficina Nacional de Estadística e Información, República de Cuba, *Anuario Estadístico de Cuba 2020*, Edición 2021, La Habana, Cuba, 2021, pp.191, 232, 233. 根据统计数据计算。

席、副主席和秘书长兼任；部长会议为古巴最高行政执行机构，由总理、副总理、各部部长和秘书长等人组成。在经济体制方面，坚持全民所有制和计划经济体制；管理和控制市场；承认混合所有制、私人所有制、个人所有制等均为社会主义所有制的组成部分。在国际关系方面，加强古巴与拉丁美洲和加勒比国家、第三世界国家、社会主义国家的合作。

利用有限的资源，尤其是有限的经济和财政资源，保障和改善全民福利是古巴特色社会主义的重要特点之一，社会保障全覆盖，中小学净入学率、识字率、人均预期寿命均居拉丁美洲和加勒比地区前列，这些社会发展指标充分体现了古巴特色社会主义制度的优越性。"更新"和发展古巴特色社会主义主要面临四个方面的安全挑战。第一，粮食和食品安全。受自然条件制约，古巴粮食和食品安全对外依存度较高，2018—2020 年古巴每年人均进口农牧业产品约 0.35 吨，约占农牧业产品人均年消费量的 57.4%。① 2020 年古巴进口的农牧业产品约为 346.7 万吨，其中，稻米约 123.6 万吨，玉米约 77.8 万吨，小麦约 60.0 万吨，农牧产品进口额约 19.2 亿美元，② 约占古巴商品进口总额（72.3 亿美元③）的 26.6%。第二，能源安全。2016—2019 年古巴年均进口原油 287.9 万吨，年均进口成品油 309.3 万吨。2019 年原油和成品油进口额约为 25.6 亿美元，约占商品进口总额（99.0 亿美元）的 25.9%。④ 第三，经济安全。税收收入是古巴中央政府的主要预算收入来源，2020 年税收收入约占预算收入的 74.0%。⑤ 可兑换比索与古巴比索之间的汇率差是平衡古巴中央政府财政收支的重要政策工具之一。货币并轨后，中

① 根据世界粮农组织（FAO）和古巴 2020 年统计年鉴统计数据计算。https：//www. fao. org/faostat；Oficina Nacional de Estadística e Información, República de Cuba, *Anuario Estadístico de Cuba* 2020, Edición 2021, La Habana, Cuba, 2021, p. 92.

② 根据世界粮农组织（FAO）统计数据计算，https：//www. fao. org/faostat/en/#data/QCL。

③ Oficina Nacional de Estadística e Información, República de Cuba, *Anuario Estadístico de Cuba 2020*, Edición 2021, La Habana, Cuba, 2021, p. 204. 将古巴可兑换比索按 1∶1 的汇率换算为美元。

④ Oficina Nacional de Estadística e Información, República de Cuba, *Anuario Estadístico de Cuba 2020*, Edición 2021, La Habana, Cuba, 2021, pp. 192, 215, 272. 根据统计数据计算。

⑤ Oficina Nacional de Estadística e Información, República de Cuba, *Anuario Estadístico de Cuba 2020*, Edición 2021, La Habana, Cuba, 2021, p. 165. 根据统计数据计算。

央政府的财政赤字主要依靠国内储蓄和外汇收入予以平衡。在国内储蓄和外汇收入不足的情况下，在较大程度上需要古巴央行通过增发货币来平衡中央政府的财政赤字。因此，2020 年古巴正式实施可兑换比索与古巴比索并轨，货币并轨对财政体制、金融体制、价格与市场监管体制、工资和社会保障体制等产生系统性影响。第四，国家安全。美国政府持续升级对古巴的敌对政策。一方面，对古巴实施"经济扼杀"，不仅限制甚至禁止美、古之间的贸易、金融、人员往来，还试图切断古巴与世界的交往与合作；另一方面，对古巴实施"政治扼杀"，试图推翻古巴共产党的领导地位，在古巴恢复资本主义。

古巴共产党领导古巴人民坚持、探索和发展古巴特色社会主义，在前进道路上，取得了一系列重大胜利和历史性成就。根据宪法确立的国体和政体，在古巴共产党的全面领导下，以全民所有制为基本经济制度，以何塞·马蒂（1853—1895 年）思想、菲德尔·卡斯特罗思想和马克思、恩格斯、列宁主义理论为指导，实现了古巴人民、政府、国家的纵向统一，依据古巴实际，辩证处理农民与土地、劳动与资本、政府与市场、古巴与世界的关系。通过重视农地、劳资的统一性，探索古巴特色的计划与市场相统一，激发农民、劳动、资本的生产积极性，提高农牧产品、工业制成品、能源等的"进口替代"能力，提高古巴商品和服务的出口创汇能力。通过重视古巴与世界的统一性，加强和扩展古巴与世界的交往与合作。古巴与委内瑞拉共同推进加勒比地区能源、经济、社会一体化进程，古巴积极支持、参与拉丁美洲和加勒比地区一体化进程，积极推动拉丁美洲和加勒比国家加强团结。古巴继续加强与中国、俄罗斯等传统友好国家和伙伴国家之间的合作，稳步推进与欧盟、日本等西方国家的经贸关系。2020 年古巴与欧洲、拉丁美洲和加勒比地区、亚洲的商品进出口额分别占古巴商品贸易总额的 36.3%、29.0% 和 22.6%，三者合计约为 87.9%。①

四　中国与古巴关系

中国高度重视中古关系。中国的党和国家领导人习近平指出，"中古

---

① Oficina Nacional de Estadística e Información，República de Cuba，*Anuario Estadístico de Cuba 2020*，Edición 2021，La Habana，Cuba，2021，pp. 193，194，195. 根据统计数据计算。

是好朋友、好同志、好兄弟"①。

中古革命友谊源远流长。1847—1874 年约有 12.6 万名契约华工运抵古巴，75% 的华工在契约未满之前就被虐待致死。1868—1878 年、1895—1898 年不堪虐待的华工踊跃参加反抗殖民统治的古巴独立战争，为了纪念和表彰华工为古巴独立作出的贡献，古巴政府在哈瓦那建立了纪念碑，碑座上镌刻着"在古巴的独立战争中，没有一个中国人是叛徒，没有一个中国人当逃兵"②。

古巴革命胜利后，中古关系的发展进程可以分为四个阶段。1959—1965 年为第一个阶段。中国率先承认古巴革命政府，1960 年中古建立外交关系，中国主要向古巴提供政治和道义支持以及人道主义救灾援助。1966—1988 年为第二个阶段，20 世纪 60 年代前期出现了中国与苏联的大论战（以下简称"中苏论战"），中国和苏联在意识形态上产生严重分歧，国家关系也随之恶化。起初，古巴对中苏论战采取不介入态度。古巴从自身实际情况出发，希望社会主义阵营团结，同苏联和中国都保持友好关系。中国理解古巴的处境，继续在政治上和经济上支持古巴，但没有接受古巴的中苏调解。中古关系趋于紧张和恶化。1989—2000 年为第三个阶段，中古关系全面恢复。自 1989 年以后，中古两国在政治、经济、文化等领域的友好合作关系不断发展。1993 年时任中国国家主席江泽民访问古巴，这是中古建交以来中国国家领导人第一次访问古巴。1995 年菲德尔·卡斯特罗应邀访问中国，这是古巴革命胜利后古巴国家领导人首次访问中国。20 世纪 90 年代后期，中古友好合作关系进入稳固发展时期，两国在国际事务中密切配合，相互支持，在双边经贸关系上发展顺利，经济合作也取得大的进展，两国建立了全面的友好合作关系。

21 世纪以来是第四个阶段，中古关系全面发展。"无论形势怎么变，中方坚持中古长期友好的方针不会变，深化中古各领域合作的意愿不会变，愿同古方做社会主义的同路人、共同发展的好伙伴、携手抗疫的好榜

---

① 《习近平同古共中央第一书记、国家主席迪亚斯－卡内尔通电话》，《人民日报》2021 年 5 月 7 日第 1 版。

② 杨力：《华侨华人概说》，福建省侨务干部学校，1992 年 12 月，第 225、226 页。

样、战略协作的好战友。"①

第二节　加勒比国家

加勒比海、加勒比海地区、加勒比国家、加勒比地区是既有关联、又有差异的不同概念。例如，加勒比海地区包括加勒比海和巴哈马群岛；加勒比地区不仅强调加勒比国家语言文化特点，还强调这些国家的地缘政治特点等。

一　加勒比海地区概况

加勒比海位于北美洲，北、西、南三面分别为美国、墨西哥、中美洲和南美洲，东面为大西洋，北回归线横越加勒比海北侧。加勒比海被称作"最大的内海"和美洲地区的内海，东西长约 2735 千米，南北宽约 805—1287 千米，中部较窄，东、西两端较宽，总面积约 275.4 万平方千米，平均水深 2491 米，最大水深 7100 米（开曼海沟）。② 加勒比海的北部边缘为大体呈东、西走向的大安的列斯群岛，东部边缘为大体呈南、北走向的小安的列斯群岛，南部边缘为南美大陆，西部、西南部边缘为墨西哥的尤卡坦半岛和中美地峡。加勒比海以北是西北、东南走向的巴哈马群岛。1492 年哥伦布误认为这些岛屿位于印度附近，将其命名为"印度群岛"。后来，人们知道这些群岛位于西半球，故而将其称为"西印度群岛"。本书中的"加勒比海地区"包括西印度群岛以及散布在加勒比海域的其他岛屿。

加勒比海地区地处热带，但因有海风调节，气候并不十分炎热，年平均温度为 25℃—26℃，年平均降水量为 1000—2000 毫米。加勒比海地区约有 7000 个岛屿，风景秀美，旅游资源丰富。每年 8—10 月为飓风季节，其他季节海面相对平静，适于海上航行和旅游。

巴哈马群岛位于美国佛罗里达半岛的东南方向，由 700 多个海岛和

---

① 《习近平同古巴国家主席迪亚斯－卡内尔通电话》，《人民日报》2021 年 8 月 31 日第 1 版。
② 闫旭主编：《走进科普世界丛书：蓝色星球》，武汉大学出版社 2014 年版，第 36 页。

2000 多个岩礁、珊瑚礁组成，岛屿面积约 1.4 万平方千米。安德罗斯岛为第一大岛，面积约 0.6 万平方千米。多数岛屿地势低平，海拔仅 10 米左右。最高点在卡特岛，海拔 63 米。[①] 大安的列斯群岛包括古巴岛、海地岛、波多黎各岛、牙买加岛、开曼群岛以及附近岛屿，岛屿面积约 20.8 万平方千米，山地占群岛面积的一半以上。海地岛约 7.6 万平方千米，为加勒比海地区第二大岛。牙买加岛约 1.1 万平方千米，为加勒比海地区第三大岛。波多黎各岛约 0.9 万平方千米，为加勒比海地区第四大岛。

自北向南，小安的列斯群岛包括维尔京群岛、背风群岛、向风群岛、特立尼达和多巴哥岛以及靠近委内瑞拉北岸的一些岛屿，岛屿面积约 1.1 万平方千米。维尔京群岛位于小安的列斯群岛西北端。背风群岛位于小安的列斯群岛北部，西北、东南走向分布，因背向大西洋东北信风而得名，多火山岛和珊瑚岛。自北向南，背风群岛包括安圭拉岛、蒙特塞拉特岛、安提瓜岛和巴布达岛、圣基茨岛和尼维斯岛，以及圣马丁岛、萨巴岛、尤斯特歇斯岛等岛屿。向风群岛位于小安的列斯群岛南部，大体南、北走向分布，多火山岛，因面向大西洋东北信风而得名。自北向南，向风群岛包括多米尼克、马提尼克、圣卢西亚、圣文森特和格林纳丁斯五个大岛和一些小岛。特立尼达和多巴哥岛位于小安的列斯群岛东南端，属于大陆岛，地形以平原和低地为主。阿鲁巴岛位于小安的列斯群岛西南端，库腊索岛、博内尔岛位于委内瑞拉北岸，这三个岛屿均为大陆岛，地势低平。

二　加勒比国家概况

在 14 个加勒比国家中，按各国官方语言或主要使用语言，安提瓜和巴布达、巴哈马、巴巴多斯、多米尼克、格林纳达、牙买加、圣基茨和尼维斯、圣卢西亚、圣文森特和格林纳丁斯、特立尼达和多巴哥、伯利兹、圭亚那 12 国为英语国家，海地为法语国家，苏里南则主要使用荷兰语。

如表 7.1 所示，安提瓜和巴布达、巴哈马、巴巴多斯、圣基茨和尼维斯、特立尼达和多巴哥五国属于高收入经济体。巴哈马是加勒比海地区经济发展水平较高的经济体之一，其 2020 年的人均 GDP 超过 2.6 万美元。

---

① 楼锡淳等编著：《海岛》（第 2 版），测绘出版社 2017 年版，第 60 页。

海地是经济发展水平较低的经济体之一，人口超过 1 千万人，其 2020 年人均 GDP 约为 1714 美元。其他六国属于中高收入经济体。伯利兹位于中美洲，属于中等收入经济体，农业、旅游业为主要产业。圭亚那、苏里南位于南美大陆北部，属于中高收入经济体，农业、矿业是主要产业。

表 7.1　　　　　　　　　　14 个加勒比国家概况

国家	语言	人口（万人）	国土面积（km²）	GDP（亿美元）	人均 GDP（美元）
海地	法语	1140.3	27750	195.4	1714
安提瓜和巴布达	英语	9.8	440	14.7	15000
巴哈马	英语	39.3	13880	103.6	26361
巴巴多斯	英语	28.7	430	48.9	17038
多米尼克	英语	7.2	750	5.5	7639
格林纳达	英语	11.3	340	11.2	9912
牙买加	英语	296.1	10990	147.4	4978
圣基茨和尼维斯	英语	5.3	260	8.7	16415
圣卢西亚	英语	18.4	620	17.7	9620
圣文森特和格林纳丁斯	英语	11.1	390	8.9	8018
特立尼达和多巴哥	英语	140	5130	224.7	16050
伯利兹	英语	39.8	22970	15.9	3995
圭亚那	英语	78.7	214970	54.7	6950
苏里南	荷兰语	58.7	163820	41.2	7019

资料来源：拉丁美洲和加勒比经济委员会 "CEPALSTAT" 数据，https：//statistics. cepal. org/ portal。人口为 2020 年数据，国土面积为 2019 年数据，GDP 为 2020 年数据。人均 GDP 根据 GDP 数据和人口数据计算。

除伯利兹、圭亚那、苏里南三国外，其他 11 个加勒比国家均为加勒比海地区的小型岛屿经济体，这些经济体有三个显著特点。

第一，农业、旅游业、金融业是三大地区性支柱产业。甘蔗、咖啡等传统热带农产品主要集中在大安的列斯群岛的海地、牙买加等国家。海地经济以农业为主，咖啡、蔗糖是主要出口农产品。蓝山山区是牙买加的咖啡主产区，出产于海拔 666 米以上山区的蓝山咖啡和海拔 666 米以下的高山咖啡较为著名。① 在小安的列斯群岛，有少量甘蔗、香蕉、豆蔻等热带农产品的生产和出口。甘蔗和蔗糖生产主要集中在安提瓜和巴布达、圣基茨和尼维斯、圣文森特和格林纳丁斯、特立尼达和多巴哥等国家。圣卢西亚是小安的列斯群岛第一大香蕉生产国和出口国。格林纳达是全球第二大豆蔻生产国和出口国，仅次于印度尼西亚，被誉为加勒比海地区的香料之国，但受地域狭小的制约，豆蔻种植面积和产量较为有限。

旅游业是安提瓜和巴布达、圣卢西亚、格林纳达、圣基茨和尼维斯、多米尼克、圣文森特和格林纳丁斯、巴哈马、巴巴多斯、牙买加等 9 国的支柱产业之一，2014—2018 年入境游客带来的旅游业收入占 GDP 的年均比重，安提瓜和巴布达高达 58.7%，圣卢西亚为 48.5%，格林纳达为43.1%，其他 6 国的这一年均比重介于 18%—40% 之间。与旅游业相配套，巴哈马、巴巴多斯、圣卢西亚、圣文森特和格林纳丁斯、安提瓜和巴布达、圣基茨和尼维斯等 6 国大力发展金融业，尤其是离岸金融服务业，2021 年金融业占 GDP 的比重，巴哈马为 40.1%，巴巴多斯为 33.7%，圣卢西亚、圣文森特和格林纳丁斯、安提瓜和巴布达、圣基茨和尼维斯 4 国的这一比重介于 20%—30% 之间。②

在能源和矿产资源方面，特立尼达和多巴哥拥有较为丰富的石油天然气资源，2016—2020 年原油出口量由 2.8 万桶/日增至 5.6 万桶/日。截至2020 年年底，特立尼达和多巴哥的探明天然气储量约 2250 亿立方米，2020 年的全年天然气产量约为 2984 万立方米，全年天然气出口量约为1202 万立方米。③ 特立尼达和多巴哥的沥青湖是天然沥青产地。牙买加的铝土矿储量较多，是全球铝矾土生产大国之一。海地也有一定数量的铝土矿。

第二，普遍存在三大挑战，即粮食安全保障水平低，能源安全保障水平低，自然灾害频发。人多地少，粮食不能自给，需要大量进口粮食和食

① 《亲历者》编辑部主编：《加勒比海旅行 Let's Go》（第 2 版），中国铁道出版社 2017 年版，第 157 页。

② 拉丁美洲和加勒比经济委员会"CEPALSTAT"数据，https：//statistics. cepal. org/portal。2014—2018 年入境游客带来的旅游业收入占 GDP 的年均比重，根据统计数据计算。

③ Organization of the Petroleum Exporting Countries, *2021 OPEC Annual Statistical Bulletin*, 56th edition, Vienna, Austria, 2021, pp. 48，76，79，80，Table 5. 2，Table 9. 1，Table 9. 3，Table 9. 4.

品。除特立尼达和多巴哥为石油天然气出口国外，其他国家均需进口能源。粮食、食品、能源的进口是绝大部分加勒比海地区国家商品贸易逆差的主要原因。洪水、飓风等灾害频发制约着加勒比海地区国家的经济、社会发展，例如，2004 年的伊万飓风给格林纳达造成的经济损失相当于该国当年 GDP 的 1.48 倍，2017 年的玛利亚飓风给多米尼克造成的经济损失相当于该国当年 GDP 的 2.6 倍。① 加勒比海地区的国家是气候变化的严重受害国，因此，这些国家高度关注气候变化，积极参与控制温室气体排放和控制全球温度上升的气候变化协议。

第三，财政赤字普遍较大，债务负担普遍较重。2020 年加勒比海地区的 11 个加勒比国家中央政府财政收入和财政支出占 GDP 的平均比重分别为 25.9%、33.1%，财政赤字占 GDP 的平均比重为 7.2%。2020 年格林纳达、安提瓜和巴布达、圣文森特和格林纳丁斯、圣卢西亚、巴哈马、巴巴多斯、特立尼达和多巴哥、牙买加 8 国中央政府的教育、医疗、社会保障支出占 GDP 的平均比重约为 12.1%，占中央政府财政支出的平均比重约为 41.9%。债务融资是各国中央政府平衡财政赤字的主要举措，2020 年巴巴多斯、牙买加、巴哈马、多米尼克、圣卢西亚、安提瓜和巴布达、圣文森特和格林纳丁斯、格林纳达、特立尼达和多巴哥、圣基茨和尼维斯、海地 11 国中央政府年末债务余额占 GDP 的平均比重为 85.0%，其中，巴巴多斯的这一比重为 142.2%，牙买加为 103.3%。圣基茨和尼维斯的这一比重相对较低，约为 46.4%。其他 8 国的这一比重介于 60%—100% 之间。②

三　加勒比地区的 14 个政治实体

截至 2021 年，加勒比地区有 14 个分别属于英国、美国、法国、荷兰四国的政治实体，这些政治实体均为拉丁美洲和加勒比经济委员会的联系成员。如表 7.2 所示，这 14 个政治实体为：蒙特塞拉特、安圭拉、开曼群

---

① Alicia Bárcena, Joseluis Samaniego, Wilson Peres, José Eduardo Alatorre, *La emergencia del cambio climático en América Latina y el Caribe: Seguimos esperando la catástrofe o pasamos a la acción?* Santiago, Comisión Económica para América Latina y el Caribe (CEPAL), 2020, p.148.

② 拉丁美洲和加勒比经济委员会"CEPALSTAT"数据，https://statistics.cepal.org/portal。根据统计数据计算。

岛、英属维尔京群岛、特克斯和凯科斯群岛、波多黎各、美属维尔京群岛、马丁尼克、圣马丁、瓜德罗普、库腊索、阿鲁巴以及百慕大、法属圭亚那。

表 7.2　　　　　　　　加勒比地区的 14 个政治实体

所属国	联系成员	性质
英国	蒙特塞拉特	非自治领地
	安圭拉	非自治领地
	开曼群岛	非自治领地
	英属维尔京群岛	非自治领地
	特克斯和凯科斯群岛	非自治领地
	百慕大	非自治领地
美国	波多黎各	自治邦
	美属维尔京群岛	非自治领地
法国	马丁尼克	海外大区
	圣马丁	海外行政区
	瓜德罗普	海外省
	法属圭亚那	海外省
荷兰	库腊索	海外自治领土
	阿鲁巴	自治王国

资料来源：1. 拉美经委会官网，https：//www.cepal.org/en/estados-miembros；2. 联合国非殖民化特别委员会，https：//www.un.org/dppa/decolonization/zh/nsgt。

在 14 个政治实体中，有 6 个属于英国，均为英国的非自治领地，即蒙特塞拉特、安圭拉、开曼群岛、英属维尔京群岛、特克斯和凯科斯群岛。2 个属于美国，即波多黎各和美属维尔京群岛，前者为自治邦，后者为非自治领地。4 个属于法国，即马丁尼克（海外大区）、圣马丁（直属中央政府的海外行政区）、瓜德罗普（海外省）、法属圭亚那（海外省）。2 个属于荷兰，即库腊索（海外自治领土）、阿鲁巴（自治王国）。荷兰在加勒比海地区还拥有部分被称作"公共实体"的领土，即圣尤斯特歇斯、萨巴、荷属圣马丁（圣巴丁岛南半部）、博内尔，四者合称"加勒比荷兰"。荷兰本土、库腊索、阿鲁巴、加勒比荷兰共同构成"荷兰王国"。

在 14 个政治实体中，开曼群岛经济发展水平较高，该群岛土地面积约 240 平方千米，2020 年约有 6.6 万人，GDP 约为 55.9 亿美元，人均 GDP 约为 84697 美元。[①]

四　加勒比地区的一体化进程

加勒比共同体（以下简称"加共体"）、东加勒比国家组织、加勒比国家联盟是推进加勒比地区一体化进程的三个重要次区域组织。

加共体成立于 1973 年，经济一体化、外交政策协调、人文社会发展、安全合作是加共体推进次区域一体化进程的四大支柱。截至 2021 年年底，加共体有 15 个成员和 5 个准成员。15 个成员包括 14 个加勒比国家和 1 个政治实体（英属蒙特塞拉特）。5 个准成员均为属于英国的政治实体，即安圭拉、英属维尔京群岛、特克斯和凯科斯群岛、开曼群岛、百慕大。

东加勒比国家组织由小安的列斯群岛的英国前殖民地和英属政治实体组成，成立于 1981 年，截至 2021 年年底，有 7 个成员和 2 个准成员。7 个成员包括 6 个国家（安提瓜和巴布达、多米尼克、格林纳达、圣基茨和尼维斯联邦、圣卢西亚、圣文森特和格林纳丁斯）和 1 个英属政治实体（蒙特塞拉特），2 个准成员均为英属政治实体（安圭拉、英属维尔京群岛）。东加勒比国家组织成员之间的一体化程度较高，例如，设立了东加勒比电信局、民航管理处、东加勒比中央银行、东加勒比高级法院等组织机构。东加勒比中央银行发行的东加勒比元为共同货币。共同建立一支维和部队（在巴巴多斯训练），该部队正常情况下不能动用，仅在某一成员国出现突发事件时，经各国同意，该部队才参加维和行动。

东加勒比国家组织和加共体是加勒比地区两个不同的组织，除东加勒比国家组织的 7 个正式成员同时也是加共体的成员外，相互之间没有实质性的关系。

---

① 世界银行"World Development Indicators"统计数据，https://databank.worldbank.org/source/world-development-indicators。2020 年波多黎各和开曼群岛人均 GDP 根据统计数据计算。

加勒比国家联盟是以加共体为核心，包括环加勒比海沿岸国家以及英、法、荷在加勒比海地区的非自治领地、海外领地等在内的次区域政治协商组织，成立于1994年，其基本宗旨包括加强成员间政治、经贸、文化等各领域协调与合作，推动地区一体化进程，共同保护加勒比海环境，促进大加勒比地区可持续发展。截至2021年年底，加勒比国家联盟有25个成员国和12个准成员。除加共体15个成员国外，还包括10个拉美国家，即古巴、墨西哥、危地马拉、萨尔瓦多、洪都拉斯、哥斯达黎加、尼加拉瓜、巴拿马、哥伦比亚、委内瑞拉。12个准成员包括6个荷属政治实体（阿鲁巴、博内尔、库腊索、萨巴、圣尤斯特歇斯、圣马丁）、5个法属政治实体（法属圭亚那、瓜德罗普、马丁尼克、圣巴托洛缪、圣马丁）和1个英属政治实体（英属维尔京群岛）。

五　加勒比地区的地缘与国际政治地位

加勒比地区拥有独特的地缘和国际政治地位，主要表现在三个方面。第一，该地区有16个国家和14个政治实体，国家（地区）数量较多，多元化程度较高。第二，地处海上交通"十"字要冲。加勒比海被称作美洲的"地中海"，地处东、西连通太平洋、大西洋，南、北沟通南美洲、北美洲的海上交通咽喉要冲。第三，地缘与国际政治局势较为复杂。一方面，加勒比海地区的国家和地区均为岛屿国家或小型岛屿经济体，其在粮食安全、能源安全、防灾减灾、气候变化、可持续发展、海洋经济等领域对国际社会的诉求，尤其是对国际公共产品的需求，与太平洋、印度洋的小型岛屿国家和经济体具有较高程度的一致性；另一方面，美国、英国以及委内瑞拉、墨西哥等国家在加勒比海地区拥有不同程度的影响力。

美国凭借其军事、经济霸权，力求全面掌控加勒比地区。在军事领域，继开通巴拿马运河之后，1940年前后，美国通过租借法案，租借英国在加勒比地区的军事基地，为期99年，使美国的军事基地和军事设施遍布加勒比地区。美国以打击毒品和跨国有组织犯罪等为名义，向除古巴外的加勒比地区提供军事援助，借以影响甚至控制有关国家的军事力量。在经济领域，随着加勒比地区的英属殖民地陆续实现独立，1982年美国提出

"加勒比盆地倡议"，通过"加勒比盆地经济复兴法案"（1984 年）、"加勒比盆地贸易伙伴关系法案"（1990 年）[①]、"加勒比盆地安全倡议"（2010年）等一系列政策措施，美国向除古巴外的加勒比地区 18 个经济体单边开放美国市场，提供经济援助；利用税收减免、免征关税等政策，鼓励美国企业在这一地区的中低收入经济体进行投资。18 个经济体包括 14 个加勒比国家和 4 个政治实体（荷属阿鲁巴、荷属安的列斯群岛、英属维尔京群岛、英属蒙特塞拉特）。

英国在加勒比地区拥有重要的政治和经济利益，主要通过英联邦王国、英联邦体系、英属政治实体来维护和实现这些利益。截至 2021 年年底，以英国国王为"共主"的英联邦王国有 15 个成员国，其中 8 个位于加勒比地区，即安提瓜和巴布达、巴哈马、格林纳达、牙买加、圣基茨和尼维斯、圣卢西亚、圣文森特和格林纳丁斯、伯利兹。以英国国王为名义"国家元首"的英联邦体系有 54 个成员国，[②] 其中 12 个位于加勒比地区，除 8 个英联邦王国的成员国外，巴巴多斯、多米尼克、圭亚那、特立尼达和多巴哥 4 国为英联邦成员国。2021 年 11 月巴巴多斯正式脱离英联邦王国，但仍是英联邦成员国。英国拥有 10 个非自治领地，其中 6 个位于加勒比地区。在军事利益方面，美国租借的英国在加勒比地区的军事基地于 2039 年前后期满，英国计划在加勒比地区重建 1 个军事基地，以确保其在该地区的各方面利益。

委内瑞拉主要通过实施加勒比石油计划，对加勒比地区的能源安全和经济社会发展作出重要贡献。加勒比石油计划于 2000 年由委内瑞拉发起，2005 年正式实施，涉及 18 个国家，即委内瑞拉、安提瓜和巴布达、巴哈马、伯利兹、古巴、多米尼克、多米尼加、格林纳达、危地马拉、圭亚那、海地、洪都拉斯、牙买加、尼加拉瓜、圣基茨和尼维斯、圣文森特和格林纳丁斯、圣卢西亚、苏里南。2005—2014 年委内瑞拉向有关国家累计供应原油 3 亿桶，原油货款总额约 280 亿美元，其中 120 亿美元转换为支

---

① Abigail B. Bakan et al., *Imperial Power and Regional Trade: The Caribbean Basin Initiative*, Wilfrid Laurier University Press, Canada, 1993; Walker A. Pollard et al., *Economic Growth and Development in the Caribbean Region*, Nova Science Publishers, Incorporated, New York, 2009.

② 英联邦官网，https://thecommonwealth.org/our-member-countries。

持有关国家经济社会发展的长期低息贷款。① 2015 年以来，主要受美国页岩油气产量大幅度提高、美国单方面制裁委内瑞拉、美国扰乱委内瑞拉政局稳定等因素的影响，委内瑞拉原油价格大幅度下跌且长期低迷，委原油产量和产能大幅度萎缩，削弱了委内瑞拉对加勒比地区能源安全、经济社会发展的支持力度。

墨西哥的地缘影响力主要表现在三个方面。第一，通过参与和推进中美洲一体化，主要影响中美洲国家、哥伦比亚和位于加勒比海的多米尼加。中美洲一体化和发展项目于 2001 年开始实施，包括 10 个国家，即墨西哥、危地马拉、伯利兹、萨尔瓦多、洪都拉斯、尼加拉瓜、哥斯达黎加、巴拿马、多米尼加、哥伦比亚。中美洲一体化和发展项目有两条主线，即经济一体化发展主线和社会一体化发展主线，前者包括交通、能源、通信、贸易和竞争便利化政策 4 个领域，后者包括医疗、环境保护、灾害防控、住房、食品和粮食安全 5 个领域。第二，墨西哥长期支持古巴，反对美国制裁古巴。第三，通过加勒比国家联盟，加强次区域政治磋商和团结，支持和推进次区域一体化进程。墨西哥为加勒比国家联盟 2021—2022 年度轮值主席国。

六 中国与加勒比国家关系

2022 年 4 月中国国务委员兼外长王毅和多米尼克代总理奥斯特里共同主持中国和加勒比建交国外长会。王毅指出，"中国和加勒比国家是志同道合的好朋友和好伙伴"②。在 14 个加勒比国家中，中国已与 9 个国家建立了外交关系，按照建交年份依次为：圭亚那（1972 年）、牙买加（1972 年）、特立尼达和多巴哥（1974 年）、苏里南（1976 年）、巴巴多斯（1977 年）、安提瓜和巴布达（1983 年）、格林纳达（1985 年）、巴哈马（1997 年）、多米尼克（2004 年）。在 5 个未建交国中，有 4 个位于加勒比海（圣

---

① TeleSUR, "Petrocaribe: a 12 años del acuerdo integracionista del Caribe", 2017 – 06 – 29, https: //www. telesurtv. net/news/Petrocaribe – A – 12 – anos – del – acuerdo – integracionista – del – Caribe – 20170628 – 0055. html. [2018 – 04 – 11].

② 《王毅：中加全面合作伙伴关系持续深化》，中华人民共和国外交部官网，2022 年 4 月 29 日，https: //www. mfa. gov. cn/web/wjbzhd/202204/t20220429_ 10680439. shtml.

卢西亚、圣基茨和尼维斯、圣文森特和格林纳丁斯、海地），中国与圣卢西亚于1997—2007年曾一度建立和保持外交关系。伯利兹位于中美洲，中伯两国尚未恢复外交关系。

　　中国与加勒比国家的经贸合作有三方面的显著特点。第一，除特立尼达和多巴哥外，其他国家（地区）在对华商品贸易中处于逆差状态。2021年中国与14个加勒比国家商品贸易总额约为488.1亿美元，其中，中国出口382.4亿美元，进口105.7亿美元，中方顺差276.7亿美元。在加勒比国家中，特立尼达和多巴哥、牙买加、海地、圭亚那、巴哈马5国是中国的前五大贸易伙伴。第二，金融合作是中国与加勒比国家的重要经贸合作内容。主要有两方面的金融合作。一方面，中国是加勒比开发银行的成员国，通过该银行，中国向加勒比地区提供金融支持；另一方面，中国向加勒比国家提供专项贷款，用于支持基础设施和经济社会发展。第三，共建"一带一路"日益发挥引领作用。截至2022年2月，除巴哈马外，其他8个建交国于2018年、2019年陆续与中国签订"一带一路"合作双边文件。

第八章
安第斯国家

安第斯山脉北段支脉沿加勒比海岸至特立尼达岛，南段至火地岛，跨特立尼达和多巴哥、委内瑞拉、哥伦比亚、厄瓜多尔、秘鲁、玻利维亚、智利、阿根廷八个国家，但安第斯国家主要是指除特立尼达和多巴哥、阿根廷两国外的其他六个国家。委内瑞拉、哥伦比亚、厄瓜多尔三国位于安第斯山脉北段，被称作"上安第斯国家"。秘鲁、智利、玻利维亚三国位于安第斯山脉中段和南段，被称作"下安第斯国家"。

第一节　安第斯国家概况

一　能源矿产资源富集区

上安第斯国家富集油气资源。截至 2020 年年底，委内瑞拉的探明石油储量约为 3035.6 亿桶，约占全球探明石油储量的 19.6%，居世界第一位。哥伦比亚、厄瓜多尔两国探明石油储量分别约为 20.4 亿桶和 82.7 亿桶。委内瑞拉、哥伦比亚、厄瓜多尔三国探明石油储量合计约为 3138.7 亿桶，约占全球探明石油储量（15486.5 亿桶）的 20.3%。委内瑞拉的探明天然气储量约为 55900 亿立方米，哥伦比亚约为 880 亿立方米，厄瓜多尔约为 110 亿立方米，三国探明天然气储量合计约为 56890 亿立方米，约占全球探明天然气储量（2066830 亿立方米）的 2.8%。[1]

下安第斯国家富集有色金属和贵金属矿产资源，铜、锂等有色金属和

---

　① Organization of the Petroleum Exporting Countries, *2021 OPEC Annual Statistical Bulletin*, 56th edition, OPEC, Vienna, Austria, 2021, pp. 22, 76.

黄金、白银等贵金属资源储量位居全球前列。秘鲁的铜精矿储量约为9172万吨，黄金储量约2694吨，银储量约91148吨。智利的金属铜储量约为16.7万吨，黄金储量约998吨，银精矿储量约2554万吨，锂资源量约800万吨。① 玻利维亚不仅拥有较为丰富的有色金属、贵金属矿产资源，而且拥有900万吨左右的锂资源量，② 居世界第一位。

厄瓜多尔、秘鲁、智利三国海洋渔业资源丰富。秘鲁渔场是世界四大渔场之一，也是南半球的主要渔场，涉及厄瓜多尔、秘鲁、智利三国，盛产鳀鱼、金枪鱼、鱿鱼等800多种鱼类、贝类产品。2019年秘鲁的海洋渔业捕捞量约为481.5万吨，智利约为197.2万吨，厄瓜多尔约为60.8万吨，三国合计约为739.5万吨。③

二 初级产品依赖型经济体

如表8.1所示，安第斯六国国土面积合计约545.2万平方千米。2020年六国人口合计约1.6亿人，GDP合计约9273.8亿美元，人均GDP约为5736美元。智利是六国中的高收入经济体，2010年前后跨入高收入发展阶段，其2020年人均GDP超过1.3万美元。秘鲁、哥伦比亚、玻利维亚三国的国土面积超过100万平方千米，分别约为128.6万平方千米、114.2万平方千米和109.9万平方千米。哥伦比亚的人口规模超过5000万（2020年约为5088.3万），在南美地区居第二位，在拉美地区居第三位。委内瑞拉一度成为高收入经济体，2008—2014年人均GDP达到1.1万—1.6万美元。④ 2015年以来，在一系列国际、国内因素的影响下，委内瑞拉经济持续衰退，人均GDP降至中低收入经济体水平。

---

① U. S. GEOLOGICAL SURVEY, *2017 – 2018 Minerals Yearbook*, CHILE［ADVANCE RELEASE］, PERU［ADVANCE RELEASE］, https：//pubs. usgs. gov/myb/vol3/2017-18/myb3-2017-18-chile. pdf, https：//pubs. usgs. gov/myb/vol3/2017-18/myb3-2017-18-peru. pdf.

② 国土资源部信息中心编著：《世界矿产资源年评·2015》，地质出版社2015年版，第237页。

③ Food and Agriculture Organization of the United Nations, *Fishery and Aquaculture Statistics · 2019*, FAO, Rome, 2021, p. 9.

④ 世界银行"World Development Indicators"数据，https：//databank. worldbank. org/source/world-development-indicators#。

表 8.1 安第斯国家概况

	国土面积 （万 km²）	人口 （万人）	GDP （亿美元）	人均 GDP （美元）
委内瑞拉	91.2	2940.3	667.3	2269
哥伦比亚	114.2	5088.3	2703.0	5312
厄瓜多尔	25.6	1764.3	992.9	5628
秘鲁	128.6	3297.2	2017.0	6117
玻利维亚	109.9	1167.3	366.3	3138
智利	75.7	1911.6	2527.3	13221
合计	545.2	16169.0	9273.8	5736

注：（1）人口、GDP 数据，委内瑞拉为 2017 年数据，其他五国为 2020 年数据；（2）人均 GDP，根据 GDP 数据和人口数据计算。

资料来源：拉丁美洲和加勒比经济委员会 "CEPALSTAT" 数据。

安第斯六国均为初级产品依赖型经济体。2018—2020 年初级产品占商品出口总收入的年均比重，哥伦比亚为 77.5%，厄瓜多尔为 94.1%，秘鲁为 88.6%，玻利维亚为 91.3%，智利为 86.2%。[①] 哥伦比亚的主要出口初级产品有五种，即原油、无烟煤、咖啡、鲜花、香蕉，2019 年这五种初级产品占哥伦比亚商品出口总收入的比重依次为 34.4%、13.0%、6.3%、3.9% 和 2.5%，五者合计约为 60.1%。秘鲁出口的初级产品可分为三大类，即矿产品、渔业产品、农产品。2019 年铜精矿、锌精矿、铅精矿、铁矿石占秘鲁商品出口总收入的比重依次为 31.0%、4.1%、2.5% 和 2.5%，四种商品合计约占 40.1%。鱼粉是秘鲁的主要出口渔业制品，2019 年占秘鲁商品出口总收入的 3.9%。热带水果、鲜葡萄、鲜浆果是秘鲁的主要出口农产品，2019 年这些农产品占秘鲁商品出口总收入的 6.9%。玻利维亚主要出口六种初级产品，即天然气、锌精矿、银精矿、铅精矿、大豆豆粕、大豆油，2018 年这六种产品占玻利维亚商品出口总收入的比重依次为 37.8%、19.0%、6.6%、3.0%、6.8% 和 2.7%，六者合计约为 75.9%。

---

① 根据联合国拉丁美洲和加勒比经济委员会 "CEPALSTAT – Exportaciones de productos primarios según su participación en el total（Porcentajes del valor total de las exportaciones FOB de bienes）" 统计数据计算，https：//statistics. cepal. org/portal/cepalstat/dashboard. html？theme = 2&lang = es。

智利出口的初级产品可分为三大类，即矿产品、渔业产品、林业产品，其中铜精矿、冶炼铜、冷冻鲜鱼是三种主要出口产品，2019 年这三种产品占智利商品出口总收入的比重依次为 26.8%、21.6% 和 7.9%，三者合计约为 56.3%。厄瓜多尔主要出口四种初级产品，即原油、冷冻鲜虾、香蕉、冷冻鲜鱼，2018 年这四种产品占厄瓜多尔商品出口总收入的 36.6%、15.1%、15.0% 和 5.7%，四者合计约为 72.4%。[1] 委内瑞拉的商品出口以原油为主，2018—2020 年原油占委内瑞拉商品出口总收入的 89.7%。[2]

第二节　上安第斯国家

一　委内瑞拉

委内瑞拉全称为"委内瑞拉玻利瓦尔共和国"。自 1811 年独立以来，委内瑞拉的发展进程可以划分为四个历史阶段。第一为早期共和阶段（1811—1830 年），其间经历了第一共和国（1811 年 7 月—1812 年 7 月）、第二共和国（1813 年 8 月—1814 年 7 月）、第三共和国（1817 年 10 月—1819 年 12 月）、大哥伦比亚共和国（1819 年 12 月—1830 年 5 月）。《1811 年宪法》规定，委内瑞拉实行联邦制，各州自治，联邦政府负责外交、军事和保护国家主权与领土。1817 年 10 月西蒙·玻利瓦尔被授予"最高元首"称号。第二为考迪罗主政阶段（1830—1958 年），经历了保守派寡头统治（1830—1847 年）、自由派寡头统治（1847—1857 年）、古斯曼·布兰科独裁统治（1870—1890 年）、胡安·戈麦斯独裁统治（1908—1935 年）、佩雷斯·希门尼斯独裁统治（1948—1958 年），等等。第三为两党轮流执政时期（1958—1999 年），民主行动党和基督教社会党轮流执政。第四为民众主义阶段（1999 年至今），1999 年 1 月—2013 年 3 月委内瑞拉前

---

① 联合国拉丁美洲和加勒比经济委员会"CEPALSTAT – Perfiles Nacionales"数据，https://statistics. cepal. org/portal/cepalstat/perfil-nacional. html? theme = 2&country = atg&lang = es。

② Organization of the Petroleum Exporting Countries, *2021 OPEC Annual Statistical Bulletin*, 56th edition, OPEC, Vienna, Austria, 2021, pp. 17, 18. 根据 Table 2.4、Table 2.5 委内瑞拉 2018—2020 各年度商品出口收入和石油出口收入数据计算。

总统乌戈·查维斯（1954—2013 年，1999—2013 年在任）创建了"委内瑞拉统一社会主义党"，初步建立了委内瑞拉"21 世纪玻利瓦尔社会主义"发展模式。

（一）自然环境

根据地形地貌，委内瑞拉全境大致分为五个自然地理区，即安第斯山区、马拉开波低地、奥里诺科平原、圭亚那高原、亚马孙雨林。安第斯山区位于委内瑞拉西北部，分为佩里哈山脉和梅里达山脉两支。佩里哈山脉从南向西北延伸至加勒比海沿岸。梅里达山脉自委内瑞拉西北部，沿委内瑞拉北部沿海地带，一直延伸至东北部，它西高东低，是委内瑞拉境内最大的山脉。马拉开波低地因马拉开波湖而得名，位于委内瑞拉西北部的佩里哈山脉与梅里达山脉之间。马拉开波湖是委内瑞拉西北部的一个构造湖，南北长 190 千米，东西宽 120 千米，面积约 13380 平方千米，是南美洲最大的湖泊。[①] 马拉开波低地拥有丰富的油气资源、渔业资源以及农场、牧场。奥里诺科平原位于委内瑞拉中部，约占国土总面积的 1/4，由奥里诺科河及其众多支流冲积而成。奥里诺科平原的中西部地区水源充沛、土地肥沃、牧草茂盛，适宜发展农牧业。奥里诺科平原拥有丰富的超重质原油资源。圭亚那高原位于委内瑞拉东南部，约占全国面积的 45%，海拔为 300—1500 米。圭亚那高原地广人稀，多激流、瀑布，矿产、水力、森林资源丰富。亚马孙雨林地区位于委内瑞拉南部，与哥伦比亚、巴西接壤，原为委内瑞拉边疆区，1997 年升格为亚马孙州，成为委内瑞拉的 23 个州之一。[②]

（二）人口与城市

根据 2011 年人口普查，委内瑞拉的人种构成中，混血种人占 51.6%，白种人占 43.6%，黑人（包括非洲裔黑人）占 3.6%，其他人种占 1.2%。土著人人口约为 72.5 万人，主要分布在马拉开波低地、奥里诺科河三角

---

① 陈君慧编著：《世界地理知识百科（第 3 册）》，吉林出版集团有限责任公司 2013 年版，第 383 页。

② Instituto Nacional de Estadística （INE）de la República Bolivariana de Venezuela, *División Político Territorial （DPT）de la República Bolivariana de Venezuela con fines Estadísticos 2013*, septiembre 2013.

州、圭亚那高原和亚马孙雨林地区。[1]

委内瑞拉人口的空间分布在较大程度上受到自然条件的影响。委内瑞拉全境地处热带，低海拔地区高温湿热，高海拔地区较为清凉，因此，约有 55% 的人口分布在梅里达山脉。马拉开波低地是主要石油产区和农牧业区，聚集了全国 14% 左右的人口。[2] 简言之，委内瑞拉 69% 左右的人口分布在梅里达山脉和马拉开波低地。

2020 年委内瑞拉的城市化率约为 88.3%，约有 46% 的人口居住在 16 个 30 万人以上的都市区，其中，首都加拉加斯约有 294 万人，为第一大城市；马拉开波市约有 226 万人，为第二大城市。巴伦西亚、巴基西梅托、巴塞罗纳、梅里达等城市分布在梅里达山脉。[3] 2018 年委内瑞拉的非正规就业率为 41.6%，贫困率为 17.3%，赤贫率为 4.3%。[4]

（三）石油经济体

作为石油经济体，收回和维护石油主权是委内瑞拉的一项历史使命，其主要任务有三项：提高政府在石油收入分配中的份额，实现政府对油气产业的全产业链掌控，实现独立自主发展。

1943—1975 年委内瑞拉逐步收回石油主权，提高政府在石油收入分配中的份额。1943 年委内瑞拉颁布了石油法，即 1943 年石油法。根据此法，委内瑞拉建立了石油收入分配体制，主要包括三部分内容。第一，提高产量税，将产量税税率由 9.0% 提高至 16.67%。第二，建立石油利润分配机制，1945 年委政府将政府与石油公司分配石油利润的比例调整为 50∶50，1958 年进一步调整为 60∶40。[5] 第三，建立油气产业税收体制，土地税、

---

① Instituto Nacional de Estadística, la República Bolivariana de Venezuela, *XIV Censo de Población y Vivienda：Resultados Total Nacional de la República Bolivariana de Venezuela*, Mayo, 2014, pp. 29, 31.

② Instituto Nacional de Estadística, la República Bolivariana de Venezuela, *XIV Censo de Población y Vivienda：Resultados Total Nacional de la República Bolivariana de Venezuela*, Mayo, 2014. 根据第 13 页 Guadro 2.2 中的数据计算。

③ Department of Economic and Social Affairs, United Nations, *World Urbanization Prospects 2018*, https：//population.un.org/wup/DataQuery/.

④ Instituto Nacional de Estadística, la República Bolivariana de Venezuela, *Perfil Social*, 1999 - 2018, pp. 16, 38.

⑤ 谢文泽：《中国—委内瑞拉双边关系发展 70 年回顾与评价》，《拉丁美洲研究》2019 年第 5 期。

所得税、运输税、消费税为主要税种。在国际合作方面，委内瑞拉发起成立石油输出国组织（OPEC），共同维护石油主权。1960 年 OPEC 正式成立，以 OPEC 成员国为主要石油出口国，以欧美发达国家为主要石油消费国，双方以石油为"武器"，展开了长期的斗争、竞争与合作。

1975—1983 年委内瑞拉完成了石油国有化，实现了委政府对油气产业的全产业链掌控。一方面，根据宪法，委内瑞拉国会授权委内瑞拉国家石油公司负责油气产业的全产业链业务；另一方面，委内瑞拉国家石油公司积极拓展国际市场，尤其是美国市场，通过并购，在美国建立了全资子公司。

2001 年委内瑞拉颁布了新石油法，以维护石油主权、实现自主发展为主要目标，采取了多项措施。在国内，主要有五项措施。第一，委政府接管委内瑞拉国家石油公司。第二，加大奥里诺科重油带的勘探和开发，使其成为委内瑞拉石油增产的主要来源。第三，对外资项目进行国有控股的公司化改制，即将外资控股或独资的合作项目转换为由委内瑞拉国家石油公司控股（不低于 60%）的合资公司。第四，提高产量税，将税率由16.67% 提高至 33.33%。第五，增加社会发展税，主要用于建设基础设施、住房、学校、医院等社会发展项目。在国际合作方面，主要有四项措施。第一，支持 OPEC 发挥影响力。第二，加强与俄罗斯等非 OPEC 石油出口大国的合作。第三，实施加勒比石油计划。第四，加强与中国、印度等新兴石油消费大国的合作，以实现出口市场多元化。

（四）委内瑞拉"21 世纪玻利瓦尔社会主义"

自 1999 年以来，委内瑞拉逐步探索"21 世纪玻利瓦尔社会主义"的发展模式。该模式以民众为主体，实行参与式民主和多党制，"立法权、行政权、司法权、公民权、选举权"五权分立，以国有经济和社区经济为主要经济基础，追求国家福利化。围绕农地关系，在不改变土地私有制的情况下，重视土地分配，强调农村社区土地的集体所有制，保护和鼓励农村社区组织发挥其政治、经济、社会功能。围绕劳资关系，重视国有企业、城市社区组织的政治、经济、社会功能，尤其强调城市社区组织的社会化生产功能。围绕政府与市场的关系，强调政府干预和二次分配，反对市场自由化。围绕国家与世界的关系，委内瑞拉努力突破美国的单边制裁与封锁，积极参与和支持拉丁美洲和加勒比国家的政治团结与地区一体化，拓展多边、多元化国际合作。

二 哥伦比亚

哥伦比亚全称"哥伦比亚共和国"，于 1810 年 7 月 20 日宣布独立。1811—1815 年成立新格拉纳达联合省，由于中央集权派和联邦派出现纷争，被西班牙殖民者复辟。1819 年 12 月—1830 年 12 月成立大哥伦比亚共和国，因中央集权派和联邦派纷争而解体。1831—1861 年为新格拉纳达共和国，1861—1886 年为哥伦比亚合众国，1886 年至今为哥伦比亚共和国。19 世纪 40 年代至 2002 年，保守党与自由党长期主导哥伦比亚政局，两党轮流、交替执政长达一个半多世纪。2002 年以来，独立候选人乌里韦·贝莱斯（1952 年—，2002—2010 年在任）、民族团结社会党（2010—2018年）、民主中心党（2018 年—）陆续赢得大选，上台执政。

（一）自然环境

哥伦比亚地处热带，是一个两洋国家，北临加勒比海，西濒太平洋。哥伦比亚以平原为主，平原地区约占 70%，山区约占 30%。安第斯山区自西南向东北纵贯哥伦比亚全境，分为西、中、东三条科迪勒拉山脉。西科迪勒拉山脉大体上同太平洋海岸线平行，平均海拔高度在 2000 米以下。中科迪勒拉山脉平均海拔在 3000 米以上，是火山多发地带。西、中科迪勒拉山脉之间蕴含着丰富的煤炭资源。东科迪勒拉山脉平均海拔在 3000 米左右，间有平坦肥沃的山间高原和盆地。

平原地区包括太平洋沿海平原、加勒比沿海平原、马格达莱纳河谷地和亚诺斯平原四部分。太平洋沿海平原南北狭长，高温多雨，气候炎热，森林密布，属热带雨林气候。加勒比沿海平原较为肥沃，干湿季分明，属热带草原气候，是棉花、香蕉主产区。中、东科迪勒拉山脉之间的马格达莱纳河谷地区是哥伦比亚的重要农牧业区。亚诺斯平原位于安第斯山脉以东，约占哥伦比亚总面积的 61%，该平原的北半部分属于奥里诺科平原，南部为亚马孙雨林。

（二）人口与城市

根据 2018 年人口普查数据，哥伦比亚 87.7% 的人口为混血种人，

6.7% 为黑人，4.3% 为土著人，1.3% 为其他人种。2018 年哥伦比亚约有 187.7 万土著人，主要分布在太平洋沿海平原、圣马尔塔内华达山地区、瓜希拉半岛、亚马孙河流域和奥里诺科平原一带。①

哥伦比亚 80% 以上的人口分布在安第斯山脉地区、马格达莱纳河谷地和加勒比沿海平原，太平洋沿海平原、亚诺斯平原的人口相对较少，尤其是亚马孙雨林地区的人口更加稀少。2020 年哥伦比亚的城市化率约为 81.4%，约有 60% 的人口居住在 18 个 30 万人以上的都市区，其中，首都波哥大约有 1098 万人，为第一大城市；麦德林约有 400 万人，为第二大城市；加力约有 278 万人，为第三大城市。这三大城市均位于安第斯山区。② 2019 年哥伦比亚的非正规就业率为 62.1%。2020 年哥伦比亚的贫困率为 39.8%，赤贫率为 19.2%。③

（三）政治格局

哥伦比亚实行代议制民主、三权分立和多党制。较有影响的全国性政党有 8 个。大众革命替代力量党为民众主义政党，由反政府武装"哥伦比亚革命武装力量"同政府签署和平协议后，于 2017 年 8 月成立。自由党（成立于 1848 年）、民主选择中心党（成立于 2006 年）两个政党属于中左翼政党，具有一定程度的民众主义倾向。保守党（成立于 1849 年）、激进变革党（成立于 1998 年）、民族团结社会党（成立于 2005 年）、绿党（成立于 2009 年）四个政党属于中右翼政党，具有明显的自由主义倾向。民主中心党（成立于 2014 年）为右翼政党。围绕维护国家主权、发展民族经济、推进和平进程、追求社会公正、奉行多边主义和推进地区一体化进程等重要议题，各党派之间存在较高程度的政治共识。

（四）和平进程与打击毒品

20 世纪 60 年代中期，哥伦比亚出现了三支反政府武装，即哥伦比亚

---

① Departamento Administrativo Nacional de Estadística, *Censo Nacional de Población y Vivienda a CNPV 2018*: Población censada en hogares particulares, por auto reconocimiento étnico y áreas, https://www.dane.gov.co/index.php/estadisticas-por-tema/demografia-y-poblacion. 根据统计数据计算。

② Department of Economic and Social Affairs, United Nations, *World Urbanization Prospects 2018*, https://population.un.org/wup/DataQuery/.

③ 联合国拉丁美洲和加勒比经济委员会"CEPALSTAT"统计数据, https://statistics.cepal.org/portal/cepalstat/。

民族解放军、哥伦比亚革命武装力量、人民解放军。1974 年初又出现了以城市游击活动为主的"四·一九"运动。反政府武装与政府军之间的长期内战使 300 万—500 万哥伦比亚人流离失所，成为难民。自《1991 年政治宪法》颁布以来，哥伦比亚政府与反政府武装进行了长期的和平谈判。2016 年 9 月，哥伦比亚政府和哥伦比亚革命武装力量签署全面和平协议，哥伦比亚革命武装力量于 2017 年 8 月底解除武装，组建了自己的政党，并在国会获得了 10 个席位。哥伦比亚和平进程树立了通过对话谈判结束冲突、重建和平的榜样，但全面落实和平协议是一项长期系统工程，深化巩固和平成果仍任重道远，需要哥伦比亚各方和国际社会做出不懈努力。

20 世纪 80 年代以来，秘鲁、玻利维亚、哥伦比亚三国生产的古柯叶在哥伦比亚加工成可卡因，然后通过哥伦比亚的贩毒集团，贩运到美国和欧洲等地销售。针对贩毒集团的猖獗活动，在美国的支持下，哥伦比亚进行了长期的反毒品战争，并取得了一定程度的禁毒成效，但毒品泛滥、毒品犯罪仍是哥伦比亚较为严重的社会问题。

三 厄瓜多尔

厄瓜多尔全称"厄瓜多尔共和国"。厄瓜多尔虽然于 1809 年 8 月 10 日宣布独立，但直到 1822 年才彻底摆脱西班牙殖民统治，并成为大哥伦比亚共和国的一部分，1830 年脱离大哥伦比亚共和国并宣布成立厄瓜多尔共和国。19 世纪 30 年代至 19 世纪 90 年代为两派纷争阶段，代表大地产主、教会利益的保守派与代表商业资本、中产阶层利益的自由派交替执政，斗争激烈。19 世纪 90 年代至 1961 年为自由派主政阶段，自由派与美、英资本紧密合作，长期主导政坛。1961—1979 年为军人主政阶段，借助香蕉、石油等初级产品的出口增长，推行进口替代工业化。1979—2006 年为新自由主义改革阶段，其间，土著人运动于 20 世纪 90 年代崛起。2007 年以来为民众主义阶段，拉斐尔·科雷亚总统（1963 年—，2007—2017 年在任）提出了"21 世纪社会主义"概念，推行"公民革命"，确立民众主义宪法和政策体系。

（一）自然环境

厄瓜多尔西临太平洋，是一个太平洋国家。赤道横贯厄瓜多尔北部，

"厄瓜多尔"意即"赤道"。安第斯山脉由西南向东北纵贯中部，把大陆国土分成西、中、东三部分，依次为太平洋沿海低地和丘陵地区、安第斯山区、亚马孙地区。加拉帕戈斯群岛位于太平洋近海，距离大陆 900—1200千米。

太平洋沿海低地和丘陵地区约占国土总面积的 1/4，由起伏丘陵、海岸山地、海岸低地和蜿蜒曲折的河道流域组成，是香蕉、可可、咖啡等外向型种植园主要分布区。安第斯山区约占国土面积的 1/4，南、北长约 600千米，东、西宽约 100—200 千米。安第斯山区分为两条平行的山脉，即西、东科迪勒拉山脉。西、东科迪勒拉山脉之间为北高南低的高原和盆地，宽约 120 千米，平均海拔 2650 米，是玉米、土豆等粮食作物主产区。亚马孙地区约占国土面积的 1/2，热带雨林茂密，少部分土地适于发展农业。

（二）人口与城市

根据 2010 年人口普查数据，厄瓜多尔 71.9% 的人口为印欧混血种人，7.4% 为蒙图比奥（沿海农民），7.0% 为土著人，6.1% 为白种人，5.3%为黑人，1.9% 为黑白混血种人，0.4% 为其他人种。[①]

厄瓜多尔近 80% 的人口分布在安第斯山区和太平洋沿岸的瓜亚斯省，其他地区，尤其是亚马孙地区，人口稀少。2020 年厄瓜多尔的城市化率约为 64.2%，约有 32.5% 的人口居住在 4 个 30 万人以上的都市区，其中，瓜亚基尔约有 299 万人，为第一大城市；首都基多 187 万人，为第二大城市；昆卡约有 42 万人，为第三大城市。[②] 2019 年厄瓜多尔的非正规就业率为 63.5%。2020 年厄瓜多尔的贫困率为 30.6%，赤贫率为 10.8%。[③]

（三）土著人运动

厄瓜多尔的土著人运动兴起于 20 世纪 70 年代，20 世纪 90 年代以来

---

① Instituto Nacional de Estadística y Censos（INEC），Ecuador，*VII Censo de Poblacion y Vivienda 2010*，http：//redatam.inec.gob.ec/cgibin/RpWebEngine.exe/PortalAction？&MODE＝MAIN&BASE＝CPV2010&MAIN＝WebServerMain.inl.

② Department of Economic and Social Affairs，United Nations，*World Urbanization Prospects 2018*，https：//population.un.org/wup/DataQuery/.

③ 联合国拉丁美洲和加勒比经济委员会 "CEPALSTAT" 统计数据，https：//statistics.cepal.org/portal/cepalstat/.

蓬勃发展，不断壮大。厄瓜多尔土著人民族联合会、帕查库蒂克运动等是政治化、组织化程度较高和影响较大的土著人运动组织，1997年、2000年、2005年土著人运动先后迫使三位总统下台。厄瓜多尔的土著人运动有六个方面的特点。第一，提出"领土"诉求，要求拥有土地、领土和自然资源的权利，要求拥有自身发展和保留本民族语言、文化和习俗的权利。第二，参政意识增强，参加社会运动和民众运动，单独或联合其他民族建立社会组织，成立政党。第三，重视国际影响，争取拉丁美洲和加勒比地区，以及全球范围的国际组织特别是金融机构的支持。第四，扩大在厄瓜多尔的政治影响，厄瓜多尔修改宪法，承认土著人的权利，使土著人的政治、经济和社会地位有不同程度的提高。第五，运用互联网、文化艺术等方式展示自身的存在，扩大影响力。第六，参与和推动土著人运动一体化，20世纪90年代以来，玻利维亚、哥伦比亚、委内瑞拉、秘鲁、墨西哥、危地马拉、尼加拉瓜、阿根廷、智利等拉美国家的土著人也纷纷成立土著人运动组织。

（四）科雷亚的"21世纪社会主义"

科雷亚提出的"21世纪社会主义"属于民众主义，在不改变土地私有制的前提下，承认土著人的传统土地制度；强调劳动高于资本的原则，主张劳动优先的分配政策；强调社会控制市场的原则，主张国家主导和政府干预政策；强调主权至上原则，维护国家主权，主张多边、多元化合作，积极参与、推进拉丁美洲和加勒比地区一体化进程。"公民革命"是构建"21世纪社会主义"的主要举措，主要包括五方面的内容。第一，宪法革命。2008年重新制定宪法，参与制与代议制相结合，实行"五权分立"，即立法权、行政权、司法权、选举权、公民参与社会管理权。第二，道德革命，开展反腐败斗争。第三，经济革命。打破新自由主义政策框架，实行经济变革。第四，教育和卫生革命。建立和发展全民免费的卫生、教育系统。对教育进行全面的改革。第五，拯救国家尊严与主权，推进拉丁美洲和加勒比一体化。

第三节　下安第斯国家

一　秘鲁

秘鲁全称"秘鲁共和国"，1821 年宣布独立，1826 年彻底摆脱西班牙殖民统治。1821—1839 年为军阀混战时期，18 年间更换了 44 位总统、临时国家元首、临时总统、代理总统等领导人。其间，1835—1839 年秘鲁与玻利维亚合并，成立"秘鲁—玻利维亚邦联"，在第一次太平洋战争（1836—1839 年）中被智利、阿根廷联合瓦解。1839—1945 年为考迪罗主政时期，虽然间或有文人执政，但考迪罗长期主导政局，107 年间更换了 76 位国家领导人，其中有 30 位临时总统，只有 9 位总统的任期在 4 年以上。其间，1879—1883 年秘鲁、玻利维亚和智利之间爆发了第二次太平洋战争，秘鲁和玻利维亚战败，由于战争主要是在秘鲁领土上进行，秘鲁经济遭到严重破坏。1945 年以来，威权主义、自由主义、民众主义角逐秘鲁政坛，1945—2021 年的 77 年间更换了 23 位国家领导人，民众主义政党、军政府、自由主义派政党交替执政。

（一）自然环境

秘鲁西临太平洋，是一个太平洋国家。安第斯山脉沿太平洋沿海地带、自东南向西北延伸，将秘鲁的大陆国土分成西、中、东三部分，依次为太平洋沿海地区、安第斯山区、亚马孙地区。太平洋沿海地区南、北长约 2500 千米，东西宽约 5—170 千米，约占秘鲁国土面积的 11%。这一地区干旱少雨，地表覆盖流动沙丘，但该地区是秘鲁的主要灌溉农业区。安第斯山区平均海拔 4300 米，宽约 85—250 千米，约占国土面积的 30%。亚马孙地区约占国土面积的 60%，地势平缓，河流纵横，雨林繁茂，地广人稀。

（二）人口与城市

根据 2017 年的人口普查，秘鲁 60.2% 的人口为印欧混血种人，25.6% 为土著人，5.9% 为白种人，3.6% 为黑人和黑白混血种人，4.7% 为其他人种。2017 年在 12 岁以上的人口中，约有 594 万土著人，其中，克丘亚人约为 518 万人。位于秘鲁南部、安第斯山区的阿普里马克（84.1%）、阿亚库乔（81.2%）、万卡韦利卡（80.8%）、库斯科（74.7%）四省，克丘亚人的人口比重较高。[①]

2020 年秘鲁的城市化率约为 78.3%，约有 47.0% 的人口居住在 10 个 30 万人以上的都市区，其中，首都利马约有 1072 万人，为第一大城市；阿雷基帕约有 92 万人，为第二大城市；特鲁希略约有 86 万人，为第三大城市。[②]

（三）国家与社会

根据就业状况，2020 年秘鲁 2.8% 的就业人员为雇主。围绕劳资关系，强调"劳动优先"原则。宪法将保护就业设定为国家职责的优先事项之一。秘鲁约有 33.0% 的劳动力在农业、渔业、矿业部门就业。[③] 围绕土地、自然资源的农地关系较为复杂。一方面，秘鲁宪法限制大地产制，承认私人所有制、社区集体所有制、土著人共有制；自然资源国家所有，国家有权对其进行开发和使用。另一方面，承认农民社区、土著人聚居区对其集体土地或共有土地拥有绝对权利。农民社区，尤其是土著人聚居区，不仅要求拥有土地所有权，而且也要求拥有"资源主权"。

根据 1993 年宪法，[④] 构建"福利社会"是秘鲁的国家职责，教育、医疗、社会保障是公民的三项基本社会福利。2016—2020 年秘鲁中央政府和地方政府在教育、医疗、社会保障三个领域的财政支出占财政支出总额的年均比重约为 46.0%，占 GDP 的年均比重约为 9.7%。秘鲁的这一国家职责面临诸多挑战，例如，2020 年全国约有 1490 万就业人员，其中，约 540

① Instituto Nacional de Estadística e Informática（INEI），*Resultados Definitivos de los Censos Nacionales 2017*，Lima，octubre 2018，pp. 50，52.

② Department of Economic and Social Affairs，United Nations，*World Urbanization Prospects 2018*，https：//population. un. org/wup/DataQuery/.

③ Instituto Nacional de Estadística e Informática（INEI），"Empleo-Población Económicamente Activa Ocupada"，https：//www. inei. gob. pe/estadisticas/indice-tematico/economia/. 雇主和农业、渔业、矿业部门就业比重，根据统计数据计算。

④ El Presidente del Congreso Constituyente Democrático，*Constitución Política del Perú*，promulgada el 29 de diciembre de 1993，edición del Congreso de la República，marzo 2019.

万人享有社会保障，社会保障覆盖率约为 36.6%；全国的非正规就业率为 75.3%，其中，城市非正规就业率为 68.4%，农村非正规就业率为 96.1%；全国的贫困率为 30.1%，其中，城市贫困率为 26.0%，农村贫困率为 45.7%；全国的赤贫率为 5.1%，其中，城市赤贫率为 2.9%，农村赤贫率为 13.7%。①

（四）政党与政局

秘鲁党派众多，但在 2021 年的选举中，在国会拥有较多席位的政党有 9 个，按照席位多少，依次为人民力量党、自由秘鲁党、人民行动党、争取进步联盟、国家进步党、人民革新党、秘鲁民主党、民主变革党、秘鲁人党。自由秘鲁党、人民行动党等是主要民众主义政党，人民力量党、争取进步联盟等是主要自由主义政党。1993 年宪法对民众主义社会政策和自由主义经济政策进行了调和与妥协，自由市场、自由贸易是秘鲁的主流经济政策。进入 21 世纪以来，社会政策和经济政策均未取得预期成效，政策调和、党派妥协的难度日益增大，出现了一定程度的政局动荡，例如，2001—2021 年秘鲁更换了 9 位总统，其中包括 3 位临时总统。

二 玻利维亚

玻利维亚全称"多民族玻利维亚国"，1825 年独立，西班牙语以及克丘亚语、阿依马拉语等 36 种土著人语言均为官方语言。1825—1880 年为考迪罗主政时期。1880—1935 年为矿业寡头政治时期。1935—1964 年为民众主义早期探索时期，以发展社会福利为目标，维护工人、土著人的利益，实施民族主义、国家干预的经济政策。1964—1982 年为军政府时期，军人威权主义在民众主义、自由主义之间左右摇摆。1982—2006 年为新自由主义改革时期，新兴的民众主义政党、自由主义政党均采取了自由主义政策。2006 年以来，玻利维亚进入了新一轮民众主义探索。继第一次太平洋战争（1836—1839 年）、第二次太平洋战争（1879—1883 年）之后，

---

① Instituto Nacional de Estadística e Informática（INEI），"Principales Indicadores Macroeconómicos-Finanzas Públicas"，"Empleo-Población Económicamente Activa Ocupada"，"Sociales-Pobreza"，https：//www.inei.gob.pe/estadisticas/indice-tematico/economia/. 三项基本社会福利支出占财政支出、GDP 的年均比重，根据统计数据计算。

1932—1935 年玻利维亚与巴拉圭之间爆发了查科战争。这三次战争使玻利维亚失去大片国土，并成为内陆国。

（一）自然环境

玻利维亚有"南美屋脊"之称，按地形地貌，可分为安第斯山地区和亚马孙地区两部分。安第斯山地区约占国土面积的 1/3，自西向东，包括西科迪勒拉山脉、玻利维亚高原、东科迪勒拉山脉、次安第斯山地区四部分。西科迪勒拉山脉是玻利维亚、智利两国的界山，平均海拔在 6000 米以上。玻利维亚高原平均海拔 3700 米。东科迪勒拉山脉是安第斯山脉的一个重要支脉，雪山和休眠火山较多。东科迪勒拉山脉东北侧、东侧至平均海拔 250 米的地区为次安第斯山地区，气候、植被等生态环境随海拔高度降低而显著不同。安第斯山地区矿产资源丰富，也是主要的农牧业区。

亚马孙地区约占国土面积的 2/3，自北向南，包括亚马孙雨林、莫克索斯平原、格兰查科平原三部分。亚马孙雨林河流较多，雨林密布。莫克索斯平原适于发展农业和畜牧业，铁、稀土等矿产资源较为丰富。格兰查科平原是农牧业主产区和天然气主产区。

（二）人口与城市

在玻利维亚的人口中，土著人占 54%，印欧混血种人占 31%，白种人占 15%。[①] 根据 2012 年人口普查，玻利维亚有 119 个土著人民族或族群，其中，克丘亚人、艾马拉人为两大土著人民族，分别约占总人口的 18.3% 和 15.9%，二者合计约占 34.2%。[②] 约 58% 的人口分布在安第斯山区，42% 的人口分布在亚马孙地区。土著人主要分布在安第斯山区、亚马孙雨林，印欧混血种人、白种人主要分布在海拔较低的次安第斯山地区和亚马孙地区的圣克鲁斯省。

2020 年玻利维亚的城市化率约为 70.1%，约有 45.0% 的人口居住在 4 个 30 万人以上的都市区，其中，首都拉巴斯约有 186 万人，为第一大城

---

① 中华人民共和国外交部，"玻利维亚国家概况"（更新时间：2021 年 8 月），https://www.mfa.gov.cn/web/gjhdq_ 676201/gj_ 676203/nmz_ 680924/1206_ 681022/1206x0_ 681024/。

② Instituto Nacional de Estadística, Estado Plurinacional de Bolivia, *Censo de Poblacióny Vivienda 2012-Características de la Población*, Bolivia, Febrero, 2015, pp. 25, 29. 根据第 25、29 页统计数据计算。

市；圣克鲁兹约有 171 万人，为第二大城市；科恰班巴约有 130 万人，为第三大城市。[①] 2019 年玻利维亚的非正规就业率为 84.9%。2020 年玻利维亚的贫困率为 32.3%，赤贫率为 13.5%。[②]

（三）铁路与港口

第二次太平洋战争（1879—1883 年）后，玻利维亚一直努力寻求稳定、可靠的铁路运输通道和出海口。在太平洋方向，20 世纪初叶，作为补偿，智利修建了智利北部港口阿里卡至玻利维亚首都拉巴斯的铁路。为了开发和运输玻利维亚南部的矿产资源，修建了智利北部港口安托法加斯塔至玻利维亚奥鲁罗的铁路。在玻利维亚境内，受玻利维亚高原、东科迪勒拉山脉的影响，玻利维亚国内铁路分为西部铁路、东部铁路两部分。西部铁路分布在安第斯山区，东部铁路集中在圣克鲁斯省，两部分铁路在阿根廷北部的萨尔塔交会。萨尔塔省原属于玻利维亚，第一次太平洋战争（1836—1839 年）后割让给了阿根廷。在大西洋方向，玻利维亚东部铁路修建至玻利维亚、巴西边境附近。在巴西，自玻、巴边境附近至巴西桑托斯港建有铁路。玻利维亚东部铁路与巴西铁路系统之间有 20 余千米的间隙，尚待修建铁路。进入 21 世纪以来，玻利维亚努力推进连通其东、西铁路的两洋铁路通道。

（四）社区社会主义

埃沃·莫拉莱斯（1959 年—，2006—2019 年担任玻利维亚总统）提出了"社区社会主义"概念（也译作"社群社会主义"）。2009 年通过全民公投，制定了《国家政治宪法》[③]（以下简称"2009 年宪法"）。宪法的前言和第一条指出，玻利维亚是多民族社区的统一体，意在通过强调国家与社会的统一性，调和矛盾与冲突。围绕农地关系，禁止大地产制，个人拥有的土地面积不得超过 5000 公顷；承认和保护中小土地私有制、社区土地集体所有

---

① Department of Economic and Social Affairs, United Nations, *World Urbanization Prospects 2018*, https：//population. un. org/wup/DataQuery/.

② 联合国拉丁美洲和加勒比经济委员会 "CEPALSTAT" 统计数据, https：//statistics. cepal. org/portal/cepalstat/。

③ José Antonio Arellano Vargas, *Constitución Política del Estado* (Aprobada en el Referéndum de 25 de Enero de 2009 y Promulgada el 7 de febrero de 2009), La Paz, Bolivia, Enero del 2010.

制、土著人土地共有制。地上、地下的自然资源属全民所有，国家、社区、企业共同开发、受益和使用。围绕劳资关系，在承认和保护私人资本的同时，侧重于劳工权益的保障与保护，强调社区经济的重要性。围绕政府与市场，强调政府在经济中扮演着重要角色，采取复合经济模式。

三　智利

智利全称"智利共和国"，1818 年独立。独立初期至 1930 年前后，庄园主、矿业主、教会、军官、新兴资产阶级分化为保守派和自由派，前者主张政治权威和天主教教义，后者主张政治自由和信仰自由，1831—1861 年为保守派主政的专制共和国时期，1861—1891 年为自由派主政的自由共和国时期，1891—1920 年为"议会主政"的议会共和国时期。20 世纪 20 年代，民众主义、自由主义、威权主义三派势力开始角逐智利政坛，1931—1990 年这三派势力交替主政。1990 年以来，智利进入了国家主导的民众主义、自由主义调和时期。

（一）自然环境

智利是世界上最狭长的国家，从北端的城市阿里卡，到南端被大西洋、太平洋所环抱的火地岛，南、北长约 4200 千米，东、西宽约 97—362 千米。南回归线穿越智利北部，智利的北部地区处于热带，其他地区处于南温带。智利的地形地貌以山脉为主，山地面积约占国土总面积的 80%。自太平洋沿岸向东，智利有三种地貌结构，即太平洋沿岸山脉和丘陵、中央冲积盆地、安第斯山脉。太平洋沿岸山脉和丘陵蜿蜒曲折，港湾众多。中央冲积盆地的北半部分较为干旱，中间部分（"中央谷地"）是智利的农业主产区。安第斯山脉北高南低，北部和中部雪山连绵，南部有许多地势较低的高原湖泊、河流和隧道。

（二）人口与城市

在智利的人口中，白人和印欧混血种人约占 89%，土著人约占 11%。[①] 官方语言为西班牙语。在土著人聚居区，主要使用马普切语。

---

① 中华人民共和国外交部，"智利国家概况"（更新时间：2021 年 3 月），https://www.mfa.gov.cn/web/gjhdq_ 676201/gj_ 676203/nmz_ 680924/1206_ 681216/1206x0_ 681218/。

2020 年智利的城市化率约为 87.7%，约有 53.6% 的人口居住在 6 个 30 万人以上的都市区，其中，首都圣地亚哥约有 677 万人，为第一大城市；瓦尔帕莱索约有 98 万人，为第二大城市；康塞普西翁约有 88 万人，为第三大城市。① 2019 年智利的非正规就业率为 29.2%。2020 年智利的贫困率为 14.2%，赤贫率为 4.5%。智利的非正规就业率、贫困率、赤贫率在拉美地区属较低水平。②

（三）国企和国资

奥古斯托·皮诺切特（1915—2006 年）1973 年通过军事政变上台执政，实行独裁统治，在经济领域，一方面进行新自由主义改革；另一方面保留甚至加强部分国有企业和国有资产。1990 年以来，智利中央政府凭借国有企业、国有资产，在处理农地、劳资、政府与市场、国家与世界的关系方面，拥有较大程度的主动性和自主权。

智利国家铜业公司是智利的主要国有企业之一。该公司创立于 1905 年，萨尔瓦多·阿连德·戈森斯（1908—1973 年，1970—1973 年担任总统）于 1971 年向议会提交铜矿国有化的提案。1976 年皮诺切特军政府完成铜矿国有化并成立智利国家铜业公司。1971—2021 年智利国家铜业公司向智利中央政府贡献了 1220 亿美元财政收入。③ 2021 年智利国家铜业公司拥有 430.6 亿美元总资产，实现销售收入 210.2 亿美元，缴纳税收 38.6 亿美元。④

对于重要交通运输、电力等基础设施，智利中央政府实施特许经营，将这些国有资产的运营权进行私营化。在特许期内，国有资产"所有权、使用权、运营权、收益权、处置权"五权分置，政府部门拥有资产所有权和处置权，私人投资者拥有使用权、运营权、收益权。

---

① Department of Economic and Social Affairs, United Nations, *World Urbanization Prospects* 2018, https：//population. un. org/wup/DataQuery/.

② 联合国拉丁美洲和加勒比经济委员会 "CEPALSTAT" 统计数据，https：//statistics. cepal. org/portal/cepalstat/。

③ Codelco, "la empresa de todos los chilenos y chilenas", http：//prontus. codelco. cl/codelco-la-empresa-de-todos-los-chilenos-y-chilenas/prontus_ codelco/2015-12-30/171746. html.

④ Corporacion Nacionaldel Cobre de Chile, *Estados Financieros Consolidados al31 de diciembre de 2021*, Santiago, febrero de 2022, pp. 7, 9.

（四）国家福利化

智利属于高收入经济体，民众福利水平较高，2019 年智利中央政府的人均社会支出约为 2584 美元，位居拉美地区首位。2015—2019 年智利中央政府的社会支出占 GDP 的年均比重约为 16.4%，约占中央政府财政支出总额的 77.0%。但是，智利国内的收入分配差距较大，2017—2019 年收入水平最高的 1% 家庭，拥有 27.1% 的国民收入；收入水平较低的 50% 家庭，仅拥有9.2% 的国民收入。2019 年智利的基尼系数为 0.475，在拉美地区属于较高水平。与此同时，受货币贬值、通货膨胀等因素的影响，中低收入阶层、非正规就业人员、贫困人口的生活成本相对上升，福利水平相对下降。

2019 年 10 月智利首都圣地亚哥发生了针对地铁票价小幅上涨的抗议活动，进而引发大规模民众抗议运动和社会骚乱，提高和改善福利水平是抗议运动的主要诉求之一。皮涅拉总统（1949 年—，2010 年 3 月—2014年 3 月、2018 年 3 月—2022 年 3 月担任总统）同意制定一部新宪法，以取代皮诺切特军政府制定的宪法。

第四节　中国与安第斯国家关系

在安第斯六国中，委内瑞拉、厄瓜多尔、秘鲁、智利四国为中国的全面战略伙伴，玻利维亚为中国的战略伙伴。中国与哥伦比亚于 1980 年建交，1990 年两国外交部建立政治磋商制度。中国与安第斯六国互为彼此的重要经贸合作伙伴，中国与智利、秘鲁签订了自由贸易协定，2022 年开始与厄瓜多尔进行自由贸易谈判。截至 2022 年 2 月，委内瑞拉、厄瓜多尔、秘鲁、智利、玻利维亚五国与中国签订了共建"一带一路"双边合作文件，厄瓜多尔、秘鲁、智利三国是亚洲基础设施投资银行成员国，玻利维亚、委内瑞拉两国是该银行的准成员国。

一　安第斯国家是可持续发展的重要合作伙伴

安第斯国家丰富的能源、矿产资源不仅是双边经贸合作的重要支撑，也是共同实现可持续发展的重要物质基础。上安第斯国家是中国进口原油的重要来源国，有助于中国提高能源进口来源多元化程度和能源安全保障水平。2017—2019 年中国从委内瑞拉、哥伦比亚、厄瓜多尔三国年均进口原油 2944 万吨，约占中国年均原油进口总量（46235 万吨）的 6.4%。委内瑞拉一度成为中国前十大原油进口来源国之一。2020 年和 2021 年中国分别从哥伦比亚、厄瓜多尔两国进口原油 1709 万吨、1370 万吨。下安第斯国家是中国进口有色金属制品和矿产品的主要来源国，仅以铜精矿为例，2021 年中国从秘鲁、智利、玻利维亚三国进口铜精矿 1442 万吨，约占中国铜精矿进口总量（2339 万吨）的 61.7%。[①]

二 安第斯国家是商品贸易的重要合作伙伴

2021 年中国与安第斯国家的商品贸易总额约为 1388.5 亿美元，其中，中国出口 626.2 亿美元，中国进口 762.3 亿美元，中方贸易逆差 136.1 亿美元，中国对智利、秘鲁两国处于逆差地位，对委内瑞拉、哥伦比亚、厄瓜多尔、玻利维亚四国处于顺差地位。在安第斯六国中，智利是中国的第一大贸易伙伴，2021 年双边贸易额约为 658.1 亿美元；秘鲁是第二大贸易伙伴，约为 373.1 亿美元；其后依次为哥伦比亚（199.6 亿美元）、厄瓜多尔（109.5 亿美元）、委内瑞拉（31.8 亿美元）、玻利维亚（16.4 亿美元）。[②]

三 安第斯国家是对外投资和经济合作的重要伙伴

截至 2020 年，中国在安第斯六国的直接投资存量约为 72.6 亿美元，其中，在委内瑞拉的直接投资存量约为 29.6 亿美元，秘鲁为 17.1 亿美元，智利为 12.7 亿美元，其后依次为厄瓜多尔（6.0 亿美元）、哥伦比亚（4.3 亿美元）、玻利维亚（2.9 亿美元）。2001—2015 年中国企业在安第斯六国的工程承包营业额由 0.7 亿美元增至 97.1 亿美元，2016—2020 年由 82.3

---

① 根据 UN Comtrade Database 统计数据计算，https：//comtrade. un. org/data/，［2022 – 05 – 05］。

② 中华人民共和国海关总署，"2021 年 12 月进出口商品国别（地区）总值表（美元值）"，http：//www. customs. gov. cn/customs/302249/zfxxgk/2799825/302274/302277/302276/4127455/index. html。根据统计数据计算。

亿美元降至 27.2 亿美元。在委内瑞拉、厄瓜多尔两国，中国企业的工程承包营业额较多，中国与委、厄两国的金融合作规模较大是重要原因之一，例如中国—委内瑞拉大额贷款、中委联合融资基金、中国—厄瓜多尔基础设施项目贷款，等等。

第九章
南方共同市场国家

南方共同市场简称"南共市"，是拉丁美洲和加勒比地区的次区域经济一体化组织之一，巴西、阿根廷、巴拉圭、乌拉圭四个创始成员国于1991年签订《亚松森条约》，宣布建立南方共同市场，1995年南共市正式成立。玻利维亚于2007年申请加入，截至2021年尚未完成批准程序。委内瑞拉于2012年8月正式加入南共市，因委国内局势，其成员国资格自2017年8月起被无限期终止。本章重点介绍四个创始成员国的概况，本章中的"南方共同市场国家"仅指四个创始成员国，简称"南共市国家"。

第一节　南共市国家概况

一　南共市概况

如表9.1所示，4个创始成员国国土面积合计约为1187.9万平方千米，约占拉丁美洲和加勒比地区的58.1%；2020年人口合计约2.7亿人，约占拉丁美洲和加勒比地区的41.0%；2021年GDP合计约2.9万亿美元，约占拉丁美洲和加勒比地区的65.6%。

表9.1　　　　　　　　　　　　南共市国家概况

四个创始成员国	国土面积 （万 km²）	人口 （万人）	GDP （亿美元）	人均 GDP （美元）
阿根廷	278.0	4519.6	4915.0	10777
巴西	851.6	21256.0	23208.2	7519
巴拉圭	40.7	713.3	375.7	5604

续表

四个创始成员国	国土面积 （万 km²）	人口 （万人）	GDP （亿美元）	人均 GDP （美元）
乌拉圭	17.6	347.4	504.2	17020
合计	1187.9	26836.3	29003.1	
占地区的比重（%）	58.1	41.0	65.6	

注："国土面积"为 2019 年数据，"人口"为 2020 年数据，"GDP"和"人均 GDP"为 2021 年数据。

资料来源：拉丁美洲和加勒比经济委员会"CEPALSTAT"数据，https：//statistics. cepal. org/portal/cepalstat/index. html。"占拉美地区的比重"为笔者根据统计数据计算。

南共市实行统一关税政策，在保护区内市场的同时，促进南共市国家之间的货物、服务和生产要素自由流动。2020 年南共市国家的商品进出口总额合计约为 5060 亿美元，但各国区内商品贸易占各自商品贸易总额的比重差异较大，巴西的区内商品贸易占巴西商品贸易总额的比重为 6.6%，阿根廷的这一比重约为 21.7%，乌拉圭约为 29.0%，巴拉圭约为 56.1%。①

南共市是一个国际合作平台。1995—2005 年以美国、巴西为"双主席国"开展美洲自由贸易区谈判，因南共市与美国在农产品贸易、知识产权保护等方面分歧较大，谈判于 2005 年暂时停止。1995—2019 年南共市与欧盟开展自由贸易谈判，2019 年 7 月双方签订"南共市—欧盟协定"。在拉美地区，南共市与玻利维亚、智利、哥伦比亚、墨西哥四国签订了以自由贸易为目标的经济互补协议。在其他地区，南共市与埃及、以色列签订了自由贸易协定，与印度、非洲关税同盟签订了贸易优惠协定。2017 年以来，南共市与欧洲自由贸易联盟（冰岛、挪威、瑞士、列支敦士登）、加拿大、韩国、新加坡、黎巴嫩开展自由贸易谈判。

二 初级产品依赖型经济体

2018—2020 年初级产品占商品出口总额的年均比重，巴西为 68.9%，

---

① 根据 UN Comtrade Database 统计数据计算，https：//comtrade. un. org/data/。

阿根廷为 82.4%，乌拉圭为 80.3%，巴拉圭为 87.3%。① 巴西出口的初级产品以农牧产品和能源、矿产品为主，其前十大出口产品为大豆、原油、铁矿石、玉米、木浆、冷冻牛肉、冷冻鸡肉、豆粕、咖啡、蔗糖。阿根廷出口的主要初级产品包括豆粕、玉米、大豆、豆油、冷冻牛肉、小麦、原油、冷冻鲜虾等。巴拉圭出口的主要初级产品包括大豆、水电、冷冻牛肉、豆粕、豆油、玉米、稻米、皮革、小麦等。乌拉圭出口的主要初级产品包括冷冻牛肉、原木、大豆、牛奶和奶油、稻米、活牛、皮革、麦芽（包括麦芽粉）、原木、羊毛等。

同能源、矿产类初级产品相比，南共市国家在农牧产品方面的比较优势较为显著。2018—2020 年四个南共市国家年均大豆产量约为 17754 万吨，约占全球年均大豆产量（34484 万吨）的 51.5%。同期，四个南共市国家的年均牛肉、鸡肉、猪肉产量约为 3502 万吨，约占全球年均牛肉、鸡肉、猪肉产量（29864 万吨）的 11.7%。2020 年四个南共市国家大豆出口量约为 9810 万吨，约占全球大豆出口量（17345 万吨）的 56.6%；四个南共市国家肉类产品出口量约为 898 万吨，约占全球肉类产品出口量（5217 万吨）的 17.2%。②

在四个南共市国家中，乌拉圭属于高收入经济体，其 2021 年的人均GDP 约为 17020 美元（见表 9.1），其他三个国家属于中高收入经济体。乌拉圭全称"乌拉圭东岸共和国"，于 1825 年独立。独立初期至 19 世纪末、20 世纪初，考迪罗主导政坛。20 世纪初以来，以国家福利化为导向，民众主义、威权主义、自由主义角逐政坛。2020 年乌拉圭的城市化率约为95.5%，约有 50% 的人口居住在首都蒙得维的亚。蒙得维的亚约有 175 万人，为第一大城市。③ 2019 年乌拉圭的非正规就业率为 24.0%。2020 年乌

---

① CEPALSTAT, "Económicos – Económicos / Sector externo / Comercio exterior de bienes y servicios / Comercio exterior de bienes / Exportaciones de productos según su participación en el total", https: //statistics. cepal. org/portal/cepalstat/dashboard. html? theme = 2&lang = es. 根据统计数据计算。

② 联合国粮农组织 "FAOSTAT"，https: //www. fao. org/faostat/en/#data/TCL。根据统计数据计算。

③ Department of Economic and Social Affairs, United Nations, *World Urbanization Prospects 2018*, https: //population. un. org/wup/DataQuery/.

拉圭的贫困率为 5.2%，赤贫率为 0.3%。[①]

巴拉圭的经济社会发展水平相对较低，其 2021 年的人均 GDP 约为 5604 美元（见表 9.1）。巴拉圭全称"巴拉圭共和国"，于 1811 年独立。自独立以来，考迪罗主义、威权主义长期主导政坛。2020 年巴拉圭的城市化率约为 62.2%，约有 51.8% 的人口居住在两个 30 万人以上的都市区，其中，首都亚松森约有 334 万人，为第一大城市；东方市约有 32 万人，为第二大城市。[②] 2019 年巴拉圭的非正规就业率为 68.9%。2020 年巴拉圭的贫困率为 22.3%，赤贫率为 6.0%。[③]

第二节　巴西

巴西全称"巴西联邦共和国"，于 1822 年独立。1822—1889 年为巴西帝国时期，主要由葡萄牙王室的子孙执政。1889 年巴西结束帝制，实行联邦共和制，1889—1985 年军人主导巴西政局，其间，巴西经历了大地产主寡头统治（1889—1930 年）、瓦加斯民众主义政府（1930—1945 年）、民主过渡时期（1945—1964 年）、军政府时期（1964—1985 年），绝大部分领导人出身于军队，甚至是军队高级将领。瓦加斯等军队将领倾向于民众主义，军政府的将领则主要倾向于威权主义。1967—1984 年军政府集行政、立法、司法权于一身，实行寡头专制统治。1985 年以来，民众主义、自由主义交替主导巴西政局。1985 年巴西举行民主选举，军政府还政于文人政府。1988 年颁布《巴西联邦共和国宪法》。1985—1994 年巴西主要应对债务危机和抑制通货膨胀，实施自由化改革和币制改革（货币名称改为雷亚尔）。1995—2002 年卡多佐政府继续推行自由化改革，经济逐步恢复稳定。2003—2016 年巴西劳工党政府经历了 21 世纪第一轮初级产品出口

---

① 联合国拉丁美洲和加勒比经济委员会"CEPALSTAT"统计数据，https：//statistics. cepal. org/portal/cepalstat/。

② Department of Economic and Social Affairs, United Nations, *World Urbanization Prospects 2018*, https：//population. un. org/wup/DataQuery/。

③ 联合国拉丁美洲和加勒比经济委员会"CEPALSTAT"统计数据，https：//statistics. cepal. org/portal/cepalstat/。

繁荣，也遇到了经济持续衰退。2016 年自由主义派政党上台主政，截至 2021 年，自由主义派努力推进改革，谋求财政收支平衡是改革的主要目标之一。

一 自然环境与行政区划概况

赤道穿越巴西北部，南回归线穿越巴西南部，巴西绝大部分国土位于热带。巴西的国土总面积中，海拔在 200 米以下的占 41%，海拔在 200—500 米的占 37%，海拔在 500 米以上的占 22%。[①] 根据地形地貌，巴西国土可以分为五部分，即罗赖马高原、亚马孙平原、巴西高原、巴拉那平原、沿海平原。

罗赖马高原位于巴西北部，是圭亚那高原的一部分，海拔 1000—1500 米。亚马孙平原介于罗赖马高原和巴西高原之间，西宽东窄，地势低平，大部分在海拔 150 米以下。巴西高原较为平缓，起伏不大，由东南向西北方向缓缓倾斜，面积达 500 万平方千米，海拔在 300—1500 米之间，平均海拔约为 1000 米。巴拉那平原处在巴西高原的西南边缘地带，为格兰查科平原的东半部分，海拔在 100 米以上，表层土质疏松，地势平坦，广布湖泊及沟壑。沿海平原包括北部沿海平原、东北部沿海平原、南部沿海平原三部分。北部沿海平原包括从阿马帕州的沃亚波克河河口到帕拉州东部的沿海地带，较为宽阔低平。东北部沿海平原包括马拉尼昂州到巴伊亚州的沿海地带，较为弯曲、狭窄。南部沿海平原位于巴西南端，包括沿海低地、平原和丘陵。

巴西的行政区划分为 26 个州和 1 个联邦区，共计 27 个联邦行政单位，分为 5 个统计地区，即北部地区、东北部地区、东南部地区、南部地区和中西部地区。

北部地区包括 7 个州，即罗赖马州、阿马帕州、帕拉州、亚马孙州、朗多尼亚州、托坎廷斯州、阿克里州。

东北部地区包括 9 个州，即马拉尼昂州、皮奥伊州、巴伊亚州、塞阿拉州、北里奥格兰德州、阿拉戈斯州、帕拉伊巴州、伯南布哥州、塞尔希培州。

东南部地区包括 4 个州，即米纳斯吉拉斯州、圣埃斯皮里图州、里约

[①] 吕银春、周俊南编著：《列国志·巴西》，社会科学文献出版社 2004 年版，第 3 页。

热内卢州、圣保罗州。

南部地区包括 3 个州，即巴拉那州、圣卡塔琳娜州、南里奥格兰德州。

中西部地区包括 4 个联邦行政单位，即戈亚斯州、玛托格罗州、南玛托格罗州、联邦区（巴西利亚，巴西首都所在地）。

二　社会概况

根据 2010 年人口普查，在巴西的人口中，47.7% 为白种人，43.1% 为混血种人，7.6% 为黑人，1.1% 为黄种人，0.4% 为土著人。[①] 20 世纪初至 20 世纪 60 年代，大量日本移民进入巴西，日本移民及其后裔是巴西黄种人的主要组成部分。土著人在巴西的分布较为广泛，但主要散布在亚马孙地区和巴西高原。

2020 年巴西的城市化率约为 87.1%，约有 50.7% 的人口居住在 59 个 30 万人以上的都市区，其中，圣保罗约有 2204 万人，为第一大城市；里约热内卢约有 1346 万人，为第二大城市；贝洛奥里藏特约有 608 万人，为第三大城市；首都巴西利亚约有 465 万人，为第四大城市；阿雷格里港约有 414 万人，为第五大城市。[②] 除联邦区外，州以下设市，市以下分为城市、农村和土著人聚居区。市政府所在地为城市，其他为农村社区或土著人聚居区。根据 2018 年的行政区划，巴西共有 5568 个城市，5504 个农村社区，505 个土著人聚居区。[③]

巴西 84% 左右的人口分布在东北部、东南部和南部地区，尤其是东南部地区集中了全国 42% 的人口。北部地区、中西部地区地广人稀，这两个地区的面积约占巴西总面积的 64%，而人口仅占 16%。[④]

2019 年巴西的非正规就业率为 47.9%。2020 年巴西的贫困率为

---

① Instituto Brasileiro de Geografia e Estatística, *Uma visão geográfica e ambiental no início do século XXI*, Rio de Janeiro, 2016, p. 394.

② Department of Economic and Social Affairs, United Nations, *World Urbanization Prospects 2018*, https：//population. un. org/wup/DataQuery/.

③ Instituto Brasileiro de Geograa e Estatística, *Quadro Geográco de Referência para Produção, Análise e Disseminação de Estatísticas*, Rio de Janeiro, 2019, pp. 22, 56, 58, 60.

④ Instituto Brasileiro de Geografia e Estatística, "Estatísticas/Sociais/População/Tabelas – 2018/ Projeções da População do Brasil e Unidades da Federação por sexo e idade：2010 – 2060/Projeções da População/Projeções da população por sexo e idades（atualizado em 06/04/2020）". 根据统计数据计算。

18.4%，赤贫率为5.1%。① 非正规就业人员、贫困家庭对巴西联邦政府的社会支出政策依赖程度较高，尤其是在教育、医疗、社会保障等方面。2017—2019年社会支出占巴西GDP的年均比重约为17.3%，约占巴西联邦政府支出的60.0%。社会保障是巴西联邦政府财政支出的重要部分，2017—2019年社会保障占巴西GDP的年均比重约为12.7%，约占巴西联邦政府财政支出的44.0%。②

天主教会、无地农民、工会是影响较大的社会组织或力量。1889年以前，天主教为巴西国教。虽然实行政教分离，但巴西宪法承认并确认天主教会的特殊地位，宪法前言强调，"在上帝的保佑下，制定巴西联邦共和国宪法"③。天主教会努力维护其传统主流教派地位，抑制甚至反对其他宗教信仰和左翼政治势力。无地农民运动是为争取土地而斗争的农民运动组织。根据2017年农业普查，土地权属不清或没有土地的农业生产单位约有88.3万户。主要从事农业生产的农村劳动力，约有1100万人没有土地。④无地农民运动逐步由社会组织转变为政治组织。巴西有1万多个工会组织，2019年巴西约有13.0%的就业劳动力是工会会员。⑤ 工会也分为左、中、右3派。左派以产业工会为主，是劳工党等民众主义政党的支持者。中间派以公共雇员、教师、医生等工会为主，其立场倾向于中左。卡车司机等小业主工会组织属于右派，支持中右翼政党。

三　经济概况

巴西属于服务型、消费型经济体，这在较大程度上与其城市化率较高有

① 联合国拉丁美洲和加勒比经济委员会 "CEPALSTAT" 统计数据，https：//statistics.cepal. org/portal/cepalstat/。

② CEPALSTAT，"Demográficos y sociales / Sociales / Gasto público social Gasto público social según clasificación por funciones del gobierno（en porcentajes del PIB）"，"Económicos / Sector público / Operaciones de gobierno Operaciones del gobierno（clasificación económica），en porcentajes del PIB"，https：//statistics. cepal. org/portal/cepalstat/。根据统计数据计算。

③ Câmara dos Deputados，Constituição da República Federativa do Brasil，59 edição，Brasil，2022，p. 8.

④ Instituto Brasileiro de Geografia e Estatística，*Censo Agropecuário 2017*，https：//censoagro2017. ibge. gov. br/. 根据统计数据计算。

⑤ International Labor Organization， "Statistics on union membership"，https：//ilostat. ilo. org/topics/union-membership/.

关。根据收入法，2021 年 67.4% 的 GDP 来自服务业。根据支出法，2021 年消费占 GDP 的 80.1%，其中家庭消费占 GDP 的 61.0%，政府消费占 19.1%。[1]

农业、矿业和制造业是巴西国民经济的三大重要经济部门，2021 年这三大经济部门占 GDP 的比重分别为 8.8%、6.0% 和 12.3%[2]，三者合计为 27.1%。农业遍布巴西各州，但北部地区的帕拉州，东北部地区的马拉尼昂州、皮奥伊州、北里奥格兰德州、伯南布哥州、巴伊亚州，东南部地区的米纳斯吉拉斯州，中西部地区的朗多尼亚州，南部地区的三个州是巴西的主要农牧业生产区。大地产制在巴西农业生产中居主导地位。根据 2017 年的农业普查，巴西约有 507.3 万户农业生产单位，拥有 3.5 亿公顷农业生产用地。50 公顷以上的大中型农业生产单位约占总数的 16.4%，但其农业产值占农业生产总值的 55.4%，其中，拥有土地 10000 公顷以上的特大型农业生产单位占农业生产单位总数的 0.05%，但其产值占农业生产总值 18.8%。50 公顷以下的小型、微型农业生产单位约占总数的 83.6%，其农业产值占农业生产总值的 44.6%。[3]

巴西拥有丰富的矿产资源，已探明的铁矿石、石油、天然气储量较大。巴西淡水河谷公司是规模较大的全球性矿业企业，巴西联邦政府在该企业拥有 12 股"黄金股"。截至 2021 年，淡水河谷公司在巴西拥有 371.3 亿吨的铁矿石储量。[4] 截至 2020 年，巴西探明石油储量约为 127.2 亿桶，探明天然气储量约为 3490 亿立方米。[5] 巴西国家石油公司是巴西联邦政府所属的国有企业，负责勘探和开发巴西的油气资源。

[1] CEPALSTAT，"Brasil：perfil nacional económico"，https：//statistics. cepal. org/portal/cepal-stat/perfil – nacional. html? theme = 2&country = bra&lang = es. 根据统计数据计算。

[2] CEPALSTAT，"Brasil：perfil nacional económico"，https：//statistics. cepal. org/portal/cepal-stat/perfil-nacional. html? theme = 2&country = bra&lang = es.

[3] Instituto Brasileiro de Geografia e Estatística，*Censo Agropecuário 2017*，https：//censoagro2017. ibge. gov. br/. 根据统计数据计算。

[4] Vale S. A.，Relatórios Anuais（Formulário 20 – F） – Para o exercício encerrado em：31 de dezembro de 2021，pp. 103，194，https：//api. mziq. com/mzfilemanager/v2/d/53207d1c – 63b4 – 48f1 – 96b7 – 19869fae19fe/102c9ca4 – dea3 – 7079 – 6576 – 38d6a6d8917b? origin = 1. 铁矿石储量根据第 103 页 "Recursos Minerais de Minério de Ferro em 31 de dezembro de 2021" 表格中的数据计算。巴西联邦政府不参与经营和决策，但对企业名称变更、总部迁移、变更企业宗旨、资产清算等重要事项，巴西联邦政府凭借 12 股 "黄金股"，拥有否决权。

[5] Organization of the Petroleum Exporting Countries，*2021 OPEC Annual Statistical Bulletin*（*56th edition*），Vienna，Austria，2021，pp. 22，76.

食品和饮料、化工、机械设备、交通运输设备、金属制品是巴西制造业部门的前五大产业。汽车工业主要集中在圣保罗州，是巴西工业化的象征，其发展直接或间接影响许多工业部门的发展，素有巴西经济的晴雨表之称。巴西汽车工业的建立和发展始于 20 世纪 50 年代库比契克政府时期。同其他工业一样，汽车工业随着经济的起伏而发展或衰退。钢铁工业主要集中在圣保罗、里约热内卢、米纳斯吉拉斯州。巴西是世界主要航空工业大国之一，巴西航空工业公司是全球主要中小型商业飞机生产企业之一。位于亚马孙州的玛瑙斯自由贸易区是巴西主要的加工组装产业基地之一。

四 政治概况

巴西是代议制联邦共和国。1988 年宪法规定，巴西实行总统制，其政治权力由行政、立法和司法机构组成。国会分为众议院和参议院，众议院设有 513 个席位，参议院设有 81 个席位。巴西有 30 多个全国性政党和数十个地方性政党，截至 2021 年底，在众议院拥有席位的政党有 23 个，拥有席位较多的前 10 个政党依次为自由党（77 席）、劳工党（56 席）、进步党（55 席）、巴西联盟党（55 席）、民主社会党（47 席）、共和党（43席）、巴西民主运动（37 席）、社会党（23 席）、社会民主党（21 席）、民主工党（19 席）、基督教社会党（10 席）。① 这些政党可以分为四组。第一组为执政党及其执政联盟。第二组为主要左翼和中左翼政党，例如劳工党是主要反对党。第三组为主要右翼和中右翼政党。第四组为其他政党。任何一组政党都难以单独取得优势地位，需要同其他党派进行联盟。

五 外交概况

作为拉美地区第一大国，巴西在其宪法中明确规定，"巴西联邦共和国将寻求拉丁美洲人民的经济、政治、社会和文化融合，旨在形成拉丁美洲国家共同体"②。在拉丁美洲和加勒比地区，发展同其他拉美国家的外交

---

① 巴西联邦众议院官网，https：//www.camara.leg.br/deputados/bancada-atual。
② Câmara dos Deputados, *Constituição da República Federativa do Brasil*, 59 edição, Brasil, 2022, p. 8.

和经贸关系是巴西外交政策的重点之一，可分为三个"圈层"，第一圈层为南方共同市场，第二圈层为南美洲国家，第三圈层为拉丁美洲和加勒比国家，主要政策包括推进南共市一体化进程，促进南美地区一体化进程，支持、参与拉丁美洲和加勒比地区一体化进程。

巴西是 G20 成员国、金砖国家成员国，奉行多边主义外交政策。成为联合国安理会常任理事国、加入经济合作与发展组织等是巴西实现"大国梦"的重要阶段性目标。防止巴西成为世界大国是美国的重要核心利益，努力成为世界大国是巴西的主要核心利益，因此，巴、美两国的关系存在根本性利益冲突。巴西认为欧盟是巴西外交格局中"不可替代的组成部分"，尽管在亚马孙雨林保护等领域，巴西与部分欧盟成员国存在分歧，但巴西支持南共市与欧盟协定。

第三节　阿根廷

阿根廷全称"阿根廷共和国"，于 1816 年独立。19 世纪 20 年代至 1945 年，考迪罗主义主导阿根廷政局。其间，经历了中央集权派（以布宜诺斯艾利斯省为中心）与联邦派（以其他省为主要力量）之间的纷争甚至内战，以潘帕斯平原为重点的大地产制扩张和扩展，联邦制的确立、国家的统一和初级产品出口繁荣，以及 20 世纪初叶的民众主义崛起。1945 年以来，以民众主义为主流，以国家福利化为主要目标之一，庇隆主义、威权主义、自由主义交替执政。

一　自然环境与行政区划概况

南回归线穿越阿根廷北部，阿根廷的绝大部分国土位于南温带，少部分位于南寒带。根据阿根廷国防部国家地理研究所的地理统计数据，阿根廷国土总面积约为 376.1 万平方千米，其中，位于南美大陆的国土面积约为 278.1 万平方千米，马尔维纳斯群岛约为 1.1 万平方千米，南大西洋岛屿约为 0.4 万平方千米，位于南极洲的国土面积约为 96.5 万平方千米。① 英国对马尔维纳斯群岛（英国称为"福克兰群岛"）的占领是对阿根廷国家主权、领土完整、国家安全的最大威胁。拉共体成员国支持阿根廷拥有马岛主权的主张。联合国大陆架界限委员会确认马尔维纳斯群岛位于阿根廷领海内。美国等少数国家支持英国拥有马岛主权的主张。英国拒绝就马尔维纳斯群岛/福克兰群岛主权问题与阿根廷进行谈判，并强调必要时将使用战争手段保卫马尔维纳斯群岛/福克兰群岛。

阿根廷的行政区划分为 24 个联邦行政单位，包括 23 个省和 1 个自治市（布宜诺斯艾利斯自治市，阿根廷首都所在地）。火地岛、南极和南大西洋岛屿省的面积约为 100.2 万平方千米，其人口和经济活动基本集中在火地岛。其他 23 个联邦行政单位位于南部大陆，分为 5 个自然地理区域，即巴塔哥尼亚高原区、安第斯山区、西北地区、东北地区、潘帕斯平原区。

巴塔哥尼亚高原区位于阿根廷南部，包括 4 个省，自南向北，依次为：圣克鲁斯省、丘布特省、里奥内格罗省、内乌肯省，4 省面积合计约为 76.6 万平方千米。巴塔哥尼亚高原区是阿根廷的羊毛主产区、灌溉农业区。该地区有一定储量的油气资源。

安第斯山区位于阿根廷西部，包括 5 个省，自南向北，依次为：门多萨省、圣路易斯省、圣胡安省、拉里奥哈省、卡塔马卡省，5 省面积合计约为 50.6 万平方千米。门多萨省是阿根廷的葡萄主产区，其他 4 个省的畜牧业较为发达，主要饲养牛和羊。

西北地区位于阿根廷西北部，包括 4 个省，即胡胡伊省、萨尔塔省、图库曼省、圣地亚哥—德埃斯特罗省，4 省面积合计约为 36.8 万平方千米。这 4 个省地处热带和亚热带，出产甘蔗、柑橘、烟草、香蕉等农产品。

东北地区位于阿根廷东北部，包括 4 个省，即米西奥内斯省、科连特斯省、福莫萨省、查科省，4 省面积合计约为 29.0 万平方千米。这 4 个省地处亚热带，盛产木材、桐油、亚麻和烟草，也是柑橘、柠檬等酸性水果的重要产地。

① Instituto Geográfico Nacional, "Geografía/Información geográfica/División Política, Superficie y Población", https://www.ign.gob.ar/NuestrasActividades/Geografia/DatosArgentina/DivisionPolitica.

潘帕斯平原区位于阿根廷中部，包括 6 个联邦行政单位，即 5 个省和布宜诺斯艾利斯自治市。5 个省为：布宜诺斯艾利斯省、科尔多瓦省、拉潘帕省、圣菲省、恩特雷里奥斯省。6 个行政单位的面积合计约为 69.9 万平方千米。① 阿根廷 2/3 的人口集中在潘帕斯平原区。

二　社会概况

阿根廷 90% 左右的人口是白种人，其他部分主要包括印欧混血种人、土著人、黑白混血种人、黄种人等。根据语言、文化背景，阿根廷的第一大族群是拉丁语系族群；其次是以德国移民为主的日耳曼语系族群；第三是多样化的少数族裔，如土著人、犹太人、吉卜赛人、亚裔族群等。这些族群力图保存其民族血统和文化传统，优先在本民族群体或团体中选择婚姻，形成了较具规模的、相对封闭的社区或村镇。土著人主要分布在巴塔哥尼亚高原区、西北地区以及东北地区的米西奥内斯省。亚裔族群主要包括日本人、韩国人和中国人，各自形成了比较封闭的民族群体。

2020 年阿根廷的城市化率约为 92.1%，约有 58.2% 的人口居住在 17 个 30 万人以上的都市区，其中，大布宜诺斯艾利斯都市区约有 1515 万人，为第一大城市；科尔多瓦约有 157 万人，为第二大城市；罗萨里奥约有 153 万人，为第三大城市；门多萨约有 117 万人，为第四大城市；土库曼约有 99 万人，为第五大城市。② 布宜诺斯艾利斯自治市、大布宜诺斯艾利斯都市区、布宜诺斯艾利斯省是三个不同的概念。布宜诺斯艾利斯自治市（简称"布宜诺斯艾利斯"）是阿根廷的首都，大布宜诺斯艾利斯都市区（简称"大布宜诺斯艾利斯"）由布宜诺斯艾利斯及其周边卫星城组成。布宜诺斯艾利斯省的首府是拉普拉塔市。根据 2010 年的普查数据，布宜诺斯

---

① Instituto Geográfico Nacional，"Geografía/Información geográfica/División Política，Superficie y Población"，https：//www. ign. gob. ar/NuestrasActividades/Geografia/DatosArgentina/DivisionPolitica. 各地区面积根据统计数据计算。

② Department of Economic and Social Affairs，United Nations，*World Urbanization Prospects* 2018，https：//population. un. org/wup/DataQuery/.

艾利斯的面积约为 200 平方千米，大布宜诺斯艾利斯约为 3700 平方千米。①

阿根廷是一个福利化程度较高的国家。2017—2019 年社会支出占阿根廷 GDP 的年均比重约为 13.7%，约占阿根廷联邦政府支出的 59.6%。社会保障是阿根廷联邦政府财政支出的重要部分，2017—2019 年社会保障占阿根廷 GDP 的年均比重约为 11.2%，约占阿根廷联邦政府财政支出的48.7%。② 2020 年阿根廷城市地区的非正规就业率为 42.3%。③ 非正规就业人员对阿根廷联邦政府的福利政策依赖程度较高，尤其是在教育、医疗、社会保障等方面。

阿根廷工会联合会、阿根廷劳动者中央工会、卡车司机工会等是较有影响的工会组织。阿根廷工会联合会成立于1930 年，是庇隆主义运动的重要力量。阿根廷劳动者中央工会成立于1992 年，其宗旨是成为独立于政党、政府和企业主之外的自治工会。阿根廷90%的货物运输依靠陆路卡车运输，因此，卡车司机工会是较有影响力的行业工会组织之一。

三 经济概况

服务业和家庭消费是影响阿根廷经济增长的两大主要因素。2021 年阿根廷62.0%的 GDP 来自服务业，76.3%的 GDP 用于消费，其中，家庭消费占 GDP 的61.8%。④

农业、矿业和制造业是阿根廷的重要经济部门。阿根廷农业种植业以油料作物和粮食作物为主。大豆、向日葵、花生是主要油料作物，玉米、

① Instituto Geográfico Nacional，"Geografía/Información geográfica/División Política，Superficie y Población"，https：//www. ign. gob. ar/NuestrasActividades/Geografia/DatosArgentina/DivisionPolitica.

② CEPALSTAT，"Demográficos y sociales / Sociales / Gasto público social Gasto público social según clasificación por funciones del gobierno（en porcentajes del PIB）"，"Económicos / Sector público / Operaciones de gobierno Operaciones del gobierno（clasificación económica），en porcentajes del PIB"，https：//statistics. cepal. org/portal/cepalstat/. 根据统计数据计算。

③ 联合国拉丁美洲和加勒比经济委员会"CEPALSTAT"统计数据，https：//statistics. cepal. org/portal/cepalstat/。

④ CEPALSTAT，"Perfiles Nacionales/Argentina：perfil nacional económico"，https：//statistics. cepal. org/portal/cepalstat/perfil – nacional. html？theme = 2&country = arg&lang = es. 根据统计数据计算。

小麦是主要粮食作物。阿根廷是全球主要畜牧业大国之一，其牛肉、鸡肉产量较多。阿根廷矿业以金、银、铜等金属矿产和玄武岩、花岗岩、石灰石等建材为主。黄金、白银、铜、建材等矿产资源主要分布在西北地区、安第斯山区和巴塔哥尼亚高原区。胡胡伊、萨尔塔、门多萨、内乌肯、丘布特五省和火地岛拥有较为丰富的金属矿产资源和油气资源。阿根廷的锂资源较为丰富，其锂资源储量居全球第三位。

2021年制造业占阿根廷GDP的19.8%[①]，这一比重在拉美地区属于较高水平。食品和饮料、化工、金属制品、石油化工、交通运输设备是阿根廷前五大制造业产业。化肥、乙烯是主要化工和石化产品，交通运输设备主要包括小型乘用车、卡车、拖拉机、摩托车等。此外，阿根廷拥有一定规模的电子和家用电器生产，火地岛自由贸易区是主要加工组装基地之一。

阿根廷的外债负担较重。2020年外债余额约为3356亿美元，占GDP的102.8%。为了减轻外债负担和偿债压力，经过谈判和债务重组，2021年外债余额虽然增至3632亿美元，但其偿债压力有所降低。阿根廷的外债有两个显著特点。第一，美元化程度较高。57%的外债以美元计价和偿还，2%的外债与美元挂钩，二者合计约占59%。第二，债券和多边金融机构贷款是主要外债形式。截至2021年底，国际货币基金组织、世界银行等多边金融机构的贷款余额约占外债余额总额的19%，债券、国库券余额约占77%，二者合计约占96%。[②]

四 政治概况

根据阿根廷《国家宪法》[③]（现行宪法）第1条和第2条，阿根廷是一个代议制联邦共和国，阿根廷支持罗马天主教。联邦宪法、法律及联邦政府与外国签订的条约是国家最高法律，各省必须遵守。在发展工业、管理

---

① CEPALSTAT, "Perfiles Nacionales/Argentina: perfil nacional económico", https://statistics. cepal. org/portal/cepalstat/perfil – nacional. html? theme = 2&country = arg&lang = es.

② Ministerio de Economía, "Finanzas/Deuda Pública/Datos/Datos trimestrales de la deuda/Deuda Pública/Diciembre 2021 – Deuda de la Administración Central", https://www. argentina. gob. ar/sites/default/files/presentacion_ grafica_ trimestralivt21. pdf. 根据统计数据计算。

③ Congreso de la Nación Argentina, *Constitución Nacional*, https://www. congreso. gob. ar/constitucionSeccion4Cap2. php.

移民、修建交通运输设施、鼓励垦殖土地、引进外国资本等领域，联邦政府和各省政府拥有共同职责。

阿根廷的联邦体制较为独特，联邦和各省相互独立，各自拥有宪法授予的权力。联邦政府行使外交、国防、文化教育、海关管理、国库管理、货币发行与监管、内河航运管理、国际和省际贸易管理、干预和调解地方纠纷、颁布联邦法律法规等。各省制定自己的宪法，自行选举本省的省长和议员，拥有自己的立法、行政和司法机构，独立行使权力。联邦政府对各省内部事务不加干涉，只有在发生暴乱、外来入侵以及地方当局请求的情况下，联邦政府才有权对地方进行干预。

联邦议会实行两院制，分为众议院和参议院。截至 2021 年，众议院有 257 名议员，参议院有 72 名议员。22 个政党或政党联盟在众议院拥有席位，其中，全民阵线拥有 118 席，共和国方案联盟拥有 50 席，激进公民联盟拥有 33 席，三者合计 201 席。25 个政党或政党联邦在参议院拥有席位，其中，全民阵线拥有 22 席，共和国方案联盟、激进公民联盟等政党组成的"变革联盟"拥有 15 席，二者合计为 37 席。[①] 全民阵线成立于 2019 年并赢得了 2019 年总统选举，以正义党为主，联合部分中左翼政党组建。正义党（又名"庇隆主义党"）成立于 1945 年，曾 8 次执政，党员主要来自中低收入阶层，以工会力量为支柱，强调资本为民族经济服务，追求社会福利，主张劳资调和，维护劳工权益。共和国方案联盟成立于 2005 年，是一个新兴中右翼政党，主张减少国家干预，实行自由市场经济。激进公民联盟（亦称"激进党"）成立于 1891 年，中间党派，曾 6 次执政，主张政治多元化和社会改良。

五　外交概况

阿根廷是拉丁美洲和加勒比地区第三大国，是 G20 成员国。维护国

---

① 根据众议院、参议院的官网信息和数据计算。Diputados de la Nación Argentina, "Diputados/Bloques – Grupo o conjunto de legisladores constituido de un modo formal generalmente a partir de afinidades políticas y/o partidarias", https：//www. hcdn. gob. ar/diputados/listado – bloques. html；Senado de la Nación Argentina, "Senadores Listado Alfabético", https：//www. senado. gob. ar/senadores/listados/listaSenadoRes。

家主权和领土完整是阿根廷民族主义的两大核心思想。自独立以来，阿根廷与巴西、巴拉圭、玻利维亚、智利四个邻国进行过战争。1982年阿根廷与英国进行了马岛战争。阿根廷的国家安全程度相对较低，领土完整诉求较为强烈。阿根廷奉行"主权外交＋多边主义＋实用主义"的外交政策。外交政策的基本原则之一是收回马岛主权，主张和支持多边合作。

在拉丁美洲和加勒比地区，坚持推进南共市一体化进程，积极推进南美地区次区域一体化，主张加强拉丁美洲和加勒比国家的政治团结与地区一体化。阿根廷与智利曾经存在多处边界争端，在罗马教廷的协调下，1984—1991年和平解决了23处边界争端。1992—1994年，通过设立在里约热内卢的拉美仲裁法庭，以仲裁方式解决一处边界争端。阿根廷与古巴、委内瑞拉等拉美国家的双边关系不稳定，左翼政府一般会采取支持和亲近政策，右翼政府往往会采取反对和疏远政策。

阿根廷与美国的关系较为复杂，既亲美，又防美。亲美的主要目的是换取美国对阿根廷的金融支持，尤其是国际货币基金组织的贷款支持。防美的主要焦点有两个：一是在马岛主权问题上，美国支持英国；二是防止美国利用泛美主义、国际货币基金组织等干涉阿根廷内政。欧盟是阿根廷主要经贸合作伙伴，西班牙支持阿根廷对马岛的主权要求。阿根廷赞同与欧盟的自由贸易，但反对欧盟借助南共市—欧盟协定来干涉阿根廷内政。

第四节　中国与南共市国家关系

截至2021年，在南共市国家中，除巴拉圭外，中国与巴西、阿根廷、乌拉圭建立并稳定保持外交关系。中国与巴西、阿根廷是全面战略伙伴关系，与乌拉圭是战略伙伴关系。巴西是拉丁美洲和加勒比地区唯一的亚投行创始成员国，阿根廷和乌拉圭是亚投行成员。中国与乌拉圭、阿根廷签订了共建"一带一路"双边文件。截至2020年，中国在南共市国家的直接投资存量约为 54 亿美元。① 2021 年中国与南共市国家商品贸易总额约为 1902 亿美元，其中，中国出口 689 亿美元，中国进口 1213 亿美元，中方贸易逆差 524 亿美元。②

一 中国与巴西关系

中国与巴西于 1974 年建立外交关系，1993 年建立战略伙伴关系，2012 年两国关系提升为全面战略伙伴关系。中巴两国都奉行多边主义原则，主张国际关系民主化和世界多极化，强调国际政治、经济新秩序。

截至 2020 年，中国在巴西的直接投资存量约为 32 亿美元③，主要涉及能源、矿产、农业、基础设施、制造业等行业。中国企业在巴西承建火电厂、特高压输电线路、天然气管道、港口疏浚等大型基础设施项目。2021 年中国与巴西双边商品贸易总额约为 1641 亿美元，其中，中国出口 536 亿美元，中国进口 1105 亿美元，中方贸易逆差 569 亿美元。④ 中国向巴西主要出口机械设备、计算机与通信技术设备、仪器仪表、纺织品、钢材、运输工具等产品，自巴西主要进口铁精矿、大豆、原油、纸浆、豆油、飞机等产品。

在金融合作领域，2013 年中巴两国央行签署 1900 亿元人民币/600 亿巴西雷亚尔双边本币互换协议。2017 年中巴扩大产能合作基金正式启动，该基金规模 200 亿美元，由中巴双方共同出资、共同管理。

两国在航空航天、信息技术、生物技术、农牧林业、水产养殖、医药卫生、冶金等领域签有合作协议。中巴联合研制地球资源卫星项目被誉为南南合作的典范，截至 2021 年，已成功发射五颗卫星。巴西是中国在拉美

---

① 中国 Wind 数据库，"中国宏观—对外贸易及投资—对外直接投资：分国家及地区（年）"。根据统计数据计算。

② 中华人民共和国海关总署，"统计月报——2021 年 12 月进出口商品国别（地区）总值表（美元值）"，http：//www. customs. gov. cn/customs/302249/zfxxgk/2799825/302274/302277/302276/4127455/index. html，［2022 – 05 –25］。根据统计数据计算。

③ 中国 Wind 数据库，"中国宏观—对外贸易及投资—对外直接投资：分国家及地区（年）"。

④ 中华人民共和国海关总署，"统计月报——2021 年 12 月进出口商品国别（地区）总值表（美元值）"，http：//www. customs. gov. cn/customs/302249/zfxxgk/2799825/302274/302277/302276/4127455/index. html。贸易逆差：根据统计数据计算。

地区共建联合实验室最多的国家,双方建有农业联合实验室、气候变化和能源创新技术中心、纳米研究中心、南美空间天气实验室、气象卫星联合中心等。

二 中国与阿根廷关系

中国与阿根廷于 1972 年建立外交关交,2004 年建立战略伙伴关系,2014 年两国关系提升为全面战略伙伴关系。中国支持阿根廷对马岛领土主权的主张,希望阿根廷同英国双方通过谈判和平解决马岛争端。

截至 2020 年,中国在阿根廷的直接投资存量约为 20 亿美元。[①] 2021 年中国与阿根廷双边商品贸易总额约为 178 亿美元,其中,中国出口 107 亿美元,中国进口 71 亿美元,中方贸易顺差 36 亿美元。[②] 中国向阿根廷主要出口机械设备、电器和电子产品、计算机和通信设备、摩托车、纺织服装等产品,自阿根廷主要进口大豆、原油、皮革等产品。

在金融合作领域,2009—2020 年中国人民银行同阿根廷中央银行签署了五次本币互换协议或补充协议,2009 年的本币互换协议规模为 700 亿元人民币/380 亿阿根廷比索,2014 年为 700 亿元人民币/900 亿阿根廷比索,2017 年为 700 亿元人民币/1750 亿阿根廷比索,2018 年将本币互换额度由 700 亿人民币扩大至 1300 亿元人民币,2020 年双方续签 1300 亿元人民币本币互换协议。中国金融机构向阿根廷提供出口信贷等优惠贷款,支持阿根廷联邦政府的贝尔格拉诺将军铁路改扩建工程、水电站项目、核电站项目以及胡胡伊省的太阳能发电项目,等等。

三 中国与乌拉圭关系

中国与乌拉圭于 1988 年建立外交关系,2016 年建立战略伙伴关系。

---

① 中国 Wind 数据库,"中国宏观—对外贸易及投资—对外直接投资:分国家及地区(年)"。

② 中华人民共和国海关总署,"统计月报——2021 年 12 月进出口商品国别(地区)总值表(美元值)",http://www.customs.gov.cn/customs/302249/zfxxgk/2799825/302274/302277/302276/4127455/index.html。贸易顺差:根据统计数据计算。

截至 2020 年，中国在乌拉圭的直接投资存量约为 2 亿美元。[①] 2021 年中国与乌拉圭双边商品贸易总额约为 65 亿美元，其中，中国出口 29 亿美元，中国进口 36 亿美元，中方贸易逆差 7 亿美元。[②] 中国向乌拉圭主要出口服装、鞋帽、手机、摩托车、空调等产品，自乌拉圭主要进口牛肉、大豆、纸浆、羊毛、皮革、肉及食用杂碎、冻鱼等产品。

---

① 中国 Wind 数据库，"中国宏观—对外贸易及投资—对外直接投资：分国家及地区（年）"。

② 中华人民共和国海关总署，"统计月报——2021 年 12 月进出口商品国别（地区）总值表（美元值）"，http://www.customs.gov.cn/customs/302249/zfxxgk/2799825/302274/302277/302276/4127455/index.html。贸易逆差：根据统计数据计算。

第十章
开放的地区主义

　　拉美国家团结起来一致对外是西蒙·玻利瓦尔的主张与遗愿之一，例如，在其《牙买加来信》（1815 年）中指出，"我希望，在某一天，我们能够有幸成立一个由这些共和国、王国、帝国的代表组成的、庄严的议会，思考和讨论与其他世界之国家的和平、战争等重要问题"①。20 世纪 50 年代，拉美国家开启了以保护地区市场为目标的地区贸易一体化进程。20 世纪 80 年代，拉美国家开启了以反对霸权主义，维护地区和平为主要目标的政治对话与加强团结进程。20 世纪 90 年代以来，"开放的地区主义"成为拉丁美洲和加勒比地区的重要合作政策与主张，其基本含义是在推进地区政治团结和经济一体化的基础上，开展多边主义合作。

第一节　"中心—外围"观

　　自殖民统治时期起，尤其是自 19 世纪初叶以来，一方面，拉丁美洲和加勒比地区为资本主义体系的建立和发展发挥了重要作用；另一方面，该地区被逐步纳入"上帝之下的资本主义体系"。天主教在拉美国家的影响较大，新教在加勒比国家的影响较大。20 世纪 60 年代以来，除古巴外，其他拉丁美洲和加勒比国家均为资本主义国家。

一　"中心—外围"思想渊源

　　恩格斯（1820—1895 年）、马克思（1818—1883 年）、列宁（1870—

---

　　① David Bushnell ed. , *El Libertador*：*Writings of Simón Bolívar*, Oxford University Press, USA, 2003，p. 28.

1924 年）较早提出"中心—外围"思想。恩格斯在 1844—1845 年撰写的
《英国工人阶级状况》中指出："铁路和海船——现在已经在国际范围内应
用起来，它们事实上创造了以前只是潜在的世界市场。这个世界市场当时
还是由一些以农业为主或纯粹从事农业的国家组成的，这些国家都围绕着
一个大的工业中心——英国。""自由贸易论是建立在英国应当成为农业世
界唯一的伟大工业中心这样一个假设上的。而事实表明，这种假设纯粹是
谎言。"① 恩格斯的"中心—卫星"概念实际上就是"中心—外围"概念
的另一种提法。1844—1845 年，除古巴、巴拿马两国外，其他 17 个拉美
国家②已经独立，且绝大部分以农业为主。

马克思在其 1867 年出版的《资本论》（第 1 卷）中指出："一种与机
器生产中心相适应的新的国际分工产生了，它使地球的一部分转变为主要
从事农业的生产地区，以服务于另一部分主要从事工业的生产地区。"③ 马
克思虽然没有明确地提出"中心—外围"概念，但却包含着"中心—外
围"思想的两个基本内涵。第一，资本主义体系分化为两个部分，一部分
是从事工业生产的地区（工业地区），另一部分是从事农业生产的地区
（农业地区）。第二，这种分化是不平等的，农业地区"服务于"工业
地区。

列宁在其《帝国主义是资本主义的最高阶段》（1916 年）中指出：
"资本主义已成为极少数'先进'国对世界上绝大多数居民实行殖民压迫
和金融扼杀的世界体系。"④ 19 世纪末，处于初级产品出口繁荣阶段的拉
美国家陆续被纳入以英国、美国、法国、德国为中心的金本位多边支付体
系，大部分拉美国家随即再次发生债务危机。

德国经济学家魏尔纳·桑巴特（1863—1941 年）较早使用"中心—外

---

① 中共中央马克思、恩格斯、列宁、斯大林著作编译局编译：《马克思恩格斯文集·1
（1843—1848 年）》，人民出版社 2009 年版，第 367、376 页。

② 其他 17 个拉美国家为：墨西哥、危地马拉、萨尔瓦多、洪都拉斯、尼加拉瓜、哥斯达黎
加、委内瑞拉、哥伦比亚、厄瓜多尔、秘鲁、玻利维亚、智利、巴拉圭、阿根廷、乌拉圭、多米
尼加、巴西。

③ 马克思著，中共中央马克思、恩格斯、列宁、斯大林著作编译局编译：《资本论》（第一
卷），人民出版社 2018 年版，第 519、520 页。

④ 列宁著，中共中央马克思、恩格斯、列宁、斯大林著作编译局编译：《帝国主义是资本主
义的最高阶段》，人民出版社 2014 年版，第 7 页。

围"概念，在其《现代资本主义》（1928 年修订版）的结论部分指出："我们必须……将……中心的资本主义国家——与大量的……外围的国家区分开来，前者是积极的和居支配地位的，而后者则是消极的和居从属地位的。"在这种"中心—外围"的关系中，"外围"国家对"中心"国家存在着很大的"依附性"[①]。

二　拉美结构主义理论、依附论

结构主义理论、依附论是影响较大的发展理论。阿根廷经济学家、拉丁美洲和加勒比经济委员会[②]第二任执行秘书长劳尔·普雷维什（1901—1986 年）是拉美结构主义理论的主要创建者之一，拉丁美洲和加勒比经济委员会是推广、传承、发展结构主义理论的重要机构。德裔学者安德烈·冈德·弗兰克（1929—2005 年），巴西学者特奥托尼奥·多斯桑托斯（1936—2018 年），巴西学者、前总统费尔南多·恩里克·卡多佐等是依附论的主要代表性学者或政要。拉美国家为何不发达、拉美国家如何在资本主义体系内成为发达国家是结构主义理论、依附论主要关注和研究的焦点问题，因此，本书将这些理论称为"拉美结构主义理论""拉美依附论"。

（一）劳尔·普雷维什的拉美结构主义理论

"劳尔·普雷维什……是拉丁美洲最著名的经济学家之一，是 20 世纪后半期拉丁美洲地区最具代表性的经济理论——结构主义学派的奠基者和主要代表人物。"[③] 劳尔·普雷维什（以下简称"普雷维什"）1901 年出生于阿根廷。1930—1943 年曾担任阿根廷联邦政府财政部副部长、中央银行行长、财政部和农业部经济顾问、中央银行首席经济学家等职务。20 世纪 30 年代，普雷维什曾经作为阿根廷联邦政府的经济顾问，参加了阿根廷与英国的贸易谈判，他深切感受到初级产品出口给阿根廷带来的不利影响。1944 年普雷维什在布宜诺斯艾利斯大学授课时开始使用"中心—外围"概念。1946 年普雷维什出席在墨西哥城举行的西半球中央银行家会议时指

---

① 熊彼特：《经济分析史》（第 3 卷），朱泱等译，商务印书馆 1994 年版，第 99 页。
② 1948—1984 年"拉丁美洲和加勒比经济委员会"的名称为"拉丁美洲经济委员会"。
③ 董国辉：《劳尔·普雷维什经济思想研究》，南开大学出版社 2003 年版，"序"，第 1 页。

出，美国是当今世界的"中心"，而拉美则是经济体系的"外围"，整个世界的贸易周期都是依照美国经济的周期而设定的，美国的财政和货币政策可以追求一种不用造成货币不稳定而实现充分就业的政策，而外围国家则不可能使用与中心一样的货币工具。因此，对于外围国家而言，传统的经济学理论已经失去了效用，需要求助于其他方面的理论。1949 年 5 月普雷维什发表《拉丁美洲的经济发展及其主要问题》一文，该文被看作"拉丁美洲经济委员会宣言"，是拉美结构主义理论正式诞生的重要标志。

"中心—外围"理论是普雷维什创建拉美结构主义理论的立足点，拉美国家如何突破或打破"中心—外围"桎梏并发展成为工业化国家是拉美结构主义理论的主要目标之一。为实现这一目标，普雷维什提出了进口替代工业化、外围国家经济合作（拉美经济一体化、南南合作）、建立国际经济新秩序、体制变革等政策主张。1950—1963 年普雷维什担任拉美经委会执行秘书长，其间，1950—1954 年致力于完善和发展拉美结构主义理论，探索和试验拉美国家的经济发展政策，尤其是进口替代工业化政策；1955—1956 年为阿根廷军政府制订"普雷维什计划"，以帮助阿根廷复兴经济；1957—1963 年提出建立拉美共同市场的设想，推动拉美一体化和发展中国家间的南南合作。1962—1964 年普雷维什积极推动和促成联合国贸易与发展大会，并担任大会的首任秘书长，提出建立国际经济新秩序的目标是在"中心—外围"之间建立一种平等的关系，进一步推动外围国家之间更加密切的经济合作。1964—1968 年普雷维什努力推动南南合作和南北对话。

"中心—外围"理论的主要内容可以概括为三个方面。第一，整体性。中心和外围都是整个资本主义世界经济体系的一部分，而不是两个不同的经济体系。现存的世界经济体系是伴随着资本主义生产技术和生产关系在整个世界的传播而形成的，维系这一体系运转的是国际分工。根据国际分工，率先发生技术进步的国家就成为世界经济体系的中心，而在生产、技术和组织等方面处于落后地位的部分则沦落为这一体系的外围。中心和外围的形成是一种历史的必然，是由技术进步在资本主义世界经济体系中发生和传播的不平衡性所决定的。

第二，差异性，主要表现为结构性差异。中心国家的经济结构表现为技术同质化和生产多元化，技术进步贯穿于中心国家的整个经济，中心国家能够生产资本品、中间产品、最终消费品等各类产品。外围国家的经济结构表现为二元化和生产单一专业化。外围国家的经济结构分化为两个部门，即传统部门（生产技术落后、劳动生产率极低的经济部门）和现代部门（使用现代化生产技术，具有较高劳动生产率的经济部门）。外围国家的绝大部分生产资源被用来扩大初级产品生产部门，而对工业制成品和服务的需求大多需要依靠进口来满足。

　　第三，不平等性，即中心与外围之间存在着不对称、不平等的关系。首先，外围"输"在起点上，致使外围国家远远落后于中心国家。其次，国际分工和贸易条件恶化是两大基本机制。中心与外围之间形成了不平等的国际分工，中心主要以生产和出口工业制成品为主，而外围则以生产和出口初级产品为主。初级产品的贸易条件与工业品相比存在长期恶化的趋势，中心的技术进步速度快于外围，贸易周期波动对工业制成品的负面影响程度低于初级产品，对工业制成品的正面影响程度高于初级产品。初级产品的需求收入弹性大大低于工业制成品。[①] 最后，资本主义世界经济体系"动力中心"的转移，进一步加深了中心与外围之间的不平等。在"中心—外围"体系形成初期，该体系的"动力中心"是英国，英国奉行自由贸易政策，外围能够在"中心—外围"体系下获得一定发展的可能性。一方面，英国大量进口初级产品；另一方面，通过贸易和投资，英国将发展的动力传递给外围国家和地区。"动力中心"转移到美国以后，外围国家和地区就处于更加不利的地位，主要原因是美国拥有丰富的自然资源和实施保护主义政策。

　　1969—1983 年普雷维什致力于学术研究与教学工作。1981 年他出版了《外围资本主义：危机与改造》[②]，在对"中心—外围"理论有所发展的基础上，提出了模仿性资本主义、结构性剩余、四种权力等概念，继而提出了以结构性剩余社会化为主要措施的体制变革主张。普雷维什将"中心—

------

　　① 初级产品的需求收入弹性大大低于工业制成品，例如，GDP 每增长 1%，初级产品的需求增长幅度一般低于 1%，而工业制成品的需求增长幅度一般会大于 1%。——笔者注

　　② ［阿根廷］劳尔·普雷维什：《外围资本主义：危机与改造》，苏振兴、袁兴昌译，商务印书馆 2015 年版。

外围"理论发展为"中心霸权"与"外围依附"。中心霸权主要表现为资本主义超级大国的经济、政治和战略霸权。中心霸权采用诱导或威胁等方式，使外围国家服从于它们的决定，因而导致外围国家对中心霸权的依附现象。

模仿性资本主义是指外围按照中心的轨迹，亦步亦趋地模仿前进，形成了模仿性资本主义。在"中心—外围"体系中，工业化进程和工业化成果集中于中心，中心把它的技术、消费与生活方式、制度、思想和意识形态向外围扩散和辐射，致使外围模仿中心的消费方式、生活方式，复制中心的制度，中心的文化、思想和意识形态逐渐在外围国家长久地扎下了根。

结构性剩余是指生产率增长的一部分，这一部分没有转移给广大劳动力，而是被生产资料拥有阶层所占有。这种结构性剩余在经济发展中的作用是双重的和矛盾的。一方面，结构性剩余是外围国家经济发展的动力根源，是提高资本积累、增加就业、提高生产率的主要源泉；另一方面，结构性剩余主要由享有特权的社会上层所占有和控制，他们在模仿中心国家的先进技术的同时，也刻意模仿中心国家的消费模式和生活方式，形成了一种"特权消费社会"的社会结构。"特权消费社会"对外围国家的经济发展造成了严重的危害。第一，抑制资本积累，大量的剩余被用作非生产性的奢侈消费行为。第二，扩大收入分配差距，对剩余的占有和支配直接引起了不平等的收入分配。第三，排斥中下阶层，抑制国内消费。占社会人口绝大多数的社会下层和剩余劳动力被排斥在剩余分配之外，使其收入水平难以得到提高，因此，也就抑制了大多数人口购买力水平的提高，造成了国内需求的不足，内需不足必然会影响到经济增长的速度。第四，剩余外流，特权阶层往往与跨国公司有着千丝万缕的联系，造成了剩余的大量流失。中心通过与特权消费社会阶层有着密切联系的跨国公司，大量地吸收着外围的收入。

根据对结构性剩余的占有和分配，权力关系归纳为经济权力、社会权力、工会权力和政治权力。第一，经济权力是指对生产资料的占有权。它主要集中于上层和少量中层。第二，社会权力主要是指接受教育和技术培训的权力，它主要集中在中层，特别是中高收入阶层。"受教育的机会"

和"利用这些机会的可能性"是形成社会权力的两个基本因素。第三，工会权力主要是指劳动者为增加其对经济发展成果的占有份额而有组织地施加影响的权力。真正能够享有工会权力的主要是社会中层，社会下层则几乎一无所有。第四，政治权力是指对国家机器施加影响的权力。社会各阶层根据它们对经济权力、社会权力或工会权力的享有而拥有相应的政治权力，进而影响到它们各自对剩余的占有和支配的份额。

普雷维什提出了体制变革的两种选择。第一，生产资料的社会化，即国家把赖以产生剩余的生产资料的所有权和经营权掌握在自己手中，即实行生产资料社会化，建立以马克思主义为指导的社会主义制度。第二，结构性剩余的社会化，即国家按照集体的合理性使用剩余，而不是把所有权集中在自己手里。实行剩余的社会化，将"私人占有"与"国家积累"有机结合，在维持所有权现状的情况下，把剩余的管理权转移到国家手中，由国家掌握有关资源分配和资本积累方面的最终权限。

（二）拉美依附论

拉美依附论是 20 世纪 60 年代主要由拉美经济学家在对拉美地区和第三世界不发达问题的探讨和辩论中形成的一种理论，本书简要介绍三位学者的基本观点和主张。安德烈·冈德·弗兰克、特奥托尼奥·多斯桑托斯属于马克思主义派，主张"脱钩"论；费尔南多·恩里克·卡多佐属于实用主义派，主张"依附性发展"。

安德烈·冈德·弗兰克 1929 年出生于德国柏林，1941 年移民美国，1962—1973 年在巴西利亚大学、墨西哥国立自治大学、智利大学从事教学和研究工作，1978 年出版的《依附性积累与不发达》[①] 是其主要代表作之一。安德烈·冈德·弗兰克认为，拉美国家的不发达是世界资本主义体系中"宗主—卫星"结构关系的历史产物。在这一结构关系中，拉美国家处于对发达资本主义国家的依附状态。拉美国家的一部分经济剩余被世界资本主义体系中的发达国家所攫取和占有；另一部分经济剩余则被拉美国家的社会上层所剥夺和占有。资本主义发达国家限制拉美国家依靠

[①]　［德］安德烈·冈德·弗兰克：《依附性积累与不发达》，高铦、高戈译，译林出版社1999 年版。

自身资源谋求发展，并力求使拉美国家长期处于依附状态。拉美国家的被统治阶级需要通过阶级斗争，推翻资产阶级的统治。与此同时，只有割断与资本主义体系的经济联系，拉美国家才能摆脱依附，独立自主地发展经济。

特奥托尼奥·多斯桑托斯1978年出版的《帝国主义与依附》①是其主要代表作之一，后经多次修订和再版。多斯桑托斯认为，拉美国家与以美国为首的帝国主义国家之间存在三种依附机制，即出口依附、资本依附、技术依附。他提出了三种解决方案。第一，民族资本主义，但是，拉丁美洲的民族资本主义是失败的，它是一种胎死腹中的选择。第二，国家资本主义。对于主要中心国——美国而言，一方面，美国难以维持其单一霸权地位；另一方面，如果美国仍然要以霸主地位自居，就不仅要变革依附国，还要变革自身。因此，拉美国家在这种矛盾重重的资本主义体系中谋求发展是不可能的。第三，社会主义革命。世界划分为三部分，即资本主义的中心国、资本主义的依附国、社会主义国家。社会主义国家独立于资本主义体系之外。拉美国家应该通过民众运动，摆脱或打破资本主义体系，探索社会主义的发展模式。

费尔南多·恩里克·卡多佐和恩佐·法勒托1979年合著并出版的《拉美的依附性及发展》②一书影响较大。卡多佐认为，依附和发展并不是相互矛盾的，而是在一个过程中同时发生的两个方面。一方面，跨国公司的迅猛发展造成了全新的国际分工格局。在这个全新的国际格局中，相当一部分工业资本已经转移到有一定发展水平的外围国家。另一方面，部分外围国家出现了"国内市场国际化"现象。外围国家的垄断资本同中心国家的工业部门、私人资本建立了密切的合作和联系。因此，在一定程度上，国际垄断资本、外围国家的私人资本、外围国家的国有资本三者之间出现了共同扩张、利益趋同的现象，部分外围国家能够从这一现象中获益并实现经济起飞。虽然这部分外围国家尚未从根本上改变对中心国家的依

---

① ［巴西］特奥托尼奥·多斯桑托斯：《帝国主义与依附》（修订版），杨衍永等译，社会科学文献出版社2017年版。

② ［巴西］费尔南多·恩里克·卡多佐、［巴西］恩佐·法勒托：《拉美的依附性及发展》，单楚译，世界知识出版社2002年版。

附，既缺少自主性技术，也无法自身完成资本积累，且外债累累，但这些外围国家不应该与世界资本主义体系脱钩，而要利用与世界资本主义体系的依附关系来发展经济，壮大自己，最后走向独立自主。

三　一种拉美世界观

自 19 世纪初以来，多种本土主义思潮在拉美地区兴起、演化和相互激荡，根据侧重点或主要内容的不同，拉美本土主义思潮可以划分为政治思潮（民众主义、社会主义等）、经济思潮（经济民族主义、结构主义、依附论等）、社会思潮（新社会学、社会自由主义、社会凝聚论等）、文化思潮（文化民族主义、拉丁美洲哲学、解放神学、解放教育学、魔幻现实主义等）、外交思潮（外围现实主义、多元外交论、第三世界主义等）。①

进入 21 世纪以来，属于"上帝之下的资本主义体系"的拉丁美洲和加勒比国家，如何实现独立自主、民生繁荣是拉美本土思潮探讨和争论的主要焦点问题之一。在众多本土思潮中，拉丁美洲和加勒比经济委员会的结构主义理论影响较大，尤其是其"中心—外围"理论日益成为拉美地区的一种世界观，即"中心—外围"观。2019 年拉丁美洲和加勒比经济委员会、欧盟、经济合作与发展组织、CAF—拉丁美洲开发银行联合发布年度研究报告——《2019 年拉丁美洲经济展望：转型中的发展》。根据该报告，"中心—外围"格局仍然是影响和制约拉丁美洲和加勒比地区发展的主要因素，如图 10.1 所示，世界发展趋势是主要"中心"因素，"四个脆弱"是主要"外围"因素，即"生产脆弱、社会脆弱、体制脆弱、环境脆弱"。

"中心"因素主要包括气候变化、人口结构、数字经济、地缘政治等一系列变化和变革，美国、欧盟、中国是影响世界发展趋势的三大"国际生产和创新中心"。2021 年的年度报告——《2021 年拉丁美洲经济展望：一起走向更好的复苏》认为，拉丁美洲和加勒比的"一体化和区域生产网络提供了促进生产力增长，提高工资和促进包容性劳动力市场的机会，同时重新定义了该地区与国际生产和创新中心的联系和整合"②。在"四个脆

---

① 徐世澄主编：《拉丁美洲现代思潮》，当代世界出版社 2010 年版。

② OECD, CEPAL et al., *Perspectivas económicas de América Latina 2021：Avanzando juntos hacia una mejor recuperación*, OECD Publishing, Paris, 2021, p. 130.

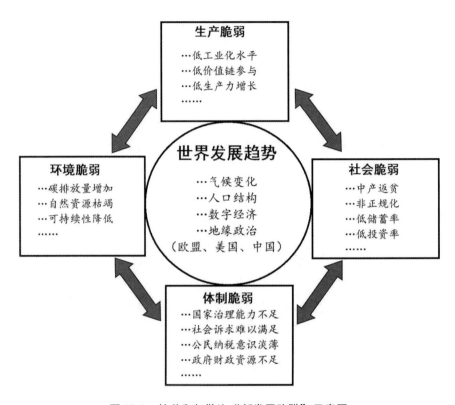

图 10.1　拉美和加勒比"新发展陷阱"示意图

资料来源：Comision Economica para America Latina y el Caribe，Organizacion para laCooperacion y el Desarrollo Economicos，CAF-Banco de Desarrollo de America Latina，*Perspectivas económicas de América Latina 2019：Desarrollo en transición*，Paris：OECD Publishing，2019，p. 127. 转引自谢文泽《百年未有之大变局中的中拉关系》，《人民论坛》2020 年 1 月中。

弱"中，生产脆弱的主要表现包括低工业化水平、低价值链参与、低生产力增长等，社会脆弱的主要表现包括中产返贫、非正规化、低储蓄率、低投资率等，体制脆弱的主要表现包括国家治理能力不足、社会诉求难以满足、公民纳税意识淡薄、政府财政资源不足等，环境脆弱的主要表现包括碳排放量增加、自然资源枯竭、可持续性降低等。

第二节　拉丁美洲和加勒比地区一体化进程

20 世纪 60 年代以来，拉丁美洲和加勒比地区的一体化进程可分为两个层次，一是地区一体化进程，成立了地区性经济一体化组织（拉丁美洲一体化协会、拉丁美洲和加勒比经济体系等）、政治一体化组织（拉丁美洲和加勒比议会、拉共体等）。二是次区域一体化进程，成立和实施了一系列次区域一体化组织、次区域一体化机制，前者包括加勒比共同体、加勒比国家联盟、中美洲一体化体系、南美进步论坛、安第斯共同体、南共市、太平洋联盟等，后者包括南美洲基础设施一体化倡议、中美洲经济社会一体化、加勒比石油计划等。前文中，拉共体、加勒比共同体、加勒比国家联盟、中美洲一体化体系、中美洲经济社会一体化、加勒比石油计划、南共市等已有所介绍，本节主要概略介绍其他地区和次区域一体化组织。

一　主要地区一体化组织

拉丁美洲一体化协会是拉美地区较为重要的一个政府间经济一体化组织，总部设立于乌拉圭首都蒙得维的亚，其前身是成立于 1960 年的拉丁美洲自由贸易协会，1981 年正式使用现名称。截至 2021 年，该组织有 13 个成员国，即阿根廷、玻利维亚、巴西、哥伦比亚、智利、古巴、厄瓜多尔、墨西哥、巴拉圭、巴拿马、秘鲁、乌拉圭、委内瑞拉。除古巴、巴拿马 2 国外，其他 11 国为创始成员国。2011 年的拉丁美洲一体化协会部长会议同意接受尼加拉瓜的加入申请，截至 2021 年尼加拉瓜尚未完成加入流程和程序。该组织的主要职责包括为双边和多边贸易提供便利和咨询，推进建立拉美共同市场。

拉丁美洲和加勒比经济体系成立于 1975 年，总部设立于委内瑞拉首都加拉加斯，原称为"拉丁美洲经济体系"，2006 年改称现名。截至 2021 年，该组织有 25 个成员国，其中包括 18 个拉美国家和 7 个加勒比国家。18 个拉美国家为阿根廷、玻利维亚、巴西、哥伦比亚、古巴、智利、厄瓜多尔、萨尔瓦多、危地马拉、洪都拉斯、墨西哥、尼加拉瓜、巴拿马、巴拉圭、秘鲁、多米尼加、乌拉圭、委内瑞拉。在 19 个拉美国家中，哥斯达黎加尚未加入拉丁美洲和加勒比经济体系。7 个加勒比国家为巴哈马、巴巴多斯、伯利兹、圭亚那、海地、苏里南、特立尼达和多巴哥。该组织的主要职责包括推动地区一体化进程，协调次区域一体化组织、拉丁美洲和加勒比国家有关经济和社会问题的立场与战略，维护拉丁美洲和加勒比国家的合法权益，推进构建公正、合理的国际经济新秩序。

拉丁美洲和加勒比议会成立于 1964 年，总部设立于巴拿马城，原称为"拉丁美洲议会"。根据 1987 年在利马签订的拉丁美洲议会制度条约，该组织的主要宗旨包括捍卫民主；促进拉美地区一体化进程；支持不干涉原则；尊重国家主权和独立自主，承认拉美地区政治、经济、社会制度的多元化和多样性；反对以武力威胁国家主权和领土完整的霸权主义行为；等等。随着加勒比地区的部分国家和政治实体加入该组织，其名称改为"拉丁美洲和加勒比议会"。截至 2021 年，该组织有 23 名成员，其中包括 19 个拉美国家，1 个加勒比国家（苏里南），3 个荷属政治实体（荷属阿鲁巴、荷属库拉索、荷属圣马丁）。

二　主要次区域一体化组织

安第斯共同体的前身为成立于 1969 年的安第斯集团，秘鲁、玻利维亚、厄瓜多尔、哥伦比亚、智利 5 国为创始成员国，委内瑞拉于 1973 年加入，使成员国数量达到 6 个。1976 年智利退出安第斯集团。1996 年安第斯集团更名为安第斯共同体。2006 年委内瑞拉退出安第斯共同体。截至 2021 年，该组织有 4 个成员国，即秘鲁、玻利维亚、厄瓜多尔、哥伦比亚。该组织的主要职责包括消除成员国之间的关税壁垒，组成共同市场，推进区域经济一体化进程。

太平洋联盟成立于 2011 年，其创始成员国为智利、哥伦比亚、墨西哥、秘鲁 4 国。该组织的基本宗旨是加强拉美太平洋沿岸国家贸易政策协调，促进联盟内货物、服务、资本和人员自由流通，致力于将联盟打造成为对亚洲最具吸引力的拉美次区域组织和亚洲进入拉美市场最便利的入口。

南美进步论坛成立于 2019 年，其发起国为阿根廷、巴西、智利、哥伦比亚、厄瓜多尔、巴拉圭、圭亚那、秘鲁 8 国。2004—2008 年南美 12 国（阿根廷、巴西、乌拉圭、巴拉圭、委内瑞拉、玻利维亚、哥伦比亚、厄瓜多尔、秘鲁、智利、圭亚那和苏里南）成立了"南美国家共同体"。2008 年 5 月南美 12 国宣布成立"南美国家联盟"，2017—2018 年该组织陷入停滞状态。南美 8 国发起成立南美进步论坛的主要目的是取代"南美国家联盟"，继续推进南美地区一体化进程。

三　主要次区域一体化机制

南美洲基础设施一体化倡议于 2000 年开始实施，包括南美地区的 12 个国家，涵盖交通、能源、通信三大领域，但以公路、铁路、电站等项目为主。2004—2018 年南美国家联盟是推进南美洲基础设施一体化倡议的主要机构。2019 年 3 月以来，南美进步论坛继续推进南美洲基础设施一体化倡议，重点领域包括基础设施、能源、卫生、国防、安全、打击犯罪、防灾减灾等。

第三节　主要多边合作方案

拉丁美洲和加勒比国家一致主张尊重主权，互不干涉内政，尊重各国尊严和领土完整，坚持以《联合国宪章》宗旨和原则指导各国在国际事务中的行为，维护以联合国为核心的多边主义。"开放的地区主义"是拉丁美洲和加勒比地区的多边合作方案之一，基于"中心—外围"观，该方案有三项重要政策主张，即地区一体化、工业化和多边主义；其主要目标包括改变过于依赖初级产品的状态，摆脱不平等的"中心—外围"关系，等等。泛美主义、欧盟"三支柱"、中拉命运共同体、跨太平洋伙伴关系等也是对拉丁美洲和加勒比地区影响较大的多边合作方案。

一　泛美主义

"泛美主义"原为 18 世纪末、19 世纪初弗朗西斯科·米兰达（1750—

1816 年）、西蒙·玻利瓦尔等南美解放运动主要领导人提出的政治构想，可称为"西属美洲泛美主义"，其基本思想是在西属美洲地区内部，建立美洲联盟或联邦；在西属美洲地区外部，加强与英国的合作，以抗衡西班牙的殖民反扑。西属美洲泛美主义有两个显著特点。第一，具有开放性，尤其重视与英国在政治、经济、军事等领域的合作。第二，警惕美国。针对 1823 年美国总统詹姆斯·门罗（1758—1831 年，1817—1825 年担任总统）发表的"门罗宣言"，西蒙·玻利瓦尔告诫刚刚独立和即将独立的拉美国家要警惕美国向西属美洲扩张的野心。

美国的泛美主义具有封闭性和排他性，可称为"封闭的泛美主义"。封闭的泛美主义源于门罗宣言，该宣言有三点基本含义。第一，美国是美洲大陆和美洲国家的代表。第二，欧洲列强不得将美洲大陆看作未来殖民的对象。第三，其他大陆的国家不得向美洲地区输出或延伸其制度。1889—1890 年美国召集 17 个拉美国家①，在华盛顿召开泛美会议，建立了"美洲共和国国际联盟"。1905 年美国总统西奥多·罗斯福（1858—1919年，1901—1909 年担任总统）将门罗宣言阐释为"门罗主义"，主要有四点基本含义。第一，美国保证不侵占其他美洲国家的领土，也保证其他美洲国家不受地区外国家的侵略。第二，禁止地区外国家在美洲地区谋求军事存在。第三，美国必须凭一己之力使其他美洲国家实现和平与秩序。第四，美国要援助其他美洲国家。美国将"美洲是美国人的美洲"确立为门罗主义的基本原则。在美国的主导下，1910 年美洲共和国国际联盟更名为"美洲共和国联盟"，1948 年又更名为"美洲国家组织"。

安全、政治、金融是美国实施"封闭的泛美主义"的三项基本机制。在传统安全和非传统安全机制方面，以保护西半球军事安全为主要借口，维护美国的军事霸权地位，管控拉丁美洲和加勒比国家与域外国家的传统安全合作；在打击毒品、武器走私、有组织跨国犯罪和管控非法移民、防控自然灾害、保障人权和宗教信仰自由等非传统安全领域，维护美国单方面干涉他国内政的特权。

---

① 17 个拉美国家为：墨西哥、危地马拉、萨尔瓦多、洪都拉斯、尼加拉瓜、哥斯达黎加、委内瑞拉、哥伦比亚、厄瓜多尔、秘鲁、玻利维亚、智利、巴拉圭、阿根廷、乌拉圭、巴西、海地。

美洲国家组织是美国的主要政治平台。《美洲国家组织宪章》于1948年通过，在拉美国家的抗争下，后经几次修订。该宪章有两项重要原则，一是美洲国家组织为联合国下属的地区机构；二是不干涉内政。美国试图废除这两项重要原则，而成员国中的拉丁美洲和加勒比国家坚决支持这两项原则。美洲地区共有35个国家，截至2021年，美洲国家组织有33个成员国。古巴曾为美洲国家组织成员国，1962年被中止成员国资格，2009年美洲国家组织同意恢复古巴成员国资格，但古巴拒绝重返该组织。委内瑞拉于2019年4月宣布正式退出该组织。

美洲开发银行是美国的主要金融平台。美洲开发银行成立于1959年，是美洲国家组织的下属多边开发性金融机构，非拉丁美洲和加勒比国家不能使用该银行的资金。截至2021年，美洲开发银行有48个成员国，其中包括2个北美国家（美国、加拿大），26个拉丁美洲和加勒比国家（阿根廷、巴巴多斯、巴哈马、巴拉圭、巴拿马、巴西、秘鲁、玻利维亚、多米尼加、厄瓜多尔、哥伦比亚、哥斯达黎加、圭亚那、海地、洪都拉斯、墨西哥、尼加拉瓜、萨尔瓦多、苏里南、特立尼达和多巴哥、危地马拉、委内瑞拉、乌拉圭、牙买加、智利、伯利兹），16个欧洲国家（奥地利、比利时、丹麦、德国、法国、芬兰、荷兰、挪威、葡萄牙、瑞典、瑞士、西班牙、意大利、英国、克罗地亚、斯洛文尼亚），4个亚洲国家（日本、以色列、韩国、中国）。美国拥有略超30%的表决权，26个拉丁美洲和加勒比国家拥有略超50%的表决权。

二　欧拉关系"三支柱"

欧盟是拉丁美洲和加勒比地区的主要经贸合作伙伴之一和第一大外国直接投资来源地。20世纪90年代以来，伊比利亚美洲首脑会议、欧盟—拉共体国家首脑会议、欧盟—南共市协定是发展欧拉关系的三个重要组织和机制，可称为欧拉关系"三支柱"。

伊比利亚美洲首脑会议于1991年召开首届年会，以纪念哥伦布抵达美洲500周年，常设秘书处设立于西班牙首都马德里。该组织的主要宗旨是促进成员国在教育、社会凝聚、文化等领域的交流与合作。截至2021年，该组织有22个成员国，其中包括19个拉美国家、3个伊比利亚国家（西班牙、葡萄牙、安道尔）。

20 世纪 90 年代中后期，欧盟与南共市开始"政治对话 + 政策协调 + 自由贸易"的区域性双边协定谈判。为了便于谈判的顺利进行，南共市暂缓接纳玻利维亚为正式成员国，2017 年无限期暂停委内瑞拉的成员国资格，将谈判进程限定在南共市 4 个创始成员国与欧盟之间。2019 年 6 月，双方完成全部谈判并签订"欧盟—南共市协定"。在政治对话方面，围绕亚马孙雨林开发与保护，法国等部分欧盟成员国与巴西之间分歧较大。在政策协调方面，围绕财政政策，阿根廷与欧盟之间存在明显分歧。阿根廷的国家福利化程度较高，按照政策协调的要求，阿根廷需要减少国家福利支出，阿方认为这一要求是对阿根廷内政的干涉。尽管存在一些差异和分歧，双方继续向着使协定能够生效的方向前进。

首届欧盟—拉共体国家首脑会议于 2013 年在智利首都圣地亚哥召开，当时，28 个欧盟成员国和 33 个拉共体成员国的国家元首、政府首脑或政府代表出席了会议，会议通过了《圣地亚哥声明》，欧盟表示相信拉共体的成立有助于拉美和加勒比地区一体化进程和发展，有利于促进双方自由贸易协议的实施和加强技术转让合作。2015 年第二届欧盟—拉共体国家首脑会议在比利时的布鲁塞尔召开，双方决定加强政治对话、完善和升级经济纽带、建设新型合作关系，重振欧盟与拉共体关系。2020 年欧盟—拉共体高级别会议发布了《欧盟—拉共体研究与创新联合倡议》，将科技人才交流、研究基础设施合作、全球性挑战、创新作为双方研究与创新合作的四个重点领域。

三　中拉命运共同体

2014 年 7 月中国国家主席习近平提出推进中拉"构建携手共进的命运共同体"。2016 年发布的《中国对拉美和加勒比政策文件》将"携手发展的命运共同体"确立为中方发展中拉关系的新目标。"携手共进""携手发展"是中拉命运共同体的核心内容，高质量共建"一带一路"是重要合作机制。共建"一带一路"是深化中拉合作的重要途径。2018 年 1 月，中国—拉共体论坛第二届部长级会议通过并发布了关于"一带一路"倡议的特别声明，拉共体国家外长认为，在经济、贸易、投资、文化、旅游等领域，"一带一路"倡议可以成为深化中国与拉共体国家合作的重要途径。2021 年的中国—拉共体论坛第三届部长会议重申了这一特别声明。

共建"一带一路"倡议有助于拉共体国家借鉴中国经验。在中国的诸多成功经验中，拉美国家认为有三条较为重要。第一，融入国际社会。1971 年恢复联合国安理会常任理事国席位、1978 年开启改革开放、2001 年加入世界贸易组织，在快速积累经济、贸易、科技、军事等实力的基础上，中国在国际政治、经济两大领域的影响力已经达到欧美发达国家的程度。第二，发展现代工业和高新技术。中国的工业化水平居于发展中国家前列，建立现代工业体系和发展高新技术是中国工业化模式的主要内涵。第三，消除绝对贫困。在 40 年左右的时间里，中国使 7 亿多人口摆脱了贫困，这在人类历史上尚属首次。消除绝对贫困不仅是中国经济社会发展的重要动力，也是中国展示全球影响力的重要方面。

共建"一带一路"有助于拉共体国家提升自主发展能力，主要有两个方面。第一，有助于拉共体国家凝聚政治共识、社会共识，制定国家战略、发展规划、发展政策，不仅便于对接"一带一路"倡议，也便于对接美国、欧盟等发起或提出的其他倡议。第二，有助于拉共体国家拓展国际合作空间。根据"中心—外围"观，中国的发展正在改变欧洲、美国主导的传统"二元中心"结构，使之开始向欧洲、美国、中国并驾齐驱的"三元中心"结构转变。在"三元中心"结构中，拉共体国家可以获取更加广阔的国际合作空间，而且中国也是拉共体国家可信、可靠、平等的伙伴。

四　跨太平洋伙伴关系

拉丁美洲和加勒比国家，尤其是位于太平洋东岸的拉美国家，日益重视与亚太地区的跨太平洋伙伴关系，亚太经合组织（APEC）、全面与进步跨太平洋伙伴关系协定（CPTPP）、数字经济伙伴关系协定（DEPA）等是跨太平洋伙伴关系的重要发展成果，也是推进跨太平洋伙伴关系继续向前发展的重要合作机制。

APEC 是亚太地区层级最高、领域最广的跨太平洋经济合作机制，成立 1989 年。首次 APEC 领导人非正式会议于 1993 年召开，之后每年召开一次。该组织的主要宗旨包括提高亚太地区贸易、投资便利化程度，改善区域内互联互通水平，加速区域经济一体化进程。截至 2021 年，APEC 有 21 个成员，其中，14 个为亚洲成员（俄罗斯①、中国、中国香港、中国台北、韩国、日本、越南、菲律宾、马来西亚、印度尼西亚、新加坡、文莱、巴布亚新几内亚、泰国），2 个为大洋洲国家（澳大利亚、新西兰），3 个为拉美国家（智利、秘鲁、墨西哥），2 个为北美国家（美国、加拿大）。

CPTPP 是由部分亚太国家组成的跨太平洋自由贸易区，其前身为智利、新西兰、新加坡、文莱 4 国 2005 年签订的"跨太平洋战略经济伙伴关系协议"。2008—2016 年在美国的参与和主导下，"跨太平洋战略经济伙伴关系协议"变更为"跨太平洋伙伴关系协定"（TPP），美国与其他 11 个参与国完成了谈判并签署了协议，其他 11 个国家包括 5 个亚洲国家（日本、新加坡、文莱、马来西亚、越南），2 个大洋洲国家（澳大利亚、新西兰），3 个拉美国家（智利、秘鲁、墨西哥），1 个北美国家（加拿大）。2017 年美国宣布退出 TPP，TPP 不符合美国"封闭的泛美主义"是其重要原因之一。2017 年其他 11 个国家将 TPP 更名为 CPTPP，2018 年重新签订 CPTPP。2021 年 9 月中国正式提出加入 CPTPP 的申请。

DEPA 是全球第一个关于数字经济的协定，由新加坡、新西兰、智利 3 国于 2020 年签署，该协定以电子商务便利化、数据转移自由化、个人信息安全化为主要内容。在制度建设方面，DEPA 意在探索全球数字经济规则。在数字基础设施方面，DEPA 的重要目标之一是建设跨太平洋海底通信光缆，推进拉丁美洲和加勒比地区，尤其是南美地区与亚太地区的数字互联互通。2021 年 11 月中国正式提出加入 DEPA 的申请。

---

① 俄罗斯属于欧洲国家，但其绝大部分领土位于亚洲。

后记

  本书意在向国内读者，尤其是向高校学生，提供既简单明了，又较为立体的拉美基础知识。这一想法由来已久。2020年春季，笔者开始在中国社会科学院大学国际关系学院（2022年设立"国际政治经济学院"）开设本科生课程——《拉美概论》，该课程促使笔者将想法付诸实施。在课堂讲义的基础上，结合笔者多年的工作积累和所思所想，撰写了该书。

  该书主要有两个方面的尝试。一方面，运用农民与土地、劳动与资本、政府与市场、国家与世界四对辩证关系回顾拉丁美洲和加勒比地区发展进程，划分发展阶段，分析该地区主要国家的经济、政治、社会、国际关系等现状与特点。另一方面，提出"1＋2＋3＋4＋5＋6"知识框架，力求能够使读者和学生在较短的时间内掌握拉美基础知识。作为尝试，该书有不足之处，甚至有些观点和看法与国内外学术界主流观点并不一致。对于书中的不妥之处，敬请读者指正和海涵。笔者借鉴了国内外众多学者的学术成果，尤其是中国社会科学院拉丁美洲研究所60余年的学术积累。中国社会科学出版社为该书的出版提供了大力支持。在此，笔者向国内学界前辈和同仁、中国社会科学出版社的同仁致谢！

2022年10月·北京